成本会计

主　编　许凤玉　李　娜
副主编　张雪英　王常林　殷若楠
　　　　李　梅　郑　燕

北京理工大学出版社
BEIJING INSTITUTE OF TECHNOLOGY PRESS

内 容 简 介

成本会计是财务管理、会计学专业的核心课程之一,是理论与实践紧密结合的一门课程。本教材根据最新会计准则与会计制度要求编写,结合作者多年的教学经验,清晰阐述了现代成本会计的基本内容。

本教材编写包括四个认知情境。第一个认知情境是成本及成本会计认知,通过阐述成本的内涵,成本会计的产生与发展,成本会计的职能以及成本核算的原则与程序,让读者对成本和成本会计操作规程有一个清晰的认知;第二个认知情境是成本核算基础实践,通过阐述基本成本要素的归集和分配,辅助生产要素的归集和分配等,让读者对成本要素的归集和分配细节有深层次认知和实践操作;第三个认知情境是成本计算方法实践,通过阐述不同成本计算方法的适用范围以及实践操作规则,让读者认识到要根据不同企业的生产特点和管理要求选择不同的成本计算方法;第四个认知情境是成本报表及报表分析,通过阐述成本报表的编制和分析,提高读者的成本管控意识,达到降低成本、节省资源的目的。

本教材既可以作为财务管理、会计学专业学生的成本会计课程教材,也可以作为在职会计人员的培训用书。

版权专有 侵权必究

图书在版编目(CIP)数据

成本会计 / 许凤玉,李娜主编. --北京:北京理工大学出版社,2022.6
ISBN 978-7-5763-1345-1

Ⅰ. ①成… Ⅱ. ①许… ②李… Ⅲ. ①成本会计 Ⅳ. ①F234.2

中国版本图书馆 CIP 数据核字(2022)第 089269 号

出版发行 /	北京理工大学出版社有限责任公司
社　　址 /	北京市海淀区中关村南大街5号
邮　　编 /	100081
电　　话 /	(010)68914775(总编室)
	(010)82562903(教材售后服务热线)
	(010)68944723(其他图书服务热线)
网　　址 /	http://www.bitpress.com.cn
经　　销 /	全国各地新华书店
印　　刷 /	河北盛世彩捷印刷有限公司
开　　本 /	787毫米×1092毫米　1/16
印　　张 /	17.5	责任编辑 / 王晓莉
字　　数 /	411千字	文案编辑 / 王晓莉
版　　次 /	2022年6月第1版　2022年6月第1次印刷	责任校对 / 刘亚男
定　　价 /	89.00元	责任印制 / 李志强

图书出现印装质量问题,请拨打售后服务热线,本社负责调换

前言

　　成本会计是财务管理相关专业的核心课程之一，是理论与实践紧密结合的一门课程。本教材践行"课程思政、训赛对接、课证融通"的财务管理专业培养模式，基于"职业群分析—岗位群划分—典型工作任务技能要求"的课程教学模式来安排内容和学习方案，以工作任务为线索构建任务引领型课程目标，设计课程内容，注重应用技能的培养。同时，精选初级会计师考试的真题和模拟题作为课后训练，提高学生初级会计职称考试的通过率。

　　本教材具有以下特色及创新。

　　（1）强调思政贯通，编写理念新颖。构建全员、全程、全课程育人格局，将课程与思想政治理论课同向同行，形成协同效应，把"立德树人"作为教育的根本任务。引导财务管理专业和会计专业学生迎接"大智移云物区"新一代信息技术革命带来的机遇与挑战，树立专业需要数字化、智能化、可视化等转型发展的理念。同时，引导学生以准则和制度为尺，在本职工作中合法、合规、公允、客观，强调创新与发展，兼顾效率与效果。

　　（2）践行课证融通，习题配套精准。随着成本会计的作用越来越重要，学生考证、深造和就业对成本会计知识的需求越来越多。本教材凸显多元化发展需求，力求理论完善、实训逼真、习题精准，服务于学生的考证、考研目标。

　　（3）突出实践教学，实现理实一体化。依据本教材的整体教学设计思路，在理论与实践相结合的教学过程中，加大实践环节比重，丰富实践教学的内容，着重基于项目导向、任务驱动的实践教学设计。通过实践教学环节的设计，增强学生对成本会计基础理论知识的理解和感性认识，树立学生的成本意识，提高成本管理的基本技能，熟悉成本会计工作的全过程；增强学生的团队合作意识，提高学生发现问题、分析问题和解决问题的实战能力。

　　（4）案例图文并茂，教学资源丰富。本教材编写图文并茂，增加每个情境思维导图，将枯燥、杂乱的理论用图示呈现，使之系统化。同时，本教材配有成本会计在线课程，选取知识点录制30个视频。教材内容均按最新行业信息编写，若出版后当年变化，教材编写教师及时补充更正。同时,为开阔学生视野,编者从报纸、杂志、网站精选部分成本会计的案例,增加教材的信息量,增强读者的学习兴趣,提高其分析问题和解决问题的能力。

编 者

目 录

认知情境一　成本及成本会计认知 ………………………………………… (1)
　项目一　成本认知 ………………………………………………………… (3)
　　任务一　成本的含义 …………………………………………………… (4)
　　任务二　成本的分类 …………………………………………………… (6)
　　任务三　成本的作用 …………………………………………………… (10)
　项目二　成本会计认知 …………………………………………………… (12)
　　任务一　成本会计的产生与发展 ……………………………………… (13)
　　任务二　成本会计的职能 ……………………………………………… (14)
　　任务三　成本会计工作的组织 ………………………………………… (15)
　项目三　成本核算认知 …………………………………………………… (17)
　　任务一　成本核算的原则与要求 ……………………………………… (18)
　　任务二　成本核算设置的会计科目 …………………………………… (21)
　　任务三　成本核算的一般程序 ………………………………………… (22)

认知情境二　成本核算基础实践 ……………………………………………… (33)
　项目一　要素费用的归集与分配 ………………………………………… (35)
　　任务一　要素费用的内容、分类及分配原则 ………………………… (36)
　　任务二　材料费用的归集和分配 ……………………………………… (40)
　　任务三　人工费用的归集和分配 ……………………………………… (63)
　　任务四　其他费用的归集和分配 ……………………………………… (78)
　项目二　辅助生产费用的归集与分配 …………………………………… (83)
　　任务一　辅助生产费用的归集 ………………………………………… (84)
　　任务二　辅助生产费用的分配 ………………………………………… (87)
　项目三　制造费用的归集与分配 ………………………………………… (102)
　　任务一　制造费用的归集 ……………………………………………… (103)
　　任务二　制造费用的分配 ……………………………………………… (106)
　项目四　损失性费用的归集和分配 ……………………………………… (113)
　　任务一　废品损失的归集和分配 ……………………………………… (114)

任务二　停工损失的归集和分配……………………………………………（120）
 项目五　生产费用在完工产品和在产品之间的分配…………………………（124）
  任务一　在产品的核算………………………………………………………（125）
  任务二　生产费用在完工产品和在产品之间的分配………………………（127）

认知情境三　成本计算方法实践……………………………………………（149）
 项目一　产品成本计算方法概述………………………………………………（151）
  任务一　制造业生产类型及其特点…………………………………………（152）
  任务二　管理要求的分类及其特点…………………………………………（153）
  任务三　生产类型和管理要求对产品成本计算方法的影响………………（154）
  任务四　产品成本计算方法的选择和应用…………………………………（157）
 项目二　产品成本计算的基本方法……………………………………………（164）
  任务一　品种法………………………………………………………………（165）
  任务二　分批法………………………………………………………………（180）
  任务三　分步法………………………………………………………………（193）
 项目三　产品成本计算的辅助方法……………………………………………（220）
  任务一　分类法………………………………………………………………（221）
  任务二　定额法………………………………………………………………（232）

认知情境四　成本报表及报表分析…………………………………………（249）
 项目一　成本报表的编制………………………………………………………（251）
  任务一　成本报表概述………………………………………………………（252）
  任务二　成本报表的编制……………………………………………………（254）
 项目二　成本报表的分析………………………………………………………（259）
  任务一　成本报表分析的程序和方法………………………………………（260）
  任务二　商品产品成本计划完成情况分析…………………………………（265）
  任务三　主要产品单位成本分析……………………………………………（266）

参考文献………………………………………………………………………（274）

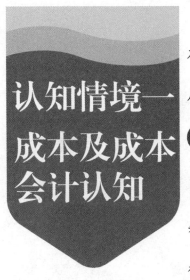

🎯 情境学习目标

◈ 了解成本含义及分类，理解成本的作用

◈ 了解成本会计的产生与发展，理解成本的职能、对象及组织方式

◈ 了解成本核算的原则与要求，了解成本核算的一般程序，掌握成本核算设置的会计科目

🎯 情境工作任务

根据企业的实际情况，完成以下工作任务。

◈ 确定成本的开支范围及成本核算的对象

◈ 设定成本会计岗位和职能，培养对成本会计工作的认知态度和团队理念

◈ 选择合适的物资计价方法和成本计算方法，规范成本核算程序，开设合适的成本核算账户

🎯 情境结构图

成本及成本会计认知
- 项目一 成本认知
  - 任务一 成本的含义
  - 任务二 成本的分类
  - 任务三 成本的作用
- 项目二 成本会计认知
  - 任务一 成本会计的产生与发展
  - 任务二 成本会计的职能
  - 任务三 成本会计工作的组织
- 项目三 成本核算认知
  - 任务一 成本核算的原则与要求
  - 任务二 成本核算设置的会计科目
  - 任务三 成本核算的一般程序

项目一　成本认知

🎯 项目认知目标

◈ 理解广义成本和狭义成本的内涵
◈ 理解成本与费用的关系
◈ 理解理论成本与现实成本的关系
◈ 熟悉成本的开支范围
◈ 掌握成本的分类

🎯 项目技能目标

◈ 培养学生对成本、费用的甄别能力
◈ 培养学生对成本各项分类的理解能力

🎯 项目情感目标

◈ 引导学生以公允、客观的态度核算成本，遵守企业会计准则中对成本开支范围的规定
◈ 培养学生树立成本精细化的核算思维，引导学生借助"大智移云物区"等先进信息技术管控手段和方法，提升企业降低成本的意愿和能力

案例导入

大学应届毕业生小张一直想自主创业，她通过周密的市场调查，发现开一家有特色的冰激凌店是一个不错的创意。于是，她开始考察开一家冰激凌店需要多少投入。经咨询，开冰激凌店的成本分为前期投入和月投入。前期投入大体分为加盟费、设备费用、装修费用、物料储备费用等；月投入主要是需要一些流动资金来维持店面正常运转，主要包括原料费、店面租金、人工薪酬、设备损耗和水电杂费等。对于这些支出，哪些属于成本，应该如何核算，小张一片茫然。请帮她解决一下困惑吧。

任务一　成本的含义

成本作为一个价值范畴，在社会主义市场经济中是客观存在的。加强成本管理，努力降低成本，无论对提高企业经济效益，还是对提高整个国民经济的宏观经济效益，都是极为重要的。而要做好成本管理工作必须先从理论上充分认识成本的含义。

一、广义成本与狭义成本

成本的内涵有广义与狭义之分。

1. 广义成本泛指所有耗费

关于广义成本有很多种表述，其中比较有代表性的定义有如下几种。

美国会计学会(The American Accounting Association，AAA)下属的成本概念与标准委员会于1951年将成本定义为："成本是指为了实现特定目的而发生或应发生的可以用货币度量的价值牺牲。"美国会计师协会(American Institute of Certified Public Accountants，AICPA)1957年发布的《第4号会计名词公报》将成本定义为："成本是指为获取资产或劳务而支付的现金或以货币衡量的转移其他资产、发行股票、提供劳务、承诺债务的数额。"美国财务会计准则委员会1980年发布的《第3号财务会计概念公告》将成本定义为："成本是指经济活动中发生的价值牺牲，即为了消费、储蓄、交换、生产等所放弃的资源。"

综上所述，成本泛指为达到一定目的而发生的资源耗费，甚至包括了投资活动。这是成本的一个非常宽泛和广义的界定。

2. 狭义成本专指对象化的耗费，也就是分配到成本计算对象上的耗费

成本计算对象是分配成本的客体。企业在计算成本时，需要将资源耗费分配给不同的产品，这时产品就是成本计算对象。一般来说，产品是最为常见的成本计算对象，但是成本计算对象绝不仅仅局限于产品。成本计算对象可以是你关心的、希望知道其成本数据的任何事物，如顾客、部门、项目、作业等。当你想知道为不同顾客发生的资源耗费时，就需要将成本分配给顾客，这时候顾客就是成本计算对象；当你想知道不同部门的资源耗费时，就需要将成本分配到不同的部门，这时部门就成了成本计算对象；当你想知道不同项目所耗费的资源时，就需要将成本分配给不同的项目，这时项目就成了成本计算对象；当你想知道不同作业的资源耗费时，就需要将成本分配给不同的作业，这时作业就成了成本计算对象。通俗地讲，你想知道谁的成本，谁就成为成本计算的对象。

随着成本计算对象的不断丰富，成本会计的应用领域越来越广泛。当我们只将产品作为成本计算对象时，只能计算出产品成本，成本信息是有限的，依据成本信息只能进行产品盈利性分析等有限的管理活动；当我们将顾客、部门、项目、作业等作为成本计算对象时，可以得到不同顾客、部门、项目和作业等的成本，这些丰富的成本信息可以为多种管理提供支持，比如顾客盈利性分析、部门业绩评价、项目评估、流程设计等。本书重点讲述产品成本的核算，因此涉及的成本计算对象主要是产品。

> **小提示**
> 本书涉及的范围除产品成本之外，还包括期间费用，但不涵盖投资活动。因此，本书所讲述的成本介于上述狭义成本和广义成本之间。

3. 产品成本、期间费用及生产费用之间的关系

产品成本是指企业为生产一定种类、数量的产品而发生的各项生产费用的总和。产品成本也称产品生产成本或产品制造成本。生产费用是指企业一定时期内在生产产品和提供劳务过程中发生的各种耗费。生产费用的概念表述中不包括期间费用。期间费用是指企业在一定会计期间发生的保证生产经营正常进行的各项支出，如销售产品的销售费用等。

产品成本与生产费用是两个既有联系又有区别的概念。生产费用和产品成本在经济内容上是完全一致的，一定时期内的生产费用是计算产品成本的基础，产品成本是对象化的生产费用。它们的区别在于：生产费用与一定会计期间相联系，产品成本与一定种类和数量的产品相联系。在一定的会计期间内，一个企业的生产费用总额与其完工产品成本总额不一定相等。

二、理论成本与现实成本

成本是商品经济的产物，是商品经济中的一个经济范畴，是商品价值的主要组成部分。本教材以马克思政治经济学的角度对商品的成本进行理论阐述。

1. 理论成本

理论上的产品成本是以货币表现为制造产品而耗费的物化劳动(C)和活劳动中必要劳动的价值(V)之和。在实际工作中，一般是很难确定这种纯粹的 $C+V$ 理论成本的。在会计实务中，由国家统一制定了成本开支范围，由这样的开支范围确定的成本称为现实成本，即产品成本。

在社会主义市场经济中，商品的价值仍然由三部分组成：(1)已耗费的生产资料转移的价值(C)；(2)劳动者为自己劳动所创造的价值(V)；(3)劳动者为社会劳动所创造的价值(M)。从理论上讲，上述的前两部分，即 $C+V$ 是商品价值中的补偿部分，它构成商品的理论成本。

综上所述，可以将理论成本的内涵概括为：在生产过程中所耗费的生产资料转移的价值和劳动者为自己劳动所创造的价值的货币表现，也就是企业在生产经营中所耗费的且被补偿的资金总和。

2. 现实成本

马克思关于商品成本的论述是从理论上对成本内涵的高度概括。这一理论是指导我们进行成本会计研究的指南，是实际工作中制定成本开支范围、考虑劳动耗费的价值补偿尺度的重要理论依据。现实成本即现行财务制度规定的产品成本开支范围，具体包括以下几点。

(1)为制造产品消耗的原材料、辅助材料、外购半成品及燃料等费用。

(2)为制造产品而耗用的动力费。

(3)支付给生产人员的职工薪酬。

(4)生产性固定资产折旧费、租赁费(不包括融资租赁费)、修理费和周转材料的摊销费用。

(5)因生产原因发生的废品损失，以及季节性和修理期间的停工损失。

(6)为组织和管理生产单位的生产而支付的办公费、取暖费、水电费、差旅费，以及运输费、保险费、设计制图费、试验检验费和劳动保护费等。

3. 理论成本和现实成本的关系

社会经济现象是纷繁复杂的，企业在成本核算和成本管理中需要考虑的因素也是多种多样的。因此，理论成本与实际工作中所应用的成本概念有一定差别。这主要表现在以下两个方面。

理论成本与现实成本

(1)在实际工作中，成本的开支范围是由国家通过有关法规制度加以界定的。为了促使企业加强经济核算，减少生产损失，对于劳动者为社会劳动所创造的某些价值，如财产保险费等，以及一些不形成产品价值的损失性支出，如工业企业的废品损失、季节性和修理期间的停工损失等，也计入成本。可见，实际工作中的成本开支范围与理论成本包括的内容是有一定差别的。就上述的废品损失、停工损失等损失性支出来说，从实质上看，并不形成产品价值，因为它不是产品的生产性耗费，而是纯粹的损耗，其性质并不属于成本的范围。但是考虑到经济核算的要求，将其计入成本，可促使企业减少生产损失。当然，对于成本实际开支范围与内涵的背离，必须严格限制，否则，成本的计算就失去了理论依据。

(2)理论成本是指企业生产经营过程中所发生的全部耗费，即是一个"全部成本"的概念。在实际工作中，是将其全部对象化计算产品的全部成本，还是将其按一定的标准分类后部分对象化计入产品成本、部分计入期间费用，则取决于成本核算制度。考虑到一些费用，比如广告费、业务招待费、利息费用等很难十分精确地分配到每种产品中去。因而，这些费用虽然属于理论成本，但考虑现实的可操作性，现行会计准则将其计入期间费用，即销售费用、管理费用和财务费用。

综上所述，现实成本是在理论成本的基础之上以法律法规的形式规范出来的，大多数情况下等同于理论成本。但这种等同不是绝对的，考虑企业核算的可操作性，有时候现实成本不完全等于理论成本。

任务二　成本的分类

为适应成本计算、成本控制和成本计划的需要，寻求进一步降低成本的途径，成本可按不同标准加以分类。

一、以产品成本核算为目的的分类

(一)按照成本的经济用途分类

成本按照经济用途可以划分为制造成本和非制造成本两大类。成本按照经济用途进行分类是最基本的分类。按照这种分类，可以了解制造成本中各成本项目的金额，分析各成本项目的金额是否合理，寻求降低成本的途径；可以按照不同成本项目的特点，采用不同的方法将费用在各种产品当中进行分配，确定非制造成本的类别，直接计入当期损益，对于确定损益具有重要意义。

1. 制造成本

制造成本也称生产成本,是指产品在制造过程中所发生的各项成本。由于在产品制造过程中发生的费用的具体用途不同,为了便于进行成本分析和考核,还应将制造成本按其具体的用途划分为若干不同的项目,即成本项目。一般情况下,制造业企业将制造成本划分为直接材料、直接人工和制造费用三个成本项目。

(1)直接材料。直接材料指企业在生产产品和提供劳务的过程中所消耗的直接用于产品生产、构成产品实体的各种材料及主要材料、外购半成品以及有助于产品形成的辅助材料等。

(2)直接人工。直接人工是指企业在生产产品和提供劳务的过程中,直接从事产品的生产的工人的工资、津贴、补贴和福利费等。

(3)制造费用。制造费用包括产品生产成本中除直接材料和直接人工以外的其余生产成本,主要包括企业各个生产单位(车间、分厂)为组织和管理生产所发生的一切费用。具体有以下项目:各个生产单位管理人员的工资、职工福利费、房屋建筑费、劳动保护费、季节性生产和修理期间的停工损失等。行政管理部门和固定资产所发生的固定资产维修费列入"管理费用"。

由于企业生产特点不同,企业可根据各项费用支出的比重和成本管理的要求不同,在上述成本项目的基础上,按需要适当增加成本项目。例如,如果燃料和动力费用较多,则增设"直接燃料和动力"成本项目;如果废品损失金额较多,则可增设"废品损失"成本项目;如果企业停工损失金额较多,则可增设"停工损失"成本项目;如果企业的外部加工费用较多,则增设"外部加工费"成本项目等。

另外,不同的成本项目组合可以形成不同的成本概念。比如,直接人工和制造费用是产品加工时发生的各项成本,合称为"加工成本";直接材料和直接人工通常是企业成本的主要组成部分,则合称为主要成本。

2. 非制造成本

非制造成本又称非生产成本,是指与产品制造过程没有联系的非生产性成本耗费,包括销售费用、管理费用和财务费用。制造业企业通常将制造成本作为产品成本处理,非制造成本则视为期间成本。

(1)销售费用。销售费用是指企业在销售商品和材料、提供劳务的过程中发生的各种费用,包括企业在销售商品过程中发生的保险费、包装费、展览费和广告费、商品维修费、预计产品质量保证损失、运输费、装卸费等,以及为销售本企业商品而专设的销售机构(含销售网点、售后服务网点等)的职工薪酬、业务费、折旧费等经营费用。企业发生的与专设销售机构相关的固定资产修理费用等后续支出也属于销售费用。

(2)管理费用。管理费用是指企业行政管理部门为组织和管理生产经营活动而发生的各种费用。包括的具体项目有:企业董事会和行政管理部门在企业经营管理中发生的,或者应当由企业统一负担的公司经费、工会经费、董事会费、聘请中介机构费、咨询费、诉讼费、业务招待费、办公费、差旅费、邮电费、绿化费、管理人员工资及福利费等。

(3)财务费用。财务费用指企业在生产经营过程中为筹集资金而发生的各项费用。包括企业生产经营期间发生的利息支出(减利息收入)、汇兑净损失(有的企业如商品流通企业、保险企业进行单独核算,则不包括在财务费用中)、金融机构手续费,以及为筹资发生的其他财务费用如债券印刷费、国外借款担保费等。

> **小提示**
>
> 依据财会〔2016〕22号文规定，全面施行"营业税改征增值税"后，之前在"管理费用"科目中列支的"四小税"（房产税、土地使用税、车船税、印花税），同步调整到"税金及附加"科目。

(二)按照成本的经济内容进行分类

生产费用要素是指对制造企业在生产经营过程中发生的各种耗费按其经济内容的分类。各种耗费按其经济内容分类，不外乎劳动资料消耗、劳动对象消耗和活劳动消耗三大方面费用。这三大类费用按经济内容进一步划分，主要可分为以下几项。

1. 外购材料

外购材料是指制造企业为进行生产活动而耗用的从外部购入的原料及主要材料、半成品、辅助材料、周转材料、修理用备件等。

2. 外购燃料

外购燃料是指制造企业为进行生产活动而耗用的从外部购入的各种固体、液体和气体燃料。

3. 外购动力

外购动力是指制造企业为进行生产而耗用的一切从外部购进的各种动力，如电力、热力等。

4. 薪酬费用

薪酬费用是指制造企业应计入生产费用的职工薪酬。

5. 折旧费

折旧费是指制造企业生产单位(车间、分厂)按照规定的固定资产折旧方法，计算提取的固定资产折旧费用。

6. 其他支出

其他支出是指企业生产单位(车间、分厂)耗费的不属于以上各个要素的费用支出，如邮电费、差旅费、租赁费、外部加工费等。

(三)按成本同特定产品的关系或分配方式进行分类

1. 按照成本同特定产品的关系划分

按照成本同特定产品的关系划分，可以分为直接成本和间接成本。

(1)直接成本。直接成本是指与某一特定产品之间具有直接联系，能够经济而又方便地直接计入该产品的成本。在企业的产品生产过程中，许多费用都是为了直接生产某一种产品而发生的，如领用某种材料直接生产某一种产品，而其他产品并不使用这种材料，这时，这些材料费用就可以直接计入该种产品的成本；某些生产工人专门生产某一种产品，并不生产其他产品，这时，这些生产工人的工资就可以直接计入该种产品的成本。

(2)间接成本。间接成本是直接成本的对称，指不能便捷地予以对象化的生产耗费，即费用的发生与多种产品或劳务存在关联。间接成本需要先归集，然后再按一定的标准予以间接的对象化。一般来说，车间管理人员的工资、车间房屋建筑物和机器设备的折旧、租赁费、修理费、机物料消耗、水电费、办公费等，通常属于间接成本。停工损失一般也属于间接成本。

2. 按照成本的分配方式划分

按照成本的分配方式将成本分为直接计入成本和间接计入成本，并选择合理的分配标准对间接计入成本进行分配，对正确计算产品成本具有重要意义。凡是能够直接计入产品成本的费用，都应尽量直接计入产品成本。间接计入成本的分配标准应与被分配费用的发生具有密切的关系，否则将影响间接计入成本分配的合理性，影响产品成本计算的正确性。

直接生产成本与间接生产成本，是成本按其与生产工艺的关系进行的分类。直接生产成本是与产品生产工艺直接有关的成本，如原料、主要材料、外购半成品、生产工人工资、机器设备折旧等。间接生产成本是与产品生产工艺没有直接关系的成本，如机物料消耗、辅助工人和车间管理人员工资、车间房屋折旧等。

将成本分为直接生产成本与间接生产成本，便于采取不同的方法来降低产品成本。对于直接生产成本，一般应从改进生产工艺、降低消耗定额着手来降低产品成本；对于间接生产成本，一般应从加强费用的预算管理、降低各生产单位的费用总额着手来降低产品成本。

> **小提示**
> 直接成本不一定都是直接计入成本，例如生产联产品的企业，所有成本都是间接计入成本。间接成本不一定都是间接计入成本，例如只生产一种产品的企业或车间，所有成本都是直接计入成本。

二、以规划成本和控制成本为目的的分类

成本习性是指成本总额与业务量（产量或销量）变化的依存关系。成本按其习性可分为变动成本、固定成本和混合成本，其中，混合成本可进一步分解成变动成本和固定成本。

（一）变动成本

变动成本（Variable Cost）指支付给各种变动生产要素的费用，如购买原材料及电力消耗费用和工人工资等。这种成本随产量的变化而变化，常常在实际生产过程开始后才需支付。变动成本的形态模型如图1-1所示。

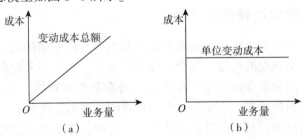

图1-1 变动成本的形态模型
（a）变动成本总额；（b）单位变动成本

(二)固定成本

固定成本(Fixed Cost)又称固定费用,是变动成本的对称,是指成本总额在一定时期和一定业务量范围内,不受业务量增减变动影响而能保持不变的成本。固定成本通常可区分为约束性固定成本和酌量性固定成本。固定成本的形态模型如图1-2所示。

1. 约束性固定成本

约束性固定成本是指为维持企业提供产品和服务的经营能力而必须开支的成本,如厂房和机器设备的折旧、财产税、房屋租金、管理人员的工资等。由于这类成本与维持企业的经营能力相关,也称经营能力成本(Capacity Cost)。这类成本的数额一经确定,不能轻易改变,因而具有相当程度的约束性。

2. 酌量性固定成本

酌量性固定成本是指企业管理当局在会计年度开始前,根据经营、财力等情况确定的计划期间的预算额而形成的固定成本,如新产品开发费、广告费、职工培训费等。由于这类成本的预算数只在预算期内有效,企业领导可以根据具体情况的变化,确定不同预算期的预算数,所以也称自定性固定成本。这类成本的数额不具有约束性,可以斟酌不同的情况加以确定。

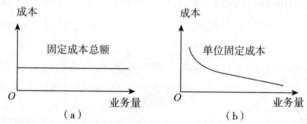

图1-2 固定成本的形态模型
(a)固定成本总额;(b)单位固定成本

任务三 成本的作用

在制造企业的生产经营中,成本具有重要作用。

一、成本是补偿生产耗费的尺度

制造企业要想维持简单再生产,使企业在产品生产过程中消耗的物化劳动和活劳动获得补偿,就必须有一个客观的尺度,这个尺度就是成本。成本一方面以货币形式对生产耗费进行计量,另一方面为企业的简单再生产提出资金补偿的标准。在价格不变的情况下,成本越低,企业的利润就越高,企业为社会和自身的发展创造的财富就越多。所以,成本作为补偿劳动耗费的尺度,对于促进企业加强成本管理、降低劳动消耗、取得最大经济效益具有重要意义。

二、成本是反映企业工作质量的综合指标

成本同制造企业生产经营各个方面的工作质量和效果有着内在的联系。如产品设计是否合理，原材料消耗是否节约，生产设备是否充分利用，劳动生产率是否提高，生产组织是否协调，产品质量的优劣等诸多因素，都能通过成本直接或间接反映出来。因此，成本是反映企业工作质量的综合指标。

三、成本是制定产品价格的重要依据

产品价格是产品价值的货币表现。但在实际中，我们不能直接计算产品的价值，而只能计算产品成本，通过成本间接地掌握产品的价值。在市场经济条件下，产品价格往往是由各个部门的平均成本再加上社会的平均利润构成的。制定产品价格，要考虑国家的价格政策、产业政策和其他经济政策，市场供求关系，以及企业在市场竞争中的态势等诸多因素。但在众多因素中，成本的高低是值得重视的一个因素。

四、成本是企业进行生产经营决策的重要依据

制造企业能否在激烈的市场竞争中立于不败之地，主要取决于企业管理者能否进行正确的生产经营决策。在生产经营决策应考虑的诸多因素中，成本是一项重要因素。它可以在扩大产量、增加品种、选择加工方式、创造最佳经济效益的前提下，为企业提供有效的成本数据，从而提升企业的竞争能力。因此，成本是企业进行生产经营决策的重要依据。

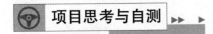

项目思考与自测

思考题

1. 简述理论成本和现实成本的区别和联系。
2. 简述生产费用与产品成本的联系与区别。
3. 如果企业根据自身条件的特点，将"基本生产成本"和"辅助生产成本"直接作为一级账户来核算可以吗？有何依据？
4. 成本的分类有哪些？各自有什么作用？

项目二　成本会计认知

项目认知目标
❖ 了解成本会计产生和发展的历程及发展前沿
❖ 理解成本会计的职能及其关系
❖ 掌握成本会计工作组织方式

项目技能目标
❖ 培养学生对成本会计发展方向的判断能力
❖ 培养学生在具体情境下正确选择成本会计工作组织方式的能力

项目情感目标
❖ 引导学生认识成本会计理论的历史变迁及前沿发展，培养学生与时俱进、终身学习的能力
❖ 培养学生结合实际合理选择成本工作组织方式、合理进行岗位设置的能力，培养学生的沟通协调能力，培养学生的团队协作精神

案例导入

小张在财经大学毕业后，应聘到飞天航空制造有限责任公司做成本会计核算员。财务部成本会计科王科长向小张介绍了公司的基本情况。

公司主要生产用于通用航空（包括从事工业、农业、林业、渔业和建筑业的作业飞行以及医疗卫生、抢险救灾、气象探测、海洋检测、科学实验、教育训练、文化体育等方面的飞行活动）领域的多种类型的飞机。全厂设有8个基本生产车间，分别生产飞机的各种零件和进行零部件的组装，按流程分为第一基本生产车间和第二基本生产车间（以下简称第一车间和第二车间）。另外，还设有供电和修理2个辅助生产车间，为基本生产车间和其他部门提供劳务。该厂现有会计人员50人，其中成本会计人员10人（不包括各个生产车间的成本会计人员）。

该公司大量生产Ⅰ型发动机（用于Ⅰ型飞机制造）和Ⅱ型发动机（Ⅱ型飞机制造）两种产品，其生产工艺流程如下：第一车间生产两种型号发动机的半成品，其完工半成品全部直接转至第二车间，第二车间生产两种型号发动机的产成品，经检验合格后交成品仓库。

该公司实行厂部一级核算，产品成本项目分为直接材料、直接人工、制造费用、废品损失。产品生产中耗用的燃料和动力费用计入"制造费用"成本项目。

王科长让小张对企业生产经营特点、成本核算和其他方面的情况进行详细的调查之后，运用理论知识评价公司目前的成本工作组织方式是否合适；若不合适，有哪些建议。

提示：可以从成本工作组织方式和岗位设置两个方面进行讨论。

本教材为展示成本计算的程序和步骤，主要例子均使用飞天航空制造有限责任公司的案例。

任务一　成本会计的产生与发展

成本会计是随着社会经济发展的需要而逐步形成、发展和完善起来的，因而在各个历史阶段的定义表述也不相同。

一、早期成本会计阶段

成本会计起源于英国，后来传入美国及其他国家。产业革命以后，企业规模越来越大，出现了竞争，生产成本得到企业主的普遍重视。英国会计人员开始对成本会计进行研究，最初用统计方法在账簿之外计算成本，后来逐步将成本计算与复式簿记结合起来，利用账户对应关系反映材料和人工消耗、价值转移和增值的全过程，并借助借贷平衡的原理，稽核成本会计业务记录的准确性，从而形成了成本会计。1880—1920年是成本会计发展的初级阶段。当时的成本会计仅限于对生产过程中的生产消耗进行系统的汇集和计算。大多侧重于事后的核算记录，故这一时期的成本会计称为记录型成本会计阶段。英国会计专家劳伦斯（W. B. Lawrence）将这一时期的成本会计定义为"成本会计就是应用普通的会计原理、原则，系统地记录某一工厂生产和销售产品时所发生的一切费用，并确定各种产品或服务的单位成本和总成本，以供工厂管理当局在决定经济的、有效的和有利的产销政策时参考"。

成本会计的演进与发展

二、近代成本会计阶段

1921—1945年是成本会计的发展阶段。19世纪末20世纪初，在制造业中发展起来的以泰勒为代表的科学管理，对成本会计产生了深刻的影响。这一时期的成本会计主要采用标准成本制度和成本预测，为生产过程的成本控制提供条件。英国会计学家杰·贝蒂（J. Batty）将其定义为"成本会计是用来详细地描述企业在预算和控制它的资源利用情况方面的原理、惯例、技术和制度的一种综合术语"。

三、现代成本会计阶段

1945 年以后是成本会计发展的崭新阶段即现代成本会计阶段。随着生产社会化程度的提高、社会资本的高度集中、市场竞争的日趋激烈，成本管理也加速现代化。这一时期成本会计发展的重点，已由如何对成本进行事中控制、事后计算和分析，转移到如何预测、决策和规划成本，并借助现代化科学技术手段或方法加以实施。换言之，成本会计已发展为新型的、以管理为主的现代成本会计。现代成本会计"是成本会计与管理的直接结合，它根据会计数据和其他数据，利用现代科学方法或手段，对企业生产经营过程中所发生的成本，进行预测、决策、计划、核算、控制、分析和考核，促使企业生产经营实现最优化运转，以提高企业经济效益和市场竞争能力"。

任务二　成本会计的职能

成本会计的职能主要包括成本预测、成本决策、成本计划、成本控制、成本核算、成本分析和成本考核。

一、成本预测

成本预测是指依据与成本有关的数据及信息，并结合未来的发展变化情况，运用定量、定性的分析方法，对未来成本水平及变化趋势进行科学估计。成本预测有助于选择最优方案，合理组织生产，从而减少工作的盲目性。

二、成本决策

成本决策是指以成本预测的资料或情况为基础，运用专门的方法，对有关方案进行判断、分析，从中选择最优方案，据以确定目标成本。进行正确的成本决策，有助于企业科学、合理地编制成本计划，从而达到降低成本、提高经济效益的目的。

三、成本计划

成本计划是指根据决策所确定的目标，确定计划期内为完成计划产量所应发生的耗费和各种产品的成本水平，同时也提出为完成上述成本指标应采取的措施和方法。成本计划是进行目标成本管理的基础，对于成本控制、成本分析和成本考核，都具有重要意义。

四、成本控制

成本控制是指按预先制定的成本标准或成本计划指标，对实际发生的费用进行审核，并将其限制在标准成本或计划内，同时揭示和回馈实际与标准或与计划之间的差异，并采取措施消除不利因素，以使实际成本达到预期目标。成本控制可促使企业顺利完成成本计划。

五、成本核算

成本核算是成本会计最基本的职能。成本核算是指对生产经营过程中发生的各种生产费用进行归集和分配，采用一定的方法计算各种产品的总成本和单位成本。成本核算可以考核成本计划的完成情况，评价成本计划的控制情况，同时也为制定价格提供依据。

六、成本分析

成本分析是指利用成本核算和其他有关数据，与计划、上年同期实际、本企业历史先进水平，以及国内外先进企业等的成本进行比较，系统研究成本变动的因素和原因，制定有效办法或措施，以便进一步改善经营管理，挖掘降低成本的潜力。成本分析可以为成本考核，未来的成本预测、决策以及下期成本计划的确定提供依据。

七、成本考核

成本考核是指在成本分析的基础上，定期对成本计划或成本控制任务的完成情况进行检查和评价，并联系责任单位的业绩给以必要的奖惩，以充分调动广大职工执行成本计划的积极性。

成本会计的职能是相互联系、相互补充的，它们在生产经营活动的各个环节、成本发生的各个阶段，相互配合发挥作用。预测是决策的前提，决策是计划的依据，计划是决策的具体化，控制是对计划实施的监督，核算是对计划的检验，分析与考核是实现决策目标和完成计划的手段。其中，成本核算是成本管理最基本的职能。

任务三　成本会计工作的组织

为发挥成本会计的作用，完成成本会计任务，必须科学组织成本会计工作。成本会计工作的组织具体包括三个方面，即设置成本会计机构、配备成本会计人员、建立企业内部成本会计制度。

一、设置成本会计机构

成本会计工作是企业整个会计工作的组成部分，成本会计机构也是企业会计机构的一个分支，是专门从事成本会计工作的职能部门。企业要根据本单位的生产类型特点和业务规模来决定是否需要单独设置成本会计机构以及如何进行机构的内部分工。一般来说，大中型企业应在会计机构中单独设置成本会计机构，专门从事成本的核算、分析等管理工作；小型企业只需要在会计机构中分派专人负责成本会计工作。

成本会计工作的组织形式有两种方式，即集中工作方式和分散工作方式。

(一) 集中工作方式

集中工作方式也称厂部一级核算体制。在该组织形式下，企业的全部成本核算工作都集中在企业的会计部门统一进行。

（二）分散工作方式

分散工作方式也称厂部、车间二级核算体制。在该组织形式下，厂部的会计部门只进行综合的成本核算与分析，成本的明细核算则分散在车间进行。

一般来说，大型企业采用分散工作方式，中小型企业采用集中工作方式为宜。也可以根据企业实际情况，将两种方式结合起来运用，即对某些部门采用分散工作方式，而对另一些部门则采用集中工作方式。

二、配备成本会计人员

成本会计人员素质的高低直接关系成本会计工作质量的好坏，所以，成本会计人员要自觉遵守会计人员职业道德，既精于核算，又善于管理；既精通国家有关政策法规和企业的一系列管理制度，又熟悉企业的生产工艺流程；既能很好地履行国家有关法规规定的会计人员职责和权限，又能结合企业实际开展成本核算管理工作。

三、建立企业内部成本会计制度

企业内部成本会计制度是企业组织和处理成本会计工作的规范，属企业会计制度的一个组成部分，其建立既要以《中华人民共和国会计法》《企业会计准则》《企业财务通则》等法律法规为依据，也要充分考虑企业生产经营特点和内部管理要求。成本会计制度的内容应当与成本会计的内容相吻合，一般应包括成本的预测、决策制度，成本定额、成本计划的制定，成本的核算与控制制度，成本报表的编制与分析制度，以及企业内部价格的制定和结算制度等。成本会计制度一经确定，应在一段时期内保持相对稳定。

 项目思考与自测

思考题

1. 简述成本会计重要的发展阶段。
2. 简述"大智移云物区"等新信息技术对成本会计的影响。
3. 简述成本会计的职能。
4. 什么是成本会计的工作组织？成本会计的组织形式有哪两种？

项目三 成本核算认知

项目认知目标
◈ 理解成本核算的原则和要求
◈ 熟悉成本核算需设置的会计科目
◈ 掌握成本核算的流程和步骤

项目技能目标
◈ 培养学生在具体情境下把握成本核算原则和要求适当性的能力
◈ 培养学生在具体情境下独立完成成本核算会计科目选择和明细账簿设置的能力

项目情感目标
◈ 引导学生坚持准则,能够根据业务情境科学客观选择成本核算所需要的科目,培养学生客观公正、坚持准则的会计职业品德
◈ 引导学生全面熟悉本单位经营活动和业务流程,主动提出合理化建议,协助领导决策,具备参与管理的会计职业能力

案例导入

小张在财经大学毕业后,应聘到飞天航空制造有限责任公司做成本会计核算员。结合财务部成本会计科王科长向小张介绍了该公司的基本情况(见项目二导入案例),帮小张规划一下飞天航空制造有限责任公司车间和厂部应该设置哪些成本核算的总账和明细账,并指出成本核算的流程。

任务一　成本核算的原则与要求

一、成本核算的原则

按照《企业会计准则》和《企业财务通则》的规定，成本核算的原则有以下几项。

(一)按实际成本计价原则

按实际成本计价原则是指企业按照取得或制造某项财产物资时发生的实际成本进行核算。尽管有些企业在进行成本计算时，根据企业的生产特点和管理要求，采用了定额法或标准成本法，也有些企业存货核算采用计划成本法等，但在期末计算产品成本时，必须将其调整为实际成本，以保证成本与利润数据的真实、可靠、客观。

(二)权责发生制原则

权责发生制原则是指收入与费用的确认应当以收入与费用的实际发生作为确认计量的标准。其基本内容是：凡是当期已经实现的收入和已经发生或应当负担的费用，无论款项是否收付，都应作为当期的收入和费用处理；凡是不属于当期的收入和费用，即使款项已在当期收付，也不作为当期的收入和费用处理。遵循权责发生制原则，能使企业的成本信息较为准确地反映成本状况，从而为正确计算损益提供可靠的依据。

(三)重要性原则

重要性原则是指在成本会计实务中，对经济业务或会计事项应区别其重要程度，采用不同的会计处理方法和程序。对于一些主要产品、主要费用，应采用比较复杂、详细的方法进行分配和计算，而对于一些次要产品、次要费用，则可采用简化的方法，进行合并计算和分配。遵循重要性原则，能够保证工作的重点，解决关键性问题，使成本核算工作达到事半功倍的效果。

(四)可比性原则

可比性原则是指企业采用的成本计算程序和方法前后期必须一致，不得随意变动，以使计算出来的成本数据便于比较。如因特殊情况需要改变原来的成本计算程序和方法，应在有关的财务报告中加以说明，并对原有成本计算单的有关数字进行必要的调整。

(五)成本分期原则

成本分期原则是指分期归集与分配所发生的生产费用，不管成本计算期与产品生产周期是否一致，成本核算一般按月进行。企业生产类型特点决定了成本计算期与产品生产周期可能一致，也可能不一致。但生产费用的归集与分配、废料和退料成本的冲销等日常工作，都必须按月进行，并在月末把有关生产费用账簿上登记的数额加以结计，以便考核成本费用的发生情况。

(六)合法性原则

合法性原则是指计入成本的费用必须与国家有关法规和制度相符。企业应遵守国家关于成本、费用开支范围的规定，防止乱摊和少计生产经营费用，防止混淆产品成本和期间成本，防止在盈利产品和亏损产品之间任意增减费用，防止在完工产品和月末在产品之间人为地调节成本。

二、成本核算的要求

为了正确地计算产品成本和损益，在进行成本核算时，应遵循以下几个要求。

(一)加强对费用的审核和控制

进行成本核算，首先要依据国家有关的法令、制度和企业的有关规定、标准、计划等，对各项费用进行事前、事中的审核和控制。如在费用发生前，应认真审核其是否符合国家规定的财经政策、制度，有无扩大费用开支标准、违反成本开支范围的情况；在费用发生时，应严格执行各项计划或标准，以避免或减少损失与浪费，最大限度地降低产品成本和费用。

(二)正确划分各种费用支出的界限

为了正确计算产品成本，为成本管理提供正确的成本数据，必须正确划分以下几个费用的界限。

正确划分各种费用的界限

1. 正确划分收益性支出与资本性支出的界限

制造企业的生产经营活动是多方面的，发生的支出也是多种多样的。企业应根据《企业会计准则》以及成本开支范围的要求，正确划分收益性支出和资本性支出的界限。凡为日常生产经营活动所发生并应由当期收入补偿的各项耗费，都属于收益性支出，其应视具体情况，计入产品成本或期间成本；反之，不是为日常生产经营活动所发生的，并应由以后各期实现的收入逐步加以补偿的各项耗费，都属于资本性支出，其应计入有关资产的价值，予以资本化。如购置和建造固定资产的支出、无形资产的支出、对外投资的支出等，都属于资本性支出。划清收益性支出与资本性支出的界限，对于正确计算资产的价值和正确计算各期的产品成本及损益，具有重要意义。

2. 正确划分产品成本与期间费用的界限

企业发生的收益性支出，并不一定全部计入产品成本。只有为生产产品所发生的材料支出、工资支出、费用支出等，才能计入产品成本；而为销售产品所发生的销售费用、为管理和组织企业生产经营活动所发生的管理费用、为筹集资金所发生的财务费用，虽都是在经营过程中发生的，但与产品生产无直接关系，因而，应计入期间费用，从当期利润中扣除。划清产品成本与期间费用的界限，对于明确产品成本与损益的概念，控制企业人为调节成本、减少潜亏、避免利润虚增，具有重要意义。

3. 正确划分本期成本、费用与下期成本、费用的界限

应计入产品成本的费用和应计入当期损益的费用，还存在着如何在本期和下期之间进行划分的问题。按权责发生制和配比原则的要求，只有应由本期负担的费用，才能计入当期的产品成本和期间成本；反之，则不应计入当期的产品成本和期间成本。同样，对于应计入当期的产品成本和期间成本，也不应递延到下期和以后各期。

4. 正确划分各种产品成本的界限

企业生产的产品往往不止一种，为了正确计算各种产品的成本，必须按照费用归属对象划分不同产品成本的界限。凡能分清由某种产品负担的直接费用，应直接计入这种产品的成本；对于各种产品共同负担的间接费用，则应采取合理的分配标准，分别计入各种产品的成本。尤其注意要划清可比产品与不可比产品的界限、盈利产品与亏损产品的界限。

5. 正确划分完工产品成本和期末在产品成本的界限

企业一定时期投产的产品当期不一定全部完工，往往存在着一定数量的在产品，这就需要采用适当的方法，将生产费用在完工产品和期末在产品之间进行分配。划清这一界限的意义在于，避免任意提高或降低月末在产品成本、人为调节完工产品成本的行为。

各项费用界限具体如图1-3所示。

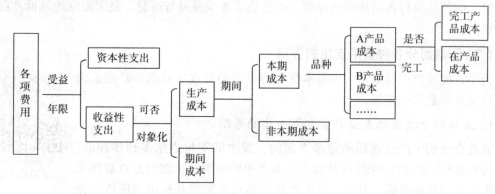

图1-3 各项费用界限

(三) 做好成本核算的基础工作

1. 建立、健全成本核算有关原始记录和凭证制度，建立合理的凭证流转程序

原始凭证(记录)是成本核算的最基本依据。如果没有数据可靠、内容完整的原始记录，成本核算的工作将无法进行，成本核算的准确性更无从谈起。因此，要正确地核算产品的成本，就必须建立、健全有关料、工、费核算所需要的原始凭证的记录及流转制度。

2. 制定必要的消耗定额，加强定额管理

消耗定额是指企业在生产经营活动中人力、物力、财力的消耗应遵守的标准或应达到的水平。合理的消耗定额是编制成本计划、进行成本核算、成本控制、成本分析的重要基础。定额应根据企业的实际情况确定，既要保证其相对稳定，又要注意因时、因势及时修订，以保证定额的先进性和合理性。

3. 建立存货的验收、计量、领发、盘存等制度

存货的收、发、存直接关系成本核算的正确性。因此，企业在生产经营过程中，对各种存货的收、发、领、退都应当严格计量并准确记录。尤其注意，对于生产部门已领未用的材料要办理"假退料"手续；对存货的溢缺应分清原因，恰当处理。

4. 制定内部结算价格和内部结算制度

为落实企业内部经济责任制，对于料、工、费应制定合理的内部结算价格，以便于责任成本的计算、考核、分析。

(四)适应生产特点和管理要求，采用适当的成本计算方法

成本计算方法是由企业的生产类型及成本管理的要求所决定的。不同的工艺特点、不同的组织方式、不同的管理要求，其成本核算的方法选择也应当不同。成本计算的基本方法有品种法、分批法、分步法，还有分类法、定额法等辅助方法。

任务二　成本核算设置的会计科目

为了全面进行产品成本核算，达到计算成本和控制成本的目的，提供管理上所需要的各种成本数据，制造企业应设置一系列成本、费用核算的会计科目。

一、核算各项要素费用的科目

企业一定时期在生产过程中发生的各种耗费，称为生产费用。按费用的经济内容或性质不同所进行的分类，在会计上称为生产费用要素。

为核算各项要素费用的发生、归集和分配情况，应设置"原材料""材料成本差异""周转材料"等反映劳动对象耗费的科目，设置"应付职工薪酬"等反映劳动力耗费的科目，设置"累计折旧"等反映劳动资料耗费的科目。上述会计科目已在财务会计教材中介绍过，这里不再赘述。

二、计算产品成本的会计科目

为核算按经济用途(即按成本项目)归集和分配的生产费用，计算产品成本，应设置"生产成本""制造费用"等成本类科目。

(一)"生产成本"科目

"生产成本"科目用来核算制造企业进行工业性生产，包括生产各种产品(产成品、自制半成品)、自制材料、自制工具、自制设备、提供劳务等所发生的各项生产费用。本科目下设"基本生产成本"和"辅助生产成本"两个二级科目。生产过程中发生的直接材料、直接人工，可直接计入"基本生产成本"和"辅助生产成本"科目借方的有关成本项目，其他间接费用先在"制造费用"科目中进行归集，月终再按一定的标准分配计入有关产品的成本。已完工并验收入库的产成品及自制半成品的成本，应按实际成本从"生产成本"科目的贷方转出。该科目的月末借方余额，表示尚未加工完成的各种在产品的成本。"辅助生产成本"二级科目归集的费用，月终根据生产的产品以及为其他部门提供的产品和劳务，按一定的标准分配给受益对象，分配转出后，月末一般无余额。

> **小提示**
> 企业可以根据业务需要设置"生产成本"总账，下设"基本生产成本"和"辅助生产成本"二级明细账，也可以直接将"基本生产成本"和"辅助生产成本"作为总账科目进行核算。

(二)"制造费用"科目

"制造费用"科目用来核算制造企业为生产产品和提供劳务,在基本生产车间、辅助生产车间范围内发生的间接费用,包括工资及福利费、折旧费、办公费、水电费、机物料消耗、劳动保护支出、季节性和修理期间的停工损失等。发生各项制造费用时,记入本科目的借方;月末按一定的分配标准从贷方分配转入有关的成本计算对象。该科目按不同车间、部门设置明细账。除季节性生产企业外,月末一般无余额。

综上所述,上述成本、费用会计科目,存在着相互依存的关系,形成了一个严密、完整的成本核算科目体系。

任务三 成本核算的一般程序

成本核算程序是指根据成本核算的基本要求,从生产费用发生开始,到算出完工产品总成本和单位成本为止的整个成本计算的步骤。产品生产成本的核算过程,就是各种要素费用按其经济用途进行分配和归集,最后计入各种产品成本,按成本项目反映完工产品成本和月末在产品成本的过程。因此,企业生产成本核算的一般程序分为以下几步。

(一)确定成本计算对象

成本计算对象是生产费用的承担者,即归集和分配生产费用的对象。确定成本计算对象是计算产品成本的前提。由于企业的生产特点、管理要求、规模大小、管理水平不同,企业成本计算对象也不相同。对制造企业而言,产品成本计算的对象,包括产品品种、产品批别和产品生产步骤。企业应根据自身的生产特点和管理要求,选择合适的产品成本计算对象。

成本核算的一般程序

(二)生产费用的审核和控制

对生产费用进行审核和控制,主要是按照国家的有关规定,确定各项费用是否应该开支,开支的费用是否应该计入产品成本。

(三)生产费用的归集与分配

生产费用的归集与分配,就是正确将生产费用按成本项目归集和分配到各成本计算对象上去,这是成本计算的关键,它关系成本信息的科学性和真实性。归集和分配生产费用的原则为:产品生产直接发生的生产费用作为产品成本的构成内容,直接计入该产品成本;为产品生产服务发生的间接费用,可先按发生地点和用途进行归集汇总,然后分配计入各受益产品。产品成本计算的过程也就是生产费用的分配和汇总过程。

(四)计算完工产品成本与在产品成本

对于月末既有完工产品又有在产品的产品,应将月初在产品费用与本月生产费用之和,采用适当的方法在完工产品和在产品之间进行分配,计算出完工产品和期末在产品的成本。根据成本核算的基本步骤,结合企业设置的成本、费用会计科目体系,设计出产品成本核算的一般程序,如图 1-4 所示。

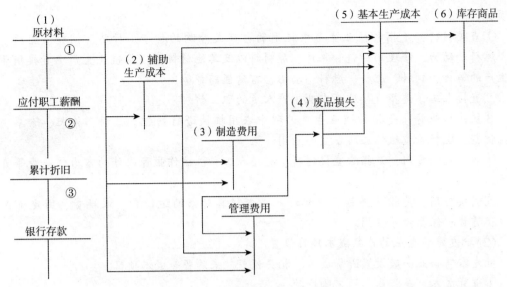

图 1-4 产品成本核算的一般程序

成本核算流程(顺序)的一般说明。
(1)要素费用的归集和分配。
①归集和分配直接材料费用。
②归集和分配直接人工费用。
③其他要素费用的归集和分配。
(2)辅助生产费用的归集和分配。
(3)制造费用的归集与分配。
(4)损失性费用的核算与分配。
(5)生产费用在完工产品和在产品之间的分配。
(6)计算产品的总成本和单位成本。

项目思考与自测

思考题
1. 正确计算产品成本应该正确划分哪些费用的界限,防止哪些错误的做法?
2. 在进行成本核算时,应设置哪些账户?这些账户具体核算包括哪些内容?
3. 成本核算的一般程序是怎样的?
4. 简述不同企业具有不同的产品成本核算项目和范围。
5. 结合实际,谈谈你对成本会计的理解。

知识拓展与阅读

特殊企业成本项目的设置

(1)农业企业的产品成本项目设置。
农业企业一般设置直接材料、直接人工、机械作业费、其他直接费用、间接费用等成本项目。

①直接材料，是指种植业生产中耗用的自产或外购的种子、种苗、饲料、肥料、农药、燃料和动力、修理用材料和零件、原材料以及其他材料等；养殖业生产中直接用于养殖生产的苗种、饲料、肥料、燃料、动力、畜禽医药费等。

②直接人工，是指直接从事农业生产人员的职工薪酬。

③机械作业费，是指种植业生产过程中农用机械进行耕耙、播种、施肥、除草、喷药、收割、脱粒等机械作业所发生的费用。

④其他直接费用，是指除直接材料、直接人工和机械作业费以外的畜力作业费等直接费用。

⑤间接费用，是指应摊销、分配计入成本核算对象的运输费、灌溉费、固定资产折旧、租赁费、保养费等费用。

(2) 批发零售企业的产品成本项目设置。

批发零售企业一般设置进货成本、相关税费、采购费等成本项目。

①进货成本，是指商品的采购价款。

②相关税费，是指购买商品发生的进口关税、资源税和不能抵扣的增值税等。

③采购费，是指运杂费、装卸费、保险费、仓储费、整理费、合理损耗以及其他可归属于商品采购成本的费用。采购费金额较小的，可以在发生时直接计入当期销售费用。

(3) 建筑企业产品成本项目设置。

建筑企业一般设置直接人工、直接材料、机械使用费、其他直接费用和间接费用等成本项目。建筑企业将部分工程分包的，还可以设置分包成本项目。

①直接人工，是指按照国家规定支付给施工过程中直接从事建筑安装工程施工的工人以及在施工现场直接为工程制作构件和运料、配料等的工人的职工薪酬。

②直接材料，是指在施工过程中所耗用的构成工程实体的材料、结构件、机械配件和有助于工程形成的其他材料以及周转材料的租赁费和摊销等。

③机械使用费，是指在施工过程中使用自有施工机械所发生的机械使用费，使用外单位施工机械的租赁费，以及按照规定支付的施工机械进出场费等。

④其他直接费用，是指在施工过程中发生的材料搬运费、材料装卸保管费、燃料动力费、临时设施摊销、生产工具用具使用费、检验试验费、工程定位复测费、工程点交费、场地清理费，以及能够单独区分和可靠计量的为订立建造承包合同而发生的差旅费、投标费等费用。

⑤间接费用，是指企业各施工单位为组织和管理工程施工所发生的费用。

⑥分包成本，是指按照国家规定开展分包，支付给分包单位的工程价款。

(4) 房地产企业产品成本项目设置。

房地产企业一般设置土地征用及拆迁补偿费、前期工程费、建筑安装工程费、基础设施建设费、公共配套设施费、开发间接费、借款费用等成本项目。

①土地征用及拆迁补偿费，是指为取得土地开发使用权（或开发权）而发生的各项费用，包括土地买价或出让金、大市政配套费、契税、耕地占用税、土地使用费、土地闲置费、农作物补偿费、危房补偿费、土地变更用途和超面积补交的地价及相关税费、拆迁补偿费用、安置及动迁费用、回迁房建造费用等。

②前期工程费，是指项目开发前期发生的政府许可规费、招标代理费、临时设施费以

及水文地质勘察、测绘、规划、设计、可行性研究、咨询论证费、筹建、场地通平等费用。

③建筑安装工程费，是指开发项目在开发过程中发生的各项主体建筑的建筑工程费、安装工程费及精装修费等。

④基础设施建设费，是指开发项目在开发过程中发生的道路、供水、供电、供气、供暖、排污、排洪、消防、通信、照明、有线电视、宽带网络、智能化等社区管网工程费和环境卫生、园林绿化等园林、景观环境工程费用等。

⑤公共配套设施费，是指开发项目内发生的、独立的、非营利性的且产权属于全体业主的，或无偿赠予地方政府、政府公共事业单位的公共配套设施费用等。

⑥开发间接费，指企业为直接组织和管理开发项目所发生的，且不能将其直接归属于成本核算对象的工程监理费、造价审核费、结算审核费、工程保险费等。为业主代扣代缴的公共维修基金等不得计入产品成本。

⑦借款费用，是指符合资本化条件的借款费用。

房地产企业自行进行基础设施、建筑安装等工程建设的，可以比照建筑企业设置有关成本项目。

(5) 采矿企业的产品成本项目设置。

采矿企业一般设置直接材料、燃料和动力、直接人工、间接费用等成本项目。

①直接材料，是指采掘生产过程中直接耗用的添加剂、催化剂、引发剂、助剂、触媒以及净化材料、包装物等。

②燃料和动力，是指采掘生产过程中直接耗用的各种固体、液体、气体燃料，以及水、电、汽、风、氮气、氧气等动力。

③直接人工，是指直接从事采矿生产人员的职工薪酬。

④间接费用，是指为组织和管理厂(矿)采掘生产所发生的职工薪酬、劳动保护费、固定资产折旧、无形资产摊销、保险费、办公费、环保费用、化(检)验计量费、设计制图费、停工损失、洗车费、转输费、科研试验费、信息系统维护费等。

(6) 交通运输企业的产品成本项目设置。

交通运输企业一般设置营运费用、运输工具固定费用与非营运期间费用等成本项目。

①营运费用，是指企业在货物或旅客运输、装卸、堆存过程中发生的营运费用，包括货物费、港口费、起降及停机费、中转费、过桥过路费、燃料和动力、航次租船费、安全救生费、护航费、装卸整理费、堆存费等。铁路运输企业的营运费用还包括线路等相关设施的维护费等。

②运输工具固定费用，是指运输工具的固定费用和共同费用等，包括检验检疫费、车船使用税、劳动保护费、固定资产折旧、租赁费、备件配件、保险费、驾驶及相关操作人员薪酬及其伙食费等。

③非营运期间费用，是指受不可抗力制约或行业惯例等原因暂停营运期间发生的有关费用等。

(7) 信息传输企业的产品成本项目设置。

信息传输企业一般设置直接人工、固定资产折旧、无形资产摊销、低值易耗品摊销、业务费、电路及网元租赁费等成本项目。下面主要讲直接人工、业务费、电路及网元租赁费。

①直接人工，是指直接从事信息传输服务的人员的职工薪酬。

②业务费，是指支付通信生产的各种业务费用、包括频率占用费、卫星测控费、安全保卫费、码号资源费、设备耗用的外购电力费、自有电源设备耗用的燃料和润料费等。

③电路及网元租赁费，是指支付给其他信息传输企业的电路及网元等传输系统及设备的租赁费等。

（8）软件及信息技术服务企业产品成本项目设置。

软件及信息技术服务企业一般设置直接人工、外购软件与服务费、场地租赁费、固定资产折旧、无形资产摊销、差旅费、培训费、转包成本、水电费、办公费等成本项目。下面主要讲直接人工、外购软件与服务费、场地租赁费和转包成本。

①直接人工，是指直接从事软件及信息技术服务的人员的职工薪酬。

②外购软件与服务费，是指企业为开发特定项目而必须从外部购进的辅助软件或服务所发生的费用。

③场地租赁费，是指企业为开发软件或提供信息技术服务租赁场地支付的费用等。

④转包成本，是指企业将有关项目部分分包给其他单位支付的费用。

（9）文化企业产品成本项目设置。

文化企业一般设置开发成本和制作成本等成本项目。

①开发成本，是指从选题策划开始到正式生产制作所经历的一系列过程，包括信息收集、策划、市场调研、选题论证、立项等阶段所发生的信息搜集费、调研交通费、通信费、组稿费、专题会议费、参与开发的职工薪酬等。

②制作成本，是指产品内容制作成本和物质形态的制作成本，包括稿费、审稿费、校对费、录入费、编辑加工费、直接材料费、印刷费、固定资产折旧、参与制作的职工薪酬等。电影企业的制作成本是指企业在影片制片、译制、洗印等生产过程所发生的各项费用，包括剧本费、演职员的薪酬、胶片及磁片磁带费、化妆费、道具费、布景费、场租费、剪接费、洗印费等。

综上所述，除企业产品成本核算制度已明确规定的外，其他行业企业应当比照以上类似行业的企业确定成本项目。企业应当按照规定确定产品成本核算项目，进行产品成本核算。企业内部管理有相关要求的，还可以按照现代企业多维度、多层次的成本管理要求，利用现代信息技术对有关成本项目进行组合，输出有关成本信息。

认知情境测试

一、单项选择题

1. 下列各项中,不属于产品成本的是( )。
   A. 生产车间机器设备的日常维修费用　　B. 生产产品耗用的材料成本
   C. 生产车间管理人员的薪酬　　　　　　D. 生产车间生产工人的薪酬

2. 下列各项中,企业生产产品耗用外购半成品费用应归类的成本项目是( )。
   A. 直接材料　　　B. 制造费用　　　C. 燃料及动力　　　D. 直接人工

3. 不应直接或者间接计入产品生产成本的是( )。
   A. 生产产品领用的原材料
   B. 车间照明的电费
   C. 行政管理部门的办公设备的日常修理费用
   D. 车间管理人员的工资

4. 对于应计入产品成本,但不能分清应由何种产品负担的费用,下列说法正确的是( )。
   A. 作为制造费用处理,期末再通过分配计入产品成本
   B. 作为管理费用处理
   C. 直接计入当期损益
   D. 直接计入生产成本科目

5. 下列各项费用中,应计入产品生产成本的是( )。
   A. 销售费用　　　B. 管理费用　　　C. 财务费用　　　D. 制造费用

6. 生产车间发生的制造费用在分配后,一般应计入( )科目。
   A. 库存商品　　　B. 本年利润　　　C. 生产成本　　　D. 主营业务成本

7. 下列关于成本和费用的说法中,错误的是( )。
   A. 费用着重于按会计期间进行归集
   B. 产品成本一般以生产过程中取得的各种原始凭证为计算依据
   C. 产品成本着重于按产品进行归集
   D. 产品成本一般以成本计算单或成本汇总表及产品入库单等为计算依据

8. 下列各项中,属于生产成本项目的是( )。
   A. 财务费用　　　B. 燃料和动力　　　C. 管理费用　　　D. 税金

9. 下列各项中,应计入产品成本的有( )。
   A. 生产设备日常修理费　　　　　　B. 生产车间业务招待费
   C. 生产设备报废净损失　　　　　　D. 生产设备计提的折旧费

10. 下列各项中,不应计入产品生产成本的是( )。
    A. 生产产品领用的原材料　　　　　B. 车间照明的电费
    C. 预计产品质量保证损失　　　　　D. 车间管理人员的薪酬

11. 下列说法中,不属于产品成本核算要求的是( )。
    A. 做好各项基础工作

B. 正确划分各种费用支出的界限
C. 根据生产特点和管理要求选择适当的成本计算方法
D. 企业产品成本核算采用的会计政策和会计估计一经确定，不得变更

12. 按照马克思经济学理论，产品成本是产品价值中的(　　)。
    A. C+V   B. C+M   C. V+M   D. C+V+M

13. 产品成本是指企业生产一定种类、数量的产品所支出的各项(　　)。
    A. 生产经营管理费用总和   B. 生产费用之和
    C. 料、工、费及经营管理费用总和   D. 经营管理费用总和

14. 大中型企业的成本会计工作一般采取(　　)。
    A. 集中工作方式   B. 统一领导方式   C. 分散工作方式   D. 会计岗位责任制

15. 成本会计最基本的职能是(　　)。
    A. 成本分析   B. 成本控制   C. 成本决策   D. 成本核算

16. 正确计算产品成本，应该做好的基础工作是(　　)。
    A. 正确划分各种费用界限   B. 建立和健全原始记录工作
    C. 各种费用的分配   D. 确定成本计算对象

17. 下列不表现或转化为费用的是(　　)。
    A. 制造产品购进原材料的费用   B. 管理不善造成的非常损失
    C. 办理广告宣传的费用   D. 企业建造办公大楼的费用

18. 期间费用不包括(　　)。
    A. 销售费用   B. 人工费用   C. 管理费用   D. 财务费用

19. 制定产品价格依据的重要成本是(　　)。
    A. 全部成本   B. 制造成本   C. 制造费用   D. 期间费用

20. 工业企业成本会计对象包括(　　)。
    A. 产品生产成本和期间费用   B. 经营管理费用
    C. 生产经营业务成本和期间费用   D. 产品生产成本

二、多项选择题

1. 下列各项中，属于制造业企业设置的成本项目有(　　)。
   A. 制造费用   B. 废品损失   C. 直接材料   D. 直接人工

2. 下列各项中，企业应通过"制造费用"科目核算的有(　　)。
   A. 生产车间管理用耗电费   B. 生产车间生产工人工资
   C. 生产车间管理用具摊销额   D. 生产车间管理用房屋折旧费

3. 某企业为生产多种产品的制造企业，下列各项中，通过"制造费用"科目核算的有(　　)。
   A. 车间房屋和机器设备的折旧费   B. 支付用于产品生产的材料费用
   C. 生产工人的工资和福利费   D. 季节性停工损失

4. 下列各项中，应计入产品成本的有(　　)。
   A. 产品耗用的直接材料   B. 生产产品耗用的燃料费
   C. 生产产品耗用的动力费   D. 生产车间管理人员的职工薪酬

5. 成本按照成本性态划分，可分为(　　)。
   A. 固定成本   B. 变动成本   C. 作业成本   D. 混合成本

6. 下列各项关于产品成本核算的说法中，正确的有(　　)。

A. 为了进行成本核算，企业应当建立健全各项原始记录

B. 正确划分收益性支出和资本性支出

C. 根据产品的生产特点和管理要求选择适当的产品成本计算方法

D. 成本核算一般是对成本计划执行的结果进行事后反映

7. 制造企业的以下各项支出中，可以计入产品成本的有(　　)。

A. 生产车间管理人员的工资

B. 季节性停工损失

C. 生产工人工资

D. 行政管理部门使用的固定资产计提的折旧

8. 下列关于成本核算的一般程序说法中，正确的有(　　)。

A. 根据生产特点和成本管理要求，确定成本核算对象

B. 确定成本项目

C. 设置有关成本和费用明细账

D. 收集确定各种产品的生产量、入库量、在产品盘存量以及材料、工时、动力消耗等，对所有已发生费用可以直接结转

9. 下列各项中，属于成本核算程序中设置的有关成本和费用明细账的有(　　)。

A. 生产成本明细账　　　　　　　B. 制造费用明细账

C. 产成品明细账　　　　　　　　D. 自制半成品明细账

10. 企业内部管理有相关要求的，可以按照现代企业多维度、多层次的管理要求，确定多元化的产品成本核算对象。其中多层次，是指根据企业成本管理需要，划分为(　　)等成本管理层次。

A. 企业管理部门　　B. 工厂　　　　C. 车间　　　　D. 班组

11. 下列各项费用中，不应计入产品生产成本的有(　　)。

A. 销售费用　　　B. 管理费用　　　C. 财务费用　　　D. 制造费用

12. 下列各项中，应计入产品成本的支出有(　　)。

A. 直接材料　　　　　　　　　　B. 直接燃料

C. 直接动力　　　　　　　　　　D. 生产车间管理人员的福利支出

13. 下列各项中，属于制造企业设置的成本项目有(　　)。

A. 制造费用　　　B. 废品损失　　　C. 直接人工　　　D. 材料成本

14. 下列关于确定成本核算对象的表述中，正确的有(　　)。

A. 成本核算对象确定后，通常不应中途变更

B. 成本核算对象的确定是设立成本明细账、正确计算成本的前提

C. 多步骤连续加工产品，且管理上要求提供生产步骤成本信息的，以每种产品及生产步骤为成本核算对象

D. 小批或单件生产产品的，以每批或每件产品为成本核算对象

15. 下列应计入产品成本的有(　　)。

A. 直接材料　　　　　　　　　　B. 直接燃料

C. 直接动力　　　　　　　　　　D. 生产车间管理人员的工资

16. 下列各项费用中，不应计入产品生产成本的有(　　)。
A. 销售费用　　　　B. 管理费用　　　　C. 财务费用　　　　D. 制造费用
17. 下列有关成本的表述中，正确的是(　　)。
A. 成本是为取得财产或接受劳务而牺牲的经济资源
B. 成本可以是主观认定的，也可以是客观认定的
C. 成本可以分为未耗成本与已耗成本两大类
D. 未耗成本在资产负债表上列为资本项目
18. 下列各项中，不属于期间费用的有(　　)。
A. 生产车间固定资产计提的折旧　　　　B. 为生产部门工人发放职工福利
C. 为生产车间管理人员发放工资　　　　D. 为财务部门人员发放职工福利
E. 生产产品发生的直接材料费用　　　　F. 销售部门固定资产的修理费用
19. 下列关于变动成本的说法中，正确的有(　　)。
A. 成本总额随产品产量增减而成反比例变化
B. 成本总额通常有一个初始量
C. 单位成本保持不变
D. 成本总额随产品产量增减而成正比例变化
E. 单位成本随产品产量增减而成反比例变化
20. 降低产品成本的途径包括(　　)。
A. 控制业务招待费用　　　　B. 降低材料采购成本
C. 减少废品损失　　　　　　D. 控制销售费用
E. 控制工资费用

三、判断题

1. 产品成本计算的关键是做好各项基础工作。（　　）
2. 成本按照成本性态划分，可分为固定成本和变动成本。（　　）
3. 直接材料、直接人工、燃料及动力、制造费用属于成本项目。（　　）
4. 在基本生产车间只生产一种产品的情况下，制造费用可以直接计入该种产品的成本。（　　）
5. 某一会计期间发生的生产费用应等于当期的产品总额。（　　）
6. 产品成本是由费用构成的，因此企业发生的费用就是产品成本。（　　）
7. 具体的成本核算对象是根据企业生产的特点加以确定的，不用考虑成本管理上的要求。（　　）
8. 对工业企业而言，一般应设置直接材料、燃料及动力、直接人工、制造费用等成本项目。（　　）
9. 企业进行成本核算时，应根据生产经营特点和管理要求来确定成本核算对象。（　　）
10. 早期成本会计阶段，成本会计仅限于对生产过程的生产消耗进行计算，因此称为记录型成本会计。（　　）
11. 为了正确计算产品成本，应该绝对正确地划分完工产品与期末在产品的费用界限。（　　）
12. 企业成本会计机构，是在企业中直接从事成本会计工作的机构。（　　）

13. 企业应当根据国家有关法令、法规并结合实际情况来确定自己的成本会计工作制度或方法。（   ）
14. 直接生产费用既可能直接计入费用，也可能间接计入费用。（   ）
15. 所有生产车间发生的各种制造费用，一律通过"制造费用"科目核算。（   ）
16. 企业在生产经营活动中发生的一切费用支出都应计入产品成本。（   ）
17. "辅助生产成本"科目期末一般无余额。（   ）
18. 企业一定时期的生产费用等于同一时期的生产成本。（   ）
19. 在实际工作中，确定成本的开支范围应以成本的经济实质为理论依据。（   ）
20. 产品成本是指企业在一定的时期内为生产一定数量产品而发生的各项生产费用。（   ）

认知情境二 成本核算基础实践

◎ 情境学习目标

❀ 掌握生产费用归集和分配的原理和实践操作步骤
❀ 掌握辅助生产费用归集和分配的原理和实践操作步骤
❀ 掌握制造费用、损失类费用归集和分配的原理和实践操作步骤
❀ 掌握生产费用在完工产品和在产品之间分配的原理和实践操作步骤

◎ 情境工作任务

根据企业的实际情况,完成以下工作任务。

❀ 掌握生产费用归集和分配的原则,结合具体情境选择合适的分配方法
❀ 结合具体情境,培养学生对辅助生产费用、制造费用分配原理的认知和把握
❀ 培养学生结合具体情境,选择合适的完工产品成本计算的方法,独立完成成本核算明细账的开设与填制

◎ 情境结构图

认知情境二 成本核算基础实践
- 项目一 要素费用的归集与分配
  - 任务一 要素费用的内容、分类及分配原则
  - 任务二 材料费用的归集和分配
  - 任务三 人工费用的归集和分配
  - 任务四 其他费用的归集和分配
- 项目二 辅助生产费用的归集与分配
  - 任务一 辅助生产费用的归集
  - 任务二 辅助生产费用的分配
- 项目三 制造费用的归集与分配
  - 任务一 制造费用的归集
  - 任务二 制造费用的分配
- 项目四 损失性费用的归集和分配
  - 任务一 废品损失的归集和分配
  - 任务二 停工损失的归集和分配
- 项目五 生产费用在完工产品和在产品之间的分配
  - 任务一 在产品的核算
  - 任务二 生产费用在完工产品和在产品之间的分配

项目一 要素费用的归集与分配

🎯 项目认知目标

❉ 理解费用要素的内容及分配原则
❉ 掌握材料费用的归集和分配
❉ 掌握燃料及动力费用的归集和分配
❉ 掌握人工费用的归集和分配
❉ 掌握折旧等其他费用的归集和分配

🎯 项目技能目标

❉ 培养学生对费用要素进行归集和分配的实操能力
❉ 培养学生对成本和费用的甄别能力

🎯 项目情感目标

❉ 引导学生坚持准则,能够根据业务情境科学客观选择成本要素核算的最优方法,培养学生客观公正、坚持准则的会计职业品德

❉ 引导学生坚持业财融合理念,全面熟悉本单位经营活动和业务流程,增强提高专业技能的自觉性和紧迫感,勤学苦练、刻苦钻研,提高成本核算管理的业务技能和服务水平

案例导入

小张进入飞天航空制造有限责任公司之后,在梳理公司 12 月份有关成本费用资料时发现,本月共发生成本费用项目 14 项,具体包括:

(1)生产耗用原材料 60 000 元;
(2)生产耗用燃料 3 000 元;
(3)生产耗用水电费 1 000 元;
(4)计算生产工人工资 15 000 元;
(5)计算车间管理人员工资 5 000 元;
(6)计算销售部门人员工资 4 000 元;
(7)计算企业管理人员工资 9 000 元;

(8) 支付车间办公费 1 000 元；
(9) 支付厂部办公室电话费 800 元；
(10) 支付第三季度报刊费 600 元；
(11) 支付购买职工劳保用品费 1 400 元；
(12) 支付车间机器修理费 300 元；
(13) 支付为购买车间设备借款应由本季度负担的利息 30 000 元；
(14) 固定资产报废清理净损失 10 000 元。

小张同时发现，公司原成本会计小马将上述费用分类列示如下。

生产成本＝(1)＋(4)＋(5)＋(6)＝84 000(元)
生产费用＝(2)＋(3)＋(8)＋(12)＝5 300(元)
期间费用＝(7)＋(9)＋(10)＋(11)＋(13)＋(14)＝51 800(元)

请帮小张分析小马对这些费用的分类是否正确，并说明理由。

任务一　要素费用的内容、分类及分配原则

一、要素费用按其经济内容的分类

要素费用是对企业生产过程中发生的费用按其经济内容进行的分类，主要包括劳动对象方面的费用、劳动手段方面的费用、活劳动方面的费用。这三大类费用按经济内容进一步划分，主要包括以下几项。

1. 外购材料

外购材料是指制造企业为进行生产活动而耗用的从外部购入的原料及主要材料、半成品、辅助材料、周转材料、修理用备件等。

2. 外购燃料

外购燃料是指制造企业为进行生产活动而耗用的从外部购入的各种固体、液体和气体燃料。

3. 外购动力

外购动力是指制造企业为进行生产而耗用的一切从外部购进的各种动力，如电力、热力等。

4. 薪酬费用

薪酬费用是指制造企业应计入生产费用的职工薪酬。

5. 折旧费

折旧费是指制造企业生产单位(车间、分厂)按照规定的固定资产折旧方法，计算提取的固定资产折旧费用。

6. 其他支出

其他支出是指企业生产单位(车间、分厂)耗费的不属于以上各个要素的费用支出，如邮电费、差旅费、租赁费、外部加工费等。

7. 利息支出

利息支出是指企业借款所发生的额外财务支出，包括短期借款利息、长期借款利息、应付票据利息、票据贴现利息等支出减去银行存款等利息收入后的净额。利息支出计入"财务费用"账户。

8. 税金

税金是指企业经营活动应负担的相关税费，包括消费税、城市维护建设税、教育费附加、资源税、房产税、城镇土地使用税、车船税、印花税等。企业计入成本费用的税金一般计入"税金及附加"账户。

二、费用要素分配的一般原则

产品生产过程中发生的各种生产费用，应采用一定的方法归集并分配计入产品成本。在费用要素分配中，为减少分配对成本计算的影响，保证成本计算的准确性，凡是能够确认为某种产品所发生的费用，都应尽量采取直接计入的方法。因为若采用一定的标准进行分配，其结果的准确性会差一些，从而影响到产品成本的真实性。

基本生产车间要素费用分配

对于能分清为某种产品所耗用的直接费用，要直接计入产品成本；对于为几种产品共同耗用的间接费用，要采用一定的方法分配计入有关产品成本。如果企业只生产一种产品，凡能计入产品成本的全部费用，都是直接费用，应直接计入产品成本；如果企业生产多种产品，应计入产品成本的费用要素，按照费用要素"谁受益，谁承担"的分配原则进行分配。

辅助生产车间要素费用分配

三、制造业企业费用要素归集和分配的具体内容

1. 直接材料和直接人工

制造企业发生的直接材料和直接人工，能够直接计入成本核算对象的，应直接计入成本核算对象的生产成本，否则应当按照合理的分配标准分配计入。制造企业发出的材料成本，可以根据实物流转方式、管理要求、实物性质等实际情况，采用先进先出法、加权平均法、个别计价法等方法计算。

2. 外购燃料及动力

制造企业外购燃料和动力的，应根据实际耗用数量或者合理的分配标准对燃料和动力费用进行归集分配。生产部门直接用于生产的燃料和动力，直接计入生产成本；生产部门间直接用于生产(如照明、取暖)的燃料和动力，计入制造费用。

3. 折旧等其他要素费用

制造企业的固定资产在长期使用过程中，不断发生损耗，主要包括无形损耗和有形损耗。固定资产由于损耗而减少的价值称为固定资产折旧，固定资产折旧应该作为折旧费计入产品成本和管理费用等。企业计提固定资产折旧时，应遵循固定资产计提折旧起止时间的规定以及计提折旧范围的有关规定。制造企业要素费用中的其他费用，是指除了前面所述各项要素以外的费用，包括邮电费、租赁费、报刊费、排污费、差旅费、外部加工费等。

4. 辅助生产成本

制造企业辅助生产部门为生产部门提供劳务和产品而发生的费用，应参照生产成本项目归集，并按照合理的分配标准分配计入各成本核算对象的生产成本。辅助生产部门之间互相提供的劳务、作业成本，应采用合理的方法，进行交互分配。互相提供劳务、作业不多的，可以不进行交互分配，直接分配给辅助生产部门以外的受益单位。

5. 制造费用

制造企业发生的制造费用，应按照合理的分配标准按月分配计入各成本核算对象的生产成本。企业可以采取的分配标准包括机器工时、人工工时、计划分配率等。

季节性生产企业在停工期间发生的制造费用，应在开工期间进行合理分摊，连同开工期间发生的制造费用，一并计入产品的生产成本。

6. 损失性费用

损失性费用主要包括废品损失和停工损失。

废品损失是指在生产过程中发生的和入库后发现的不可修复废品的生产成本，以及可修复废品的修复费用扣除回收的废品残料价值和应收赔款以后的损失。

停工损失是指生产车间或车间内某个班组在停工期间发生的各项费用，包括停工期间发生的原材料费用、人工费用和制造费用之和扣除应由过失单位或保险公司负担的赔款。不满一个工作日的停工，一般不计算停工损失。

7. 生产费用在完工产品和在产品之间的分配

制造企业应根据产品的生产特点和管理要求，按成本计算期结转成本。制造企业可以选择原材料消耗量、约当产量法、定额比例法、原材料扣除法、完工百分比法等方法，恰当地确定完工产品和在产品的实际成本，并将完工入库产品的产品成本结转至"库存产品"科目；在产品数量、金额不重要或在产品期初期末数量变动不大的，可以不计算在产品成本。

制造企业可以根据自身经营管理特点和条件，利用现代信息技术，采用作业成本法对不能直接归属于成本核算对象的成本进行归集和分配。

制造企业应根据生产经营特点和联产品、副产品的工艺要求，选择系数分配法、实物量分配法、相对销售价格分配法等合理的方法分配联合生产成本。

知识拓展与阅读

特殊企业成本费用的归集与分配

一、建筑及房地产企业

建筑企业发生的有关费用，由某一成本核算对象负担的，应直接计入成本核算对象成本；由几个成本核算对象共同负担的，应选择直接费用比例、定额比例和职工薪酬比例等合理的分配标准，分配计入成本核算对象成本。

房地产企业发生的有关费用，由某一成本核算对象负担的，应直接计入成本核算对象成本；由几个成本核算对象共同负担的，应选择占地面积比例、预算造价比例、建筑面积比例等合理的分配标准，分配计入成本核算对象成本。

二、批发零售企业

批发零售企业发生的进货成本、相关税金直接计入成本核算对象成本；发生的采购费，可以结合经营管理特点，按照合理的方法分配计入成本核算对象成本。采购费金额较小的，可以在发生时直接计入当期销售费用。

批发零售企业可以根据实物流转方式、管理要求、实物性质等实际情况，采用先进先出法、加权平均法、个别计价法、毛利率法等结转产品成本。

三、交通运输企业

交通运输企业发生的营运费用，应按照成本核算对象归集。

交通运输企业发生的运输工具固定费用，能确定由某一成本核算对象负担的，应直接计入成本核算对象的成本；由多个成本核算对象共同负担的，应选择营运时间等符合经营特点的、科学合理的分配标准，分配计入各成本核算对象的成本。

交通运输企业发生的非营运期间费用，比照制造业季节性生产企业处理。

四、文化或服务企业

信息传输、软件及信息技术服务等企业，可以根据经营特点和条件，利用现代信息技术，采用作业成本法等对产品成本进行归集和分配。

文化企业发生的有关成本项目费用，由某一成本核算对象负担的，应直接计入成本核算对象成本；由几个成本核算对象共同负担的，应选择人员比例、工时比例、材料耗用比例等合理的分配标准分配计入成本核算对象成本。

五、其他企业

农业企业应比照制造企业对产品成本进行归集、分配和结转。

采矿企业应比照制造企业对产品成本进行归集、分配和结转。

其他行业企业应比照以上类似行业的企业对产品成本进行归集、分配和结转。

企业不得以计划成本、标准成本、定额成本等代替实际成本。企业采用计划成本、标准成本、定额成本等类似成本进行直接材料日常核算的，期末应将耗用直接材料的计划成本或定额成本等类似成本调整为实际成本。

企业应按照制度规定对产品成本进行归集、分配和结转。企业内部管理有相关要求的，还可以利用现代信息技术，在确定多维度、多层次成本核算对象的基础上，对有关费用进行归集、分配和结转。

任务思考与自测

思考题

1. 简述要素费用按其经济内容的具体分类。
2. 简述费用要素分配的一般原则。
3. 简述制造业企业费用要素归集和分配的具体内容。

任务二 材料费用的归集和分配

产品成本中的材料费用，是指制造企业在产品生产经营过程中实际消耗的原材料、辅助材料、外购半成品、备品备件、包装物、燃料、动力和低值易耗品等。在生产过程中被用来加工的材料，是生产过程中的劳动对象，构成了产品实体，或有助于产品形成，或为劳动工具所消耗。

制造企业的材料费用的核算，包括材料费用的归集（发出材料的核算）和分配两方面。制造业企业发生的直接材料，能够直接计入成本核算对象的，应当直接计入成本核算对象的生产成本，否则应当按照合理的分配标准分配计入。

一、材料费用的发出与归集

无论是外购的，还是自制的，对于直接用于产品生产、构成产品实体的原材料，一般分产品领用，应根据领退料凭证直接计入相应产品成本的"直接材料"项目。材料发出的核算有两种方法，实际成本法和计划成本法。

（一）材料发出的原始凭证

1. 领料凭证

材料发出的原始凭证主要包括领料单、限额领料单或领料登记表。会计部门应该对发料凭证所列材料的种类、数量和用途等进行审核，检查所领材料的种类和用途是否符合规定，数量有无超过定额或计划。只有经过审核、签章的发料凭证才能据以发料，并作为发料核算的原始凭证。

（1）领料单。领料单是由领用材料的部门或者人员（简称领料人）根据所需领用材料的数量填写的单据。领料单一般采用一次凭证进行登记。领料单填制要"一料一单"，即一种原材料填写一张单据，一般一式四联。第一联为存根联，留领料部门备查；第二联为记账联，留会计部门作为出库材料核算依据；第三联为保管联，留仓库作为登记材料明细账依据；第四联为业务联，留供应部门作为物资供应统计依据。领料单由车间经办人员填制，车间负责人、领料人、仓库管理员和发料人均需在领料单上签字，无签章或签章不全的均无效，不能作为记账的依据。领料单格式如表2-1所示。

表2-1 领料单　　　　　　　　　　　　　　　　　　　　　　　　　金额单位：元

领料单位	第一车间	用途	生产	日期	2021-6-7	发料仓库	材料一库
材料编号	材料类别	材料名称	规格	单位	领用数量	单价	金额
CL-009	生产类	玻璃	SHF	块	3	200	600

续表

领料单位	第一车间	用途	生产	日期	2021-6-7	发料仓库	材料一库
发料人	×××	领料人	×××	负责人	×××	主管	×××

(2)限额领料单。为简化领发料手续,控制材料的领发,节约材料费用,可以采用限额领料单,实行限额领料制度,限额领料单格式如表2-2所示。

表2-2 限额领料单

领料部门:生产车间　　　　　　　　　　　　　　　　　　　　　　　　发料仓库:2号
用　途:B产品生产　　　　　　2021年06月　　　　　　　　　　　　　编　号:008

材料类别	材料编号	材料名称及规格	计量单位	领料限额	实际领用	单价	总价	备注
型钢	0348	圆钢10 mm	千克	500	480	4.40	2 112	
日期	请领		实发			限额结余	退库	
	数量	签章	数量	发料人	领料人		数量	退库单
2.3	200		200	姜同	王立	300		
2.12	100		100	姜同	王立	200		
2.20	180		180	姜同	王立	20		
合计	480		480			20		

供应部门负责人:李一　　　　　生产计划部门负责人:佟二　　　　　仓库负责人签章:王三

(3)领料凭证汇总表。为简化会计核算手续,减少编制记账凭单的次数和简化账簿登记工作,可以把同类经济业务的原始凭证按一定要求进行汇总而填制原始凭证汇总表。领料凭证汇总表就是对领用材料的"领料单"按一定的日期分类进行汇总后编制的,据以填制记账凭证和材料明细分类账、总分类账和有关账户。领料凭证汇总表不仅简化了会计核算手续,同时又总括反映材料的领用额及其去向等,为企业管理提供需要的资料。领料凭证汇总表具体格式如表2-3所示。

表2-3 领料凭证汇总表　　　　　　　　　　　　　　　　　　　　　　　金额单位:元

用途	A材料		B材料		C材料		金额合计
	数量/千克	金额	数量/千克	金额	数量/千克	金额	金额
制造产品领用							
Ⅰ型飞机耗用	2 000	40 000	1 000	10 000	1 000	12 000	62 000
Ⅱ型飞机耗用	1 000	20 000	800	8 000	600	7 200	35 200
车间一般耗用			300	3 000			3 000
企业管理部门耗用					200	2 400	2 400
合计	3 000	60 000	2 100	21 000	1 800	21 600	102 600

2. "假退料"手续及退料单

生产过程中剩余的材料,应该编制"退料单",据以退回仓库。对于车间已领未用,下月仍需继续耗用的材料,为保证车间成本计算的正确性及避免手续上的麻烦,可以采用"假退料"的方法,即材料实物仍在车间,只是在凭证传递上,填制一张本月份退料单,表示该项余料已经退库,同时编制一张下月份的领料单,表示该项余料又作为下月份的领料出库。退料单格式如表 2-4 所示。

表 2-4 退料单

退料部门:第一生产车间
退料仓库:第一仓库　　　　　　　2021 年 06 月 30 日　　　　　　　　第 04001 号

材料			单位	数量		成本		备注
编号	名称	规格		退库	实收	单价	总价	
T0101	轴承	#102	件	200	200			
合计				200	200			

部门经理:钱一　　　　　　合计:　　　　　　仓库:陈二　　　　　　经办人:陈三

(二)材料按实际成本计价发出的核算

材料按实际成本计价进行日常核算时,不管是材料的总账,还是材料的明细账,都应按实际成本计价。发出材料的金额,可以按照先进先出法、月末一次加权平均法、移动加权平均法和个别计价法等方法计算登记。

1. 实际成本法

(1)先进先出法。先进先出法是指以先购入的存货应先发出(用于销售或耗用)这样一种存货实物流动假设为前提,对发出存货进行计价的一种方法。采用这种方法,先购入的存货成本在后购入存货成本之前转出,据此确定发出存货和期末存货的成本。具体做法是:收入存货时,逐笔登记收入存货的数量、单价和金额;发出存货时,按照"先买进先发出"的原则逐笔登记存货的发出成本和结存金额。

先进先出法介绍

【例 2-1】飞天航空制造有限责任公司 2×21 年 5 月 M 零件的收入、发出及单位成本如表 2-5 所示。

表 2-5 M 零件明细账　　　　　　　　　　　　　　　　　　　　　金额单位:元

日期		摘要	收入			发出			结存		
月	日		数量/个	单价	金额	数量/个	单价	金额	数量/个	单价	金额
5	1	期初余额							150	10	1 500
	5	购入	100	12	1 200				250		
	11	发出				200			50		

续表

日期		摘要	收入			发出			结存		
月	日		数量/个	单价	金额	数量/个	单价	金额	数量/个	单价	金额
	16	购入	200	14	2 800				250		
	20	发出				100			150		
	23	购入	100	15	1 500				250		
	27	发出				100			150		
	31	本期合计	400		5 500	400			150		

按照先进先出的原则,如 5 月 11 日发出的 200 件存货,应先发出期初库存存货 1 500 (150×10)元,然后再发出 5 月 5 日购入的 50 件,即 600(50×12)元,其他以此类推。先进先出法计算 M 零件的发出成本和期末成本如表 2-6 所示。

表 2-6 M 零件明细账(先进先出法)　　　　　　　　　　　　　　　金额单位:元

日期		摘要	收入			发出			结存		
月	日		数量	单价	金额	数量	单价	金额	数量	单价	金额
5	1	期初余额							150	10	1 500
	5	购入	100	12	1 200				150 100	10 12	1 500 1200
	11	发出				150 50	10 12	1 500 600	50	12	600
	16	购入	200	14	2 800				50 200	12 14	600 2 800
	20	发出				50 50	12 14	600 700	150	14	2 100
	23	购入	100	15	1 500				150 100	14 15	2 100 1 500
	27	发出				100	14	1 400	50 100	14 15	700 1 500
	31	本期合计	400	—	5 500	400	—	4 800	50 100	14 15	700 1 500

从表 2-6 中可以得到,使用先进先出法得出的发出存货成本和期末存货成本分别 4 800 元和 2 200 元。具体计算如下:

本期发出存货成本=(150×10+50×12)+(50×12+50×14)+(100×14)=4 800(元)

期末结存存货成本=50×14+100×15=2 200(元)

或

期末结存存货成本=期初结存存货成本+150×10+(100×12+200×14+100×15)−
4 800=1 500+5 500−4 800=2 200(元)

先进先出法可以随时结转存货发出成本,但较烦琐。如果存货业务较多,且存货单价不稳定，其工作量较大。在物价持续上升时，期末存货成本接近于市价，而发出成本偏低，会高估企业当期利润和库存存货价值；反之，会低估企业存货价值和当期利润。

(2)月末一次加权平均法。月末一次加权平均法是指以本月全部进货数量加上月初存货数量作为权数，去除本月全部进货成本加上月初存货成本，计算出存货的加权平均单位成本，以此为基础，计算出本月发出存货的成本和期末存货成本的一种方法。具体计算公式如下：

$$存货单位成本 = \frac{[月初存货实际成本 + \sum(当月各批购进存货实际单位成本 \times 当月各批进货数量)]}{(月初库存存货数量 + 当月各批进货数量之和)}$$

$$当月发出存货成本 = 当月发出存货的数量 \times 存货单位成本$$

$$当月月末库存存货成本 = 月末库存存货的数量 \times 存货单位成本$$

或

$$期末结存存货成本 = 期初结存存货成本 + 本月收入存货成本 - 本月发出存货成本$$

【例2-2】承【例2-1】，假设飞天航空制造有限责任公司采用月末一次加权平均法核算存货，根据表2-1计算M零件的平均单位成本如下：

M零件的平均单位成本

$$= \frac{[月初存货实际成本 + \sum(当月各批购进存货实际单位成本 \times 当月各批进货数量)]}{(月初库存存货数量 + 当月各批进货数量之和)}$$

$$= \frac{(150 \times 10 + 100 \times 12 + 200 \times 14 + 100 \times 15)}{(150 + 100 + 200 + 100)} \approx 12.727(元)$$

5月M零件的发出成本与期末结存成本分别为：

5月M零件的发出成本 = 400 × 12.727 = 5 090.80（元）

5月M零件的期末结存成本 = 月初结存存货成本 + 本月收入存货成本 - 本月发出存货成本
= [150×10 + (100×12 + 200×14 + 100×15)] - 5 090.8 = 1 909.20（元）

月末一次加权平均法下，5月M零件本期收入、发出和结存情况，具体如表2-7所示。

表2-7 M零件明细账（月末一次加权平均法）　　　　　　　金额单位：元

日期		摘要	收入			发出			结存		
月	日		数量/个	单价	金额	数量/个	单价	金额	数量/个	单价	金额
5	1	期初余额							150	10	1 500
	5	购入	100	12	1 200				250	—	2 700
	11	发出				200	—	—	50	—	—
	16	购入	200	14	2 800				250	—	5 500
	20	发出				100	—	—	150	—	—
	23	购入	100	15	1 500				250	—	7 000
	27	发出				100	—	—	150	—	—
	31	本期合计	400	—	5 500	400	12.727	5 090.80	150	12.728**	1 909.20*

* 1 909.20 系采用"月末结存存货成本 = 月初结存存货成本 + 本月收入存货成本 - 本月发出存货成本"公式计算的金额。

＊＊12.728 = 1 909.20/150，与月末一次加权平均法计算的平均单位成本理论上应完全一致，实务中有时候会出现不一致，系四舍五入所致。四舍五入计算的单价所产生差额一般由期末存货成本承担。

从表 2-7 中可以看出，采用月末一次加权平均法，M 零件的平均单位成本从期初的 10 元变为期末的 12.727 元；采用月末一次加权平均法得出的本期发出存货成本和期末结存存货成本分别为 5 090.80 元和 1 909.20 元。考虑到计算出的加权平均单价不一定是整数，往往要小数点后四舍五入，为了保持账面数字之间的平衡关系，一般采用倒挤的方式计算期末存货的成本。

采用加权平均法只在月末一次计算加权平均单价，比较简单，有利于简化成本计算工作，但由于平时无法从账上提供发出和结存存货的单价及金额，因此不利于存货成本的日常管理与控制。

（3）移动加权平均法。移动加权平均法指企业按实际成本进行材料明细分类核算时，以各批材料收入数量和上批结余材料数量为权数，计算材料平均单位成本的一种方法。采用这种计价方法，每购进一批材料需重新计算一次加权平均单价，据以作为领用材料的单位成本。

移动加权平均法介绍

移动加权平均法下，库存商品的成本价格根据每次收入类单据自动加权平均，其计算方法是以各次收入数量和金额与各次收入前的数量和金额为基础，计算出移动加权平均单价。其计算公式如下：

$$\text{移动加权平均单价} = \frac{\text{本次收入前结存商品金额} + \text{本次收入商品金额}}{\text{本次收入前结存商品数量} + \text{本次收入商品数量}}$$

本次发出存货成本 = 本次发出存货数量 × 本次发货前存货的单位成本

本次月末结存存货成本 = 月末结存存货数量 × 本月月末存货单位成本

或

本次月末结存存货成本 = 月初结存存货成本 + 本月收入存货成本 − 本月发出存货成本

【例 2-3】承【例 2-1】，假设飞天航空制造有限责任公司采用移动加权平均法核算存货，根据表 2-1 计算 M 零件的平均单位成本如下：

$$5 \text{ 月 } 5 \text{ 日购货后平均单位成本} = \frac{150 \times 10 + 100 \times 12}{150 + 100} = 10.80(\text{元})$$

$$5 \text{ 月 } 16 \text{ 日购货后平均单位成本} = \frac{50 \times 10.80 + 200 \times 14}{50 + 200} = 13.36(\text{元})$$

$$5 \text{ 月 } 23 \text{ 日购货后平均单位成本} = \frac{150 \times 13.36 + 100 \times 15}{150 + 100} = 14.016(\text{元})$$

本次发出存货成本 = 本次发出存货数量 × 本次发货前存货的单位成本

5 月 11 日销售存货的成本 = 200 × 10.80 = 2 160(元)

5 月 20 日销售存货的成本 = 100 × 13.36 = 1 336(元)

5 月 27 日销售存货的成本 = 100 × 14.016 = 1 401.60(元)

本月月末库存存货成本 = 月末库存存货数量 × 本月月末存货单位成本
　　　　　　　　　　= 150 × 14.016 = 2 102.4(元)

移动加权平均法下 5 月 M 零件本期收入、发出和结存情况，具体如表 2-8 所示。

表 2-8　M 零件明细账（移动加权平均法）　　　　　　　　　　　　金额单位：元

日期		摘要	收入			发出			结存		
月	日		数量/个	单价	金额	数量/个	单价	金额	数量/个	单价	金额
5	1	期初余额							150	10	1 500
	5	购入	100	12	1 200				250	10.80	2 700
	11	发出				200	10.80	2 160	50	10.80	540
	16	购入	200	14	2 800				250	13.36	3 340
	20	发出				100	13.36	1 336	150	13.36	2 004
	23	购入	100	15	1 500				250	14.016	3 504
	27	发出				100	14.016	1 401.60	150	14.016	2 102.40
	31	本期合计	400	—	5 500	400	—	4 897.60	150	14.016	2 102.40

采用移动加权平均法能够使企业管理层及时了解存货的结存情况，计算的平均单位成本以及发出和结存的存货成本比较客观。但由于每次收货都要计算一次平均单位成本，计算工作量较大，对收发货较频繁的企业不太适用。一般适用于经营品种不多或者前后购进商品的单价相差幅度较大的商品流通类企业。

（4）个别计价法。个别计价法是假设存货具体项目的实物流转与成本流转一致，按照各种存货逐一辨认各批发出存货和期末存货所属的购进批别或生产批别，分别按其购入或生产时所确定的单位成本计算各批发出存货和期末存货成本的方法。在这种方法下，把每一种存货的实际成本作为计算发出存货成本和期末存货成本的基础。

【例 2-4】承【例 2-1】，假设飞天航空制造有限责任公司采用个别计价法核算存货。且经过具体辨认，2×21 年 5 月发出 M 零件的单位成本如下：5 月 11 日发出的 200 件中，100 件系期初结存存货，单位成本为 10 元，另外 100 件为 5 月 5 日购入存货，单位成本为 12 元；5 月 20 日发出的 100 件存货系 5 月 16 日购入，单位成本为 14 元；5 月 27 日发出的 100 件存货中，50 件为期初结存，单位成本为 10 元，50 件为 5 月 23 日购入，单位成本为 15 元。则按照个别认定法，飞天航空制造有限责任公司 2×21 年 5 月 M 零件的收入、发出、结存情况，具体如表 2-9 所示。

表 2-9　M 零件明细账（个别计价法）　　　　　　　　　　　　金额单位：元

日期		摘要	收入			发出			结存		
月	日		数量/个	单价	金额	数量/个	单价	金额	数量/个	单价	金额
5	1	期初余额							150	10	1 500
	5	购入	100	12	1 200				150 100	10 12	1 500 1 200
	11	发出				100 100	10 12	1 000 1 200	50	10	500
	16	购入	200	14	2 800				50 200	10 14	500 2 800

续表

日期		摘要	收入			发出			结存		
月	日		数量/个	单价	金额	数量/个	单价	金额	数量/个	单价	金额
	20	发出				100	14	1 400	50 100	10 14	500 1 400
	23	购入	100	15	1 500				50 100 100	10 14 15	500 1 400 1 500
	27	发出				50 50	10 15	500 750	100 50	14 15	1 400 750
	31	本期合计	400	—	5 500	400	—	4 850	100 50	14 15	1 400 750

从表 2-9 可知，飞天航空制造有限责任公司本期发出存货成本及期末结存存货成本如下：

本期发出存货成本 =（100×10+100×12）+（100×14）+（50×10+50×15）= 4 850（元）

期末结存存货成本 = 100×14+50×15 = 2 150（元）

或

期末结存存货成本 = 期初结存存货成本+本期收入存货成本－本期发出存货成本

       = 150×10+（100×12+200×14+100×15）－4 850

       = 1 500+5 500－4 850

       = 2 150（元）

个别计价法的成本计算准确，符合实际情况，但在存货收发频繁的情况下，其发出成本分辨的工作量较大。因此，这种方法通常适用于一般不能替代使用的存货、为特定项目专门购入或制造的存货以及提供的劳务。

2. 会计核算

（1）账户设置。材料采用实际成本核算时，材料的收入、发出及结存，无论总分类核算还是明细分类核算，均按照实际成本计价。使用的会计科目有"原材料""在途物资"等。企业发出材料主要有以下几种情形：①生产经营领用材料，企业按照领用材料的用途，借记"生产成本""制造费用""销售费用""管理费用"等科目，贷记"原材料"科目。②出售材料结转成本，借记"其他业务成本"科目，贷记"原材料"科目。③发出委托外单位加工的材料，借记"委托加工物资"科目，贷记"原材料"科目。成本会计教材主要研究第①种情况。

（2）会计处理。企业各生产单位及有关部门领用的材料具有种类多、业务频繁等特点。为简化会计核算，企业可以在月末根据领料单或限额领料单信息进行归类汇总，编制发料凭证汇总表，据此编制记账凭证，登记原材料等明细账。企业采用实际成本进行材料日常核算的，发出材料的实际成本，可以采用先进先出法、月末一次加权平均法、移动加权平均法或个别计价法计算确定。计价方法一经确定，不得随意变更。如需变更，应在附注中予以说明。

【例 2-5】飞天航空制造有限责任公司为增值税一般纳税人，存货采用实际成本进行材料日常核算，12 月份的领料凭证汇总表如表 2-10 所示。

表 2-10 领料凭证汇总表

金额单位：元

用途	A 材料		B 材料		C 材料		金额合计
	数量/千克	金额	数量/千克	金额	数量/千克	金额	金额
制造产品领用							
Ⅰ型飞机耗用	2 000	40 000	1 000	10 000	1 000	12 000	62 000
Ⅱ型飞机耗用	1 000	20 000	800	8 000	600	7 200	35 200
车间一般耗用			300	3 000			3 000
企业管理部门耗用					200	2 400	2 400
合计	3 000	60 000	2 100	21 000	1 800	21 600	102 600

本业务应编制如下会计分录：

借：生产成本——基本生产成本（Ⅰ型飞机）　　　62 000
　　　　　　——基本生产成本（Ⅱ型飞机）　　　35 200
　　制造费用　　　　　　　　　　　　　　　　　3 000
　　管理费用　　　　　　　　　　　　　　　　　2 400
　　贷：原材料——A 材料　　　　　　　　　　　60 000
　　　　　　——B 材料　　　　　　　　　　　　21 000
　　　　　　——C 材料　　　　　　　　　　　　21 600

小提示

本例中生产成本作为一级科目。若企业品种太多，辅助生产车间也比较多，也可以将"基本生产成本"作为一级科目。

（三）材料按计划成本发出的核算

1. 计划成本法

（1）含义及适用范围。计划成本法是指企业存货的日常收入、发出和结余均按预先制定的计划成本计价，同时另设"材料成本差异"科目，作为计划成本和实际成本联系的纽带，用来登记实际成本和计划成本的差额，月末，再通过对存货成本差异的分摊，将发出存货的计划成本和结存存货的计划成本调整为实际成本进行反映的一种核算方法。

计划成本法介绍

计划成本法下存货的总分类和明细分类核算均按计划成本计价。计划成本法适用于存货品种繁多、收发频繁的企业。如果企业的自制半成品、产成品品种繁多，或者在管理上需要分别核算其计划成本和成本差异的，也可采用计划成本法核算。

（2）账户设置。存货采用计划成本法核算，除需要设置"原材料""周转材料""库存商品"等科目外，还需要增加"材料成本差异"科目，并将"在途物资"科目改为"材料采购"科目。

①"原材料"科目。"原材料"科目用于核算库存各种材料的收入、发出与结存情况。在采用计划成本核算材料时,"原材料"科目的借方登记库存材料的计划成本,贷方登记发出材料的计划成本,期末余额在借方,反映月末企业库存材料的计划成本。

②"材料采购"科目。"材料采购"科目用来核算企业购入材料、商品等的采购成本。其借方登记已经付款的外购材料等存货的实际成本和结转已经验收入库实际成本小于计划成本的节约差异;贷方登记已经付款并验收入库的材料等存货的计划成本和结转实际成本大于计划成本的超支差异。期末余额在借方,表示已经付款但尚未入库的材料等存货(即在途货物)的实际成本。"材料采购"科目应按供应单位和材料等存货品种设置明细账,进行明细核算。

③"材料成本差异"科目。

"材料成本差异"科目用来核算企业各种材料的实际成本与计划成本的差异,以及调整发出材料应负担的成本差异。其借方登记验收入库材料成本的超支差异;贷方登记验收入库材料成本的节约差异以及发出材料应负担的成本差异(超支用蓝字,节约用红字);期末余额在借方,反映企业库存材料拥有的超支差异,期末余额在贷方,反映企业库存材料拥有的节约差异。

本科目应分"原材料""周转材料""库存商品"等,按会计核算依照类别或品种进行明细核算,不能使用一个综合差异率。

企业根据具体情况,可以单独设置本科目,也可以不设置本科目,而在"原材料""周转材料""库存商品"等科目内分别设置"成本差异"明细科目核算。

计划成本法下各账户之间的钩稽关系如图2-1所示,以原材料发出为例。

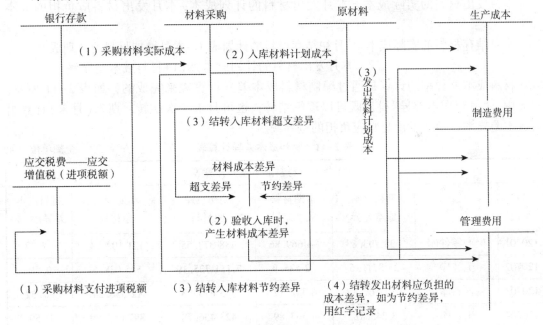

图2-1 计划成本法下各账户钩稽关系

(3)会计核算流程及要点。计划成本法下核算流程及要点如下。

①采购环节。材料等存货按照实际成本采购,实际成本计入"材料采购"账户。

②材料验收入库环节。按照计划成本计入"原材料"账户,同时"材料采购"记录的实际采购成本与"原材料"记录的计划成本之间的差异计入"材料成本差异",产生超支差异

(借方,用正数表示)或者节约差异(贷方,用负数表示)。

③材料日常发出环节。材料被领用,按计划成本从"原材料"账户的贷方发出。此环节可以一并结转材料成本差异,也可以月末一次结转。

④月末,计算材料成本差异,并通过分摊材料成本差异,将日常领用材料时的计划成本调整为实际成本。此时,也成为"材料成本差异"的分摊,表示"材料成本差异"的转出(结转),超支差异产生于"材料成本差异"的借方,月末从其贷方结转;反之,节约差异产生于"材料成本差异"的贷方,月末从其借方结转。

(4)材料成本差异率的计算。差异率实际就是差异额除以计划成本。材料成本差异率指材料成本差异额占材料计划成本的比率。材料成本差异额,是指材料的实际成本和计划成本之间的差额。正数表示超支差额率,负数表示节约差额率。

材料成本差异分为上月材料成本差异率和本月材料成本差异率。一般情况下,应采用本月材料成本差异率进行材料成本差异的分摊。如果企业的材料成本差异率各期之间比较均衡,可以采用期初材料成本差异率分摊本期的材料成本差异。只不过年度终了,需要对材料成本差异率进行据实调整。其中:

$$上月材料成本差异率=\frac{月初结存材料的成本差异}{月初结存材料的计划成本}\times 100\%$$

$$本月材料成本差异率=\frac{(月初结存材料的成本差异+本月收入材料成本差异)}{(月初结存材料的计划成本+本月收入材料计划成本)}\times 100\%$$

本月发出材料应负担的成本差异=本月发出材料的计划成本×材料成本差异率

本月发出材料的实际成本=本月发出材料的计划成本±本月发出材料应负担的成本差异

本月结存材料的实际成本=(月初结存材料的计划成本+本月增加材料的计划成本−本月发出材料的计划成本)×(1+材料成本差异率)

材料成本差异率的计算是通过编制材料成本差异计算表来完成的,如表 2–11 所示。实务中,"材料成本差异"科目既可以逐笔结转,也可月末一次结转。期末(月末)计算材料成本差异率,结转发出材料应负担的差异额。

表 2–11 材料成本差异计算表   金额单位:元

2021 年 6 月材料成本差异计算表						
科目编码	项目	期初材料成本差异	本期材料成本差异	期初在库原材料	本期购入原材料	材料成本差异率/%
120701	生产零件库	−38 793.83	−4 669.86	438 373.55	121 102.24	−7.77
120702	毛坯库	25 871.36	−2 535.9	7 111 725.19	545 038.5	0.30
120703	辅料库	−32 567.12	6 342.12	345 673.23	12 356.24	−7.32
120704	工具库	3 245.78	4 563.89	423 456.78	897 658.89	0.59
120705	工装库	2 367.56	1 256.78	302 074.55	484 359.36	0.46
120706	量检具库	−85 176.05	14 121.51	2 085 571.17	474 429.52	−2.78
120707	设备备件库	−162 561.14	109 518.31	8 875 218.93	582 609.04	−0.56
	合计	−287 613.44	128 596.85	1 958 2093.4	3 117 553.79	−0.70

2. 账务处理

【例 2-6】飞天航空制造有限责任公司采用计划成本法进行材料核算，2021 年 8 月 1 日，购入 M 材料一批，取得经税务机关认证的增值税专用发票注明的价款为 3 000 000 元，增值税税额为 390 000 元，计划成本为 3 200 000 元，公司开出支票支付价税款。8 月 3 日，材料运达并验收入库。

(1) 8 月 1 日，采购时，验收入库前，按实际成本记入"材料采购"账户借方。编制会计分录如下：

借：材料采购——M 材料　　　　　　　　　　　　　　3 000 000
　　应交税费——应交增值税（进项税额）　　　　　　　　390 000
　　贷：银行存款　　　　　　　　　　　　　　　　　　　　3 390 000

(2) 8 月 3 日，材料验收入库，按计划成本记入"原材料"的借方，差额记入"材料成本差异"科目借方或贷方。超支差记入"材料成本差异"的借方（正数），节约差记入"材料成本差异"的贷方（负数）。本题产生节约差。编制会计分录如下：

借：原材料——M 材料　　　　　　　　　　　　　　　3 200 000
　　贷：材料采购——M 材料　　　　　　　　　　　　　　　3 000 000
　　　　材料成本差异　　　　　　　　　　　　　　　　　　　200 000

(3) 平时发出材料时，一律用计划成本发出。8 月 31 日，根据领料凭证汇总表的记录，8 月 M 材料的消耗（计划成本）为：基本生产车间制造 I 型飞机领用 2 000 000 元，辅助生产车间领用 600 000 元，车间管理部门领用 250 000 元，企业行政管理领用 50 000 元。编制会计分录如下：

借：生产成本——基本生产成本（I 型飞机）　　　　　2 000 000
　　生产成本——辅助生产成本　　　　　　　　　　　　600 000
　　制造费用　　　　　　　　　　　　　　　　　　　　250 000
　　管理费用　　　　　　　　　　　　　　　　　　　　 50 000
　　贷：原材料——M 材料　　　　　　　　　　　　　　　2 900 000

(4) 月末，结转材料成本差异，将计划成本调整为实际成本。

8 月 31 日，月初结存 M 材料的计划成本为 1 000 000 元，成本差异为超支 30 740 元；当月入库 M 材料的计划成本为 3 200 000 元，成本差异为节约 200 000 元。

$$本月材料成本差异率=\frac{（月初结存材料的成本差异+本月收入材料成本差异）}{（月初结存材料的计划成本+本月收入材料计划成本）}\times 100\%$$

$$=\frac{(30\ 740-200\ 000)}{(1\ 000\ 000+3\ 200\ 000)}\times 100\%=-4.03\%$$

借：材料成本差异——M 材料　　　　　　　　　　　　116 870
　　贷：生产成本——基本生产成本（I 型飞机）　　　　　　80 600
　　　　生产成本——辅助生产成本　　　　　　　　　　　　24 180
　　　　制造费用　　　　　　　　　　　　　　　　　　　　10 075
　　　　管理费用　　　　　　　　　　　　　　　　　　　　 2 015

本例中，基本生产成本应分摊的材料成本差异为节约差 80 600[2 000 000×(−4.03%)]元，辅助生产成本应分摊的材料成本差异为节约差 24 180[600 000×(−4.03%)]元，制造费用应分摊的材料成本差异节约额为 10 075[250 000×(−4.03%)]元，管理费用应分摊的材料成本差异节约额为 2 015[50 000×(-4.03%)]元。

二、原材料费用的分配

原材料费用的分配，就是按照发出材料的具体用途将本期发生的原材料费用在各受益部门、产品之间进行分配。直接用于产品生产的原料及主要材料、辅助材料、包装材料等，属于直接计入费用，一般可根据"发出材料汇总表"计入相应产品成本明细账的"直接材料"成本项目。如果同一期间同一生产车间同时生产两种以上产品而领用同一种原材料，原材料费用就属于间接计入费用，需要采用一定的分配标准分配计算后，才能计入有关产品成本明细账的"直接材料"成本项目。分配标准一般有产品的产量、体积、重量、材料的消耗定额或定额费用。

(一)定额消耗量比例分配法

定额消耗量比例分配法，是将产品的定额消耗量作为分配标准分配材料费用的一种方法。它适用于各种材料消耗定额比较健全且相对准确的材料费用的分配。其计算公式为：

某种产品材料定额消耗量=该种产品实际产量×单位产品材料消耗定额

定额消耗总量=$\sum$（各种产品材料定额消耗量）

$$材料定额消耗量分配率=\frac{\sum 待分配消耗量}{\sum 总分配标准}=\frac{材料实际消耗总量}{各种产品材料定额消耗总量}$$

某种产品应分配的材料数量=该种产品的材料定额消耗量×材料消耗量分配率

某种产品应分配的材料费用=该种产品应分配的材料数量×材料单价

其中，单位产品材料消耗定额是指单位产品可以消耗的数量限额，可以根据企业的有关指标确定；定额消耗量是指在一定产量下按照单位产品材料消耗定额计算的可以消耗的材料数量。

【例 2-7】飞天航空制造有限责任公司 2021 年 12 月份生产 I 型电机、II 型电机两种产品。实际耗用 A 材料 18 000 千克，每千克单价 6 元，共计 108 000 元。生产 I 型电机 40 件，单位消耗定额为 440 千克；生产 II 型电机 80 件，单位消耗定额为 80 千克。采用定额消耗量比例分配法计算 I 型电机、II 型电机两种产品，应分配的材料费用如下：

I 型电机定额消耗量=40×440=17 600（千克）

II 型电机定额消耗量=80×80=6 400（千克）

材料定额消耗总量=17 600+6 400=24 000（千克）

材料定额消耗量分配率=$\frac{18\ 000}{24\ 000}$=0.75

I 型电机应分配的材料数量=17 600×0.75=13 200（千克）

II 型电机应分配的材料数量=6 400×0.75=4 800（千克）

I 型电机应分配的材料费用=13 200×6=79 200（元）

II 型电机应分配的材料费用=4 800×6=28 800（元）

根据上列计算和有关资料，编制飞天航空制造有限责任公司 2021 年 12 月份的原材料费用分配表，如表 2-12 所示。

表 2-12　原材料费用分配表

2021 年 12 月　　　　　　　　　　　　　　　　　　　　　　　金额单位：元

受益产品	产量/台	单位消耗定额/千克·台	定额消耗量/千克	分配率	分配数量/千克	单价	金额
Ⅰ型电机	40	440	17 600		13 200	6.00	79 200.00
Ⅱ型电机	80	80	6 400		4 800	6.00	28 800.00
合计			24 000	0.75	18 000		108 000.00

通过上述计算分配，可以考核原材料消耗定额的执行情况，有利于加强原材料消耗的实物管理，但分配计算的工作量较大。为简化分配计算的工作量，也可以按原材料定额消耗量的比例，直接分配原材料费用。其计算分配如下：

$$材料费用分配率 = \frac{\sum 待分配费用}{\sum 总分配标准} = \frac{材料实际费用总额}{各种产品的定额消耗量之和} = \frac{18\ 000 \times 6}{17\ 600 + 6\ 400} = 4.5$$

Ⅰ型电机应分配材料费用 = 17 600×4.50 = 79 200（元）

Ⅱ型电机应分配材料费用 = 6 400×4.50 = 28 800（元）

根据上列计算和有关资料，编制飞天航空制造有限责任公司 2021 年 12 月份的原材料费用分配表，如表 2-13 所示。

表 2-13　原材料费用分配表

2021 年 12 月　　　　　　　　　　　　　　　　　　　　　　　金额单位：元

受益产品	产量/台	单位消耗定额/千克·台	定额消耗量/千克	分配率	金额
Ⅰ型电机	40	440	17 600		79 200.00
Ⅱ型电机	80	80	6 400		28 800.00
合计			24 000	4.50	108 000.00

上述两种计算方法的计算结果相同。但后者不能提供各种产品材料的实际消耗量，不利于加强材料消耗的实物管理。

根据领、退料凭证和有关资料编制飞天航空制造有限责任公司 2021 年 12 月份原材料费用分配汇总表，如表 2-14 所示。

表 2-14　原材料费用分配汇总表

2021 年 12 月　　　　　　　　　　　　　　　　　　　　　　　金额单位：元

| 受益产品 | 产量/台 | 共同耗用材料费 | | | | 直接材料费用 | 合计 |
		单位消耗定额/千克·台	定额消耗量/千克	分配率/%	分配额		
Ⅰ型电机	40	440	17 600		79 200	200 000.00	279 200.00
Ⅱ型电机	80	80	6 400		28 800	120 000.00	148 800.00
小计			24 000	4.50	108 000	320 000.00	428 000.00
供电车间						60 000.00	60 000.00
机修车间						30 000.00	30 000.00

续表

受益产品	产量/台	共同耗用材料费				直接材料费用	合计
		单位消耗定额/千克·台	定额消耗量/千克	分配率/%	分配额		
第一车间						15 000.00	15 000.00
第二车间						8 000.00	8 000.00
管理部门						4 000.00	4 000.00
合计					108 000	437 000.00	545 000.00

根据表2-14，编制会计分录如下：

借：基本生产成本——Ⅰ型电机（直接材料）　　279 200.00
　　　　　　　　——Ⅱ型电机（直接材料）　　148 800.00
　　辅助生产成本——供电车间（直接材料）　　60 000.00
　　　　　　　　——机修车间（直接材料）　　30 000.00
　　制造费用——第一车间（机物料消耗）　　　15 000.00
　　　　　　——第二车间（机物料消耗）　　　8 000.00
　　管理费用（材料费）　　　　　　　　　　　4 000.00
　　贷：原材料——A材料　　　　　　　　　　　　　　　545 000.00

（二）定额费用比例分配法

定额费用比例分配法是以产品材料定额成本作为标准分配材料费用的一种方法。材料费用定额和材料定额费用，是消耗定额和定额消耗量的货币表现。定额费用比例分配法适用于多种产品共同耗用多种材料的企业。其计算公式如下：

某种产品某种材料定额费用＝该种产品实际产量×单位产品该种材料费用定额

某种产品应负担的材料费用＝该种产品各种材料定额费用×材料费用分配率

$$材料费用分配率=\frac{\sum 待分配费用}{\sum 总分配标准}=\frac{各种材料实际费用总额}{各种产品材料定额费用之和}$$

【例2-8】翱翔制造有限责任公司是飞天航空制造有限责任公司的子公司，2021年12月生产甲、乙两种产品，共同领用C、D两种材料，合计34 464元。本月生产甲产品120件，乙产品100件。甲产品材料消耗定额为：C材料8千克，D材料6千克；乙产品材料消耗定额为：C材料5千克，D材料4千克。C材料单价12元，D材料单价10元。用定额费用比例分配法计算甲、乙两种产品应分配的材料费用，计算分配过程如下：

(1) 计算甲产品两种材料定额费用及其合计数。

C材料定额费用＝120×8×12＝11 520（元）

D材料定额费用＝120×6×10＝7 200（元）

甲产品两种材料定额费用合计＝11 520+7 200＝18 720（元）

(2) 计算乙产品两种材料定额费用及其合计数。

C材料定额费用＝100×5×12＝6 000（元）

D材料定额费用＝100×4×10＝4 000（元）

乙产品两种材料定额费用合计＝6 000+4 000＝10 000（元）

(3) 计算材料分配率。

材料费用分配率 = $\dfrac{\sum 待分配费用}{\sum 总分配标准} = \dfrac{34\,464}{18\,720+10\,000} = 1.20$

(4) 计算甲、乙两种产品应分配材料费用。

甲产品应分配材料费用 = 18 720×1.20 = 22 464（元）

乙产品应分配材料费用 = 10 000×1.20 = 12 000（元）

根据上列计算和有关资料，编制翱翔制造有限责任公司 2021 年 12 月的原材料费用分配表，如表 2-15 所示。

表 2-15 原材料费用分配表

2021 年 12 月   金额单位：元

受益产品	材料类别	产量/件	单位消耗定额/千克·台	单价	定额费用	分配率	金额
甲产品	C 材料	120	8.00	12.00	11 520.00		13 824.00
	D 材料		6.00	10.00	7 200.00		8 640.00
	小计				18 720.00		22 464.00
乙产品	C 材料	100	5.00	12.00	6 000.00		7 200.00
	D 材料		4.00	10.00	4 000.00		4 800.00
	小计				10 000.00		12 000.00
合计					28 720.00	1.20	34 464.00

根据表 2-15，编制会计分录如下：

借：基本生产成本——甲产品   22 464.00
　　　　　　　　——乙产品   12 000.00
　贷：原材料——C 材料   21 024.00
　　　　　——D 材料   13 440.00

三、燃料费用的分配

燃料费用分配是将燃料费用按照一定的原则和方法计入产品成本。燃料包括固体燃料、液体燃料和气体燃料。燃料费用的分配程序和方法与原材料费用分配的程序和方法相同。燃料费用的分配会根据用途不同计入不同的成本费用项目。对于直接用于产品生产的燃料，应直接计入各种产品的生产成本；对于生产工艺过程中作为辅助性质使用的燃料，原则上也应直接计入产品成本；如果燃料为几种产品共同耗用，应按适当的分配标准在各产品之间进行分配，如按定额耗用量比例、产品数量比例、产品加工工时比例等进行分配；对各种产品共同耗用不同含热量的多种燃料，可按耗用标准量比例进行分配，将不同种类的燃料耗用量换算为相同标准燃料耗用量，再以各种产品耗用的标准燃料量的比例分配。

如燃料费用在产品成本中所占比重较大，燃料费用会与动力费用一起在基本生产成本明细账中专设"燃料及动力"成本项目，并增设"燃料"一级账户，对燃料费用单独进行分配。如果燃料费用和动力费用在产品成本中所占比重较小，基本生产成本明细账没有设置"燃料及动力"成本项目，则直接用于产品生产的燃料费用，可以计入"直接材料"成本项目,而"动力费用"则一般计入"制造费用"成本项目之中。

(一)单设"燃料及动力"成本项目

【例2-9】翱翔制造有限责任公司是飞天航空制造有限责任公司的子公司,2021年12月直接用于A、B两种电机生产的燃料费用为20 000元,按燃料的定额费用比例分配。根据耗用燃料的产品数量和单位产品的燃料费用定额算出的燃料定额费用为:A型电机13 000元,B型电机7 000元。采用定额费用比例法分配如下:

$$燃料费用分配率 = \frac{\sum 待分配费用}{\sum 总分配标准} = \frac{20\ 000}{13\ 000 + 7\ 000} = 1$$

A电机应分配的燃料费用 = 13 000 × 1 = 13 000(元)
B电机应分配的燃料费用 = 7 000 × 1 = 7 000(元)

根据有关凭证汇总编制翱翔制造有限责任公司2021年12月份的燃料费用分配汇总表,如表2-16所示。

表2-16 燃料费用分配汇总表(单设"燃料及动力"成本项目)

2021年12月　　　　　　　　　　　　　　　　　　　　　　金额单位:元

受益产品或部门	成本或费用项目	分配计入			直接计入	合计
		定额燃料费用	分配率	分配额		
A型电机	燃料及动力	13 000		13 000	20 000	33 000
B型电机	燃料及动力	7 000		7 000	1 200	8 200
小计			1	20 000	21 200	41 200
供电车间	燃料及动力				60 000	60 000
机修车间	燃料及动力				30 000	30 000
第一车间	其他				1 500	1 500
第二车间	其他				1 200	1 200
管理部门	其他				400	400
合计				20 000	114 300	134 300

根据表2-16,编制分录如下:

借:基本生产成本——A型电机(燃料及动力)　　　　33 000
　　　　　　　　——B型电机(燃料及动力)　　　　 8 200
　　辅助生产成本——供电车间(燃料及动力)　　　　60 000
　　　　　　　　——机修车间(燃料及动力)　　　　30 000
　　制造费用——第一车间(其他)　　　　　　　　 1 500
　　　　　　——第二车间(其他)　　　　　　　　 1 200
　　管理费用(其他)　　　　　　　　　　　　　　　 400
　贷:燃料　　　　　　　　　　　　　　　　　　　134 300

(二)不单设"燃料及动力"成本项目

不单设"燃料及动力"成本项目计算过程同上,根据有关凭证汇总编制翱翔制造有限责任公司2021年12月的燃料费用分配汇总表,如表2-17所示。

表 2-17 燃料费用分配汇总表（不单设"燃料及动力"成本项目）

2021 年 12 月   金额单位：元

受益产品或部门	成本或费用项目	分配计入			直接计入	合计
		定额燃料费用	分配率	分配额		
A 型电机	直接材料	13 000		13 000	20 000	33 000
B 型电机	直接材料	7 000		7 000	1 200	8 200
小计			1	20 000	21 200	41200
供电车间	直接材料				60 000	60 000
机修车间	直接材料				30 000	30 000
第一车间	机物料消耗				1 500	1 500
第二车间	机物料消耗				1 200	1 200
管理部门	材料费				400	400
合计				20 000	114 300	134 300

根据表 2-17，编制分录如下：

借：基本生产成本——A 型电机（直接材料）　　　　　33 000
　　　　　　　　——B 型电机（直接材料）　　　　　　8 200
　　辅助生产成本——供电车间（直接材料）　　　　　60 000
　　　　　　　　——机修车间（直接材料）　　　　　30 000
　　制造费用——第一车间（机物料消耗）　　　　　　1 500
　　　　　——第二车间（机物料消耗）　　　　　　　1 200
　　管理费用（材料费）　　　　　　　　　　　　　　　400
　贷：原材料——燃料　　　　　　　　　　　　　　134 300

四、外购动力费用的分配

外购动力费用是指企业在生产经营、管理过程中耗用的从外部购进的各种动力，包括外购电力、外购蒸汽、外购煤气等。本企业自产的动力不包括在内。

（一）外购动力费用支出的核算

外购动力费用支出的核算一般分为以下两种情况。

1. 日期固定，采用收付实现制

每月支付动力费用的日期基本固定，而且每月付款日到月末的应付动力费用相差不多，可以将每月支付的动力费用作为应付动力费用，在付款时直接借记各成本、费用账户，贷记"银行存款"账户。

2. 日期不固定，采用权责发生制

一般情况下通过"应付账款"账户核算，即在付款时先作为暂付款处理，借记"应付账款"账户，贷记"银行存款"账户，月末按外购动力的用途分配费用时再借记各成本、费用账户，贷记"应付账款"账户，冲销原来记入"应付账款"账户借方的暂付款。"应付账款"账户借方所记本月所付动力费用与贷方所记本月应付动力费用，往往不相等。如果是借方余额,为本月支付款大于应付款的多付动力费用,可以抵冲下月应付费用;如果是贷方余额,为本月应付款大于支付款的应付未付动力费用,可以在下月支付。

(二)外购动力费用分配的核算

若动力费用在成本中所占比重较大,直接用于产品生产的动力费用应单独计入产品成本的"燃料及动力"成本项目。若动力费用在成本中所占比重较小,则不必专门设立"燃料及动力"成本项目,直接用于产品生产动力费用,可以计入"制造费用"成本项目。

外购动力费用的分配,在有仪表记录的情况下,应根据仪表所示耗用动力的数量以及动力的单价计算;在没有仪表的情况下,可按生产工时比例、机器工时比例、定额耗电量比例分配。

外购动力费用的分配通过编制外购动力费用分配表进行。直接用于产品生产,设有"燃料及动力"成本项目的动力费用,应单独记入"基本生产成本"总账账户和所属有关的产品成本明细账的借方;直接用于辅助生产的动力费用、用于基本生产和辅助生产但未专设成本项目的动力费用、用于组织和管理生产经营活动的动力费用,则应分别记入"辅助生产成本""制造费用"和"管理费用"总账账户和所属明细账的借方。外购动力费用总额应根据有关转账凭证或付款凭证记入"应付账款"或"银行存款"账户的贷方。

【例 2-10】翱翔制造有限责任公司是飞天航空制造有限责任公司的子公司,2021 年 12 月共用电 80 000 度,每度电费为 1 元,共发生电费 80 000 元。其中,基本生产车间生产 A 型电机和 B 型电机,共用电 60 000 度,本月 A 型电机的生产工时为 8 000 小时,B 型电机的生产工时为 4 000 小时。

生产产品发生的 60 000 度电在 A 型电机和 B 型电机两种产品之间的分配如下:

$$动力费用分配率 = \frac{\sum 待分配费用}{\sum 总分配标准} = \frac{60\ 000}{8\ 000 + 4\ 000} = 5(度/工时)$$

A 型电机负担电量 = 8 000×5 = 40 000(度)

B 型电机负担电量 = 4 000×5 = 20 000(度)

该企业采用生产工时比例分配法分配动力费用。除基本生产车间之外,其余各部门均单独安装有电表,电表显示各部门的用电情况,外购动力费用分配情况如表 2-18 所示。

表 2-18 外购动力费用分配汇总表(单设"燃料及动力"成本项目)

2021 年 12 月　　　　　　　　　　　　　　　　　　　　　　金额单位:元

应借科目	成本或费用项目	分配计入		电费分配		
		生产工时	用电量分配表	用电度数	电价	分配金额
基本生产成本	A 型电机 燃料及动力	8 000			1	40 000
	B 型电机 燃料及动力	4 000			1	20 000
	小计	12 000	5	60 000	1	60 000
辅助生产成本	机修车间 燃料及动力			6 000	1	6 000
制造费用	第一车间 电费			2 500	1	2 500
	第二车间 电费			3 500	1	3 500
	小计			6 000	1	6 000

续表

应借科目	成本或费用项目	分配计入		电费分配		
		生产工时	用电量分配表	用电度数	电价	分配金额
管理部门	电费			8 000	1	8 000
合计				80 000	1	80 000

根据表2-18，编制会计分录如下：

借：基本生产成本——A型电机（燃料及动力）　　40 000
　　　　　　　　——B型电机（燃料及动力）　　20 000
　　辅助生产成本——机修车间（燃料及动力）　　6 000
　　制造费用——第一车间（电费）　　2 500
　　　　　　——第二车间（电费）　　3 500
　　管理费用（电费）　　8 000
　贷：应付账款/银行存款　　800 000

五、周转材料的分配

周转材料包括包装物和低值易耗品，成本会计主要涉及低值易耗品的摊销问题。作为存货核算和管理的低值易耗品，一般划分为一般工具、专用工具、替换设备管理用具、劳动保护用品和其他用具等。

为了反映和监督低值易耗品的增减变动及其结存情况，企业应当设置"周转材料——低值易耗品"科目，借方登记低值易耗品的增加，贷方登记低值易耗品的减少，期末余额在借方，通常反映企业期末结存低值易耗品的金额。

（一）一次转销法

低值易耗品等企业的周转材料符合存货定义和条件的，按照使用次数分次计入成本费用。金额较小的，可在领用时一次计入成本费用，但为加强实物管理，应当在备查簿中进行登记。

（二）分次摊销法

采用分次摊销法摊销低值易耗品，低值易耗品在领用时摊销其账面价值的单次平均摊销额。分次摊销法适用于可供多次反复使用的低值易耗品。在采用分次摊销法的情况下，需要单独设置"周转材料——低值易耗品（在用）""周转材料——低值易耗品（在库）""周转材料——低值易耗品（摊销）"明细科目。

【例2-11】翱翔制造有限责任公司是飞天航空制造有限责任公司的子公司，对低值易耗品采用实际成本核算，2021年12月基本生产车间领用专用工具一批，实际成本为100 000元，不符合固定资产定义，采用分次摊销法进行摊销。该专用工具的估计使用次数为2次。

公司应编制如下会计分录：

(1) 领用专用工具时：

借：周转材料——低值易耗品（在用）　　100 000
　贷：周转材料——低值易耗品（在库）　　100 000

(2)第一次领用时,摊销其价值的一半。
借:制造费用　　　　　　　　　　　　　　　50 000
　　贷:周转材料——低值易耗品(摊销)　　　　　　　50 000
(3)第二次领用时,摊销其价值的一半。
借:制造费用　　　　　　　　　　　　　　　50 000
　　贷:周转材料——低值易耗品(摊销)　　　　　　　50 000
同时
借:周转材料——低值易耗品(摊销)　　　　　100 000
　　贷:周转材料——低值易耗品(在用)　　　　　　　100 000

低值易耗品作为存货也可以采用计划成本核算,需要说明的,一是在领用低值易耗品时,应在"周转材料——低值易耗品"明细科目中进行明细结转,由"在库"转为"在用";二是在每次领用低值易耗品按照计划成本摊销的同时,也应结转材料成本差异,从而将领用低值易耗品的计划成本调整为实际成本;三是在第二次摊销低值易耗品时,由于已经全部摊销完毕,因此,需要将"周转材料——低值易耗品"明细科目中的"摊销"明细科目的贷方余额与"在用"明细科目的借方余额进行相互抵销,从而结平"周转材料——低值易耗品"明细科目的余额,使其余额为零。

知识拓展与阅读

成本上涨叠加圣诞旺季因素航空货运价格最高涨3倍

继远洋航运和近洋航运价格暴涨后,近来民航货运价格也出现约3倍涨幅。

"以中美航线为例,疫情前,全段价格35元/千克,干线价格29元/千克,疫情后(近两个月),全段79元/千克,干线73元/千克,价格上涨主要还是受市场供需影响。"上海某大型上市物流企业订舱业务负责人对《证券日报》记者表示。

《证券日报》记者了解到,纯货机如波音747飞机,其载货量大约为90吨至100吨,按照全段价格计算,包机价约为790万元。"包机货运终端价格较疫情前涨了一倍左右,主要是因为包机跨洋后欧美没货返程,就等于包机价格由原来单程变成了往返,叠加最近海外油价暴涨等因素,航司成本增加了很多。因此有的航司将以前的包机费换成了小时费,再加返程费用以及当地油价,然后加上利润,包机价格表面看上去涨幅没有零售货运大,但实际对于航空公司来说,利润并没有增加很多。"总部位于上海的某物流上市公司高管对《证券日报》记者表示。

民航业发力货运成为航司扭转业绩的重要出路。数据显示,疫情以来,上市航司亏损严重,但借助货运物流助力,南方航空一度实现单季度扭亏。

2021年,国泰改装两架波音777客机,令其"货运客机"数量增至六架。

"我们着力提升货运领域的创新与数字化发展。"国泰航空负责人告诉记者,"今年11月底,我们推出了全新数码创新订舱平台'订舱易',为已注册的客户提供简单易用、全天候网上订舱平台。"

对于未来一段时间空运价格走势,吉祥航空内部人士称:"圣诞节期间,外贸公司对空运舱位需求较大,预计未来一段时间航空货运价格仍会保持高位运行。"

邹建军同时表示,在未来一年内,空运价格或将维持高位。回归正常价格的时点取决于疫情的演变情况、各国产业链供应链调整的节奏,以及港口拥堵的缓解情况。

节选自:施露,李乔宇.成本上涨叠加圣诞旺季因素航空货运价格最高涨3倍[N].证券日报,2021-12-07(A03).

任务思考与自测

一、单选题

1. 某企业采用先进先出法核算原材料。2017年3月1日库存甲材料500千克,实际成本为3 000元;3月5日购入甲材料1 200千克,实际成本为7 440元;3月8日购入甲材料300千克,实际成本为1 830元;3月10日发出甲材料900千克。不考虑其他因素,该企业发出的甲材料实际成本为( )元。

   A. 5 550　　　　B. 5 580　　　　C. 5 521.5　　　　D. 5 480

2. 某企业采用月末一次加权平均法核算发出材料成本。2017年6月1日结存乙材料200件,单位成本35元;6月10日购入乙材料400件、单位成本40元;6月20日购入乙材料400件,单位成本45元。当月发出乙材料600件。不考虑其他因素,该企业6月份发出乙材料的成本为( )元。

   A. 24 600　　　　B. 25 000　　　　C. 26 000　　　　D. 23 000

3. 某企业采用月末一次加权平均法计算发出材料成本。2019年3月1日结存甲材料200件,单位成本40元;3月15日购入甲材料400件,单位成本35元;3月20日购入甲材料400件,单位成本38元;当月共发出甲材料500件。3月发出甲材料的成本为( )元。

   A. 17 500　　　　B. 18 600　　　　C. 19 000　　　　D. 20 000

4. 下列各种存货发出的计价方法中,不利于存货成本日常管理与控制的方法是( )。

   A. 先进先出法　　　　　　　　　　B. 移动加权平均法
   C. 月末一次加权平均法　　　　　　D. 个别计价法

5. 甲公司2021年12月份A商品有关收、发、存情况如下:

   (1)12月1日结存600件,单位成本为2万元。
   (2)12月8日购入400件,单位成本为2.2万元。
   (3)12月10日发出800件。
   (4)12月20日购入600件,单位成本为2.3万元。
   (5)12月28日发出400件。
   (6)12月31日购入400件,单位成本为2.5万元。

   甲公司用先进先出法计算A商品2021年12月份发出存货的成本,为( )万元。

   A. 2 676　　　　B. 2 540　　　　C. 4 460　　　　D. 1 920

6. 根据上题资料,甲公司用移动加权平均法计算A商品2021年12月份发出存货的成本,则为( )万元。

   A. 1 838　　　　B. 898　　　　C. 4 460　　　　D. 2 562

7. 期初材料计划成本500万元，超支差异为90万元。本月入库材料计划成本1 100万元，节约差为170万元。本月领用材料计划成本1 200万元，领用材料实际成本(　　)万元。

　　A. 1 395　　　　B. 1 140　　　　C. 1 005　　　　D. 1 260

8. 某工业企业为增值税一般纳税人，原材料采用计划成本核算，A材料计划成本每吨为20元。本期购进A材料6 000吨，收到的增值税专用发票上注明的价款总额为102 000元，增值税税额为13 260元。另发生运杂费用2 400元，途中保险费用559元。原材料运抵企业后验收入库原材料5 995吨，运输途中合理损耗5吨。购进A材料发生的成本差异(节约)为(　　)元。

　　A. 1 781　　　　B. 1 681　　　　C. 15 041　　　　D. 14 941

9. 某企业月初结存材料的计划成本为200 000元，材料成本差异为节约差异2 000元；本月入库材料的计划成本为200 000元，材料成本差异为超支差异800元。当月生产车间领用材料的计划成本为300 000元。假定该企业按月末计算的材料成本差异率分配和结转材料成本差异，则当月生产车间领用材料应负担的材料成本差异为(　　)元。

　　A. 900　　　　B. -900　　　　C. 2 100　　　　D. -2 100

10. 某企业材料采用计划成本核算。月初结存材料计划成本为200万元，材料成本差异为节约差20万元，当月购入材料一批，实际成本为135万元，计划成本为150万元。领用材料的计划成本为180万元。当月结存材料的实际成本为(　　)万元。

　　A. 153　　　　B. 162　　　　C. 170　　　　D. 187

11. 某企业生产A、B两种产品的外购动力消耗定额分别为4工时和6.5工时。6月份生产A产品500件、B产品400件，共支付动力费11040元。该企业按定额消耗量比例分配动力费，当月A产品应分配的动力费为(　　)元。

　　A. 3 840　　　　B. 4 800　　　　C. 6 343　　　　D. 6 240

12. 某企业按照产品的定额消耗量比例分配材料费用。2018年8月该企业为生产M、N两种产品耗用某材料1 680千克，每千克10元。本月投产M产品100件，N产品200件。M产品的材料消耗定额为6千克，N产品的材料消耗定额为4千克。不考虑其他因素，本月M产品应分配的材料费用为(　　)元。

　　A. 9 000　　　　B. 5 600　　　　C. 9 600　　　　D. 7 200

13. 某企业本月投产甲产品50件、乙产品100件，生产甲、乙两种产品共耗用材料4 500千克，每千克20元，每件甲、乙产品材料消耗定额分别为50千克、15千克。按材料定额消耗量比例分配材料费用，甲产品应分配的材料费用为(　　)元。

　　A. 50 000　　　　B. 30 000　　　　C. 33 750　　　　D. 56 250

14. 甲企业采用定额比例法分配材料成本，某月发出材料5 500千克，单价25元。生产出A产品350件，单位消耗定额20千克；B产品150件，单价消耗定额12千克。A产品应分配材料成本为(　　)元。

　　A. 3 850　　　　B. 109 375　　　　C. 96 250　　　　D. 85 937.5

15. 下列单据中，不应作为记录材料消耗数量原始依据的有(　　)。

　　A. 盘点对账单　　B. 领料单　　C. 限额领料单　　D. 退料单

16. 多种产品共同耗用多种原材料时，材料费用的分配适合采用(　　)。

　　A. 产品产量比例分配法　　　　　　B. 定额费用比例分配法

C. 定额耗用量比例分配法　　　D. 产品结构比例分配法

17. 月末车间已领未用但下月仍需使用的材料，应办理(　　)手续，冲减原来领用的材料费用。

A. 假退料　　　B. 退库　　　C. 重新领用　　　D. 计入成本

18. 采用先进先出法会使(　　)。

A. 期末存货成本接近实际　　　B. 期末存货成本背离实际
C. 发出存货成本接近实际　　　D. 物价上涨时会使利润偏低

19. 支付外购动力费用时，应借记(　　)账户，贷记"银行存款"账户。

A. "预收账款"　　B. "应付账款"　　C. "其他应付款"　　D. "生产成本"

20. 基本生产车间一般耗用的材料费用，应借记(　　)账户，贷记"原材料"账户。

A. "基本生产成本"　B. "辅助生产成本"　C. "制造费用"　　D. "销售费用"

二、案例分析题

1. 资料：飞天航空制造有限责任公司库存材料采用实际成本法核算。2021年3月1日结存B材料3 000千克，每千克实际成本为10元；3月5日和3月20日分别购入该材料9 000千克和6 000千克，每千克实际成本分别为11元和12元；3月10日和3月25日分别发出B材料10 500千克和6 000千克，全部用于生产Ⅰ型飞机。

要求：

(1) 若公司按先进先出法计算发出材料成本，写出相应分录，并填制B材料明细账。

(2) 若公司按月末一次加权平均法计算发出材料成本，写出相应分录，并填制B材料明细账。

(3) 若公司按移动加权平均法计算发出材料成本，写出相应分录，并填制B材料明细账。

(4) 比较这三种方法，并指出其各自优缺点及适用范围。

2. 某企业生产甲、乙、丙三种产品。10月份三种产品的投入量分别为500件、500件和375件，三种产品的消耗定额分别为4千克、6千克和8千克，甲、乙、丙三种产品本月共耗用原材料10 000千克，每千克5.2元，共计52 000元。

要求：按材料定额消耗量比例计算三种产品应负担的材料费用。

3. 某企业生产A、B两种产品，共同领用甲、乙两种材料，合计17 232元。本月生产A产品60件，B产品50件。A产品材料消耗定额为甲材料8千克，乙材料6千克；B产品材料消耗定额为甲材料5千克，乙材料4千克。甲材料单价为12元，乙材料单价为10元。

要求：用定额费用比例分配法计算A、B两种产品应分配的材料费用。

任务三　人工费用的归集和分配

职工薪酬所指的职工主要包括三类人员：一是与企业订立劳动合同的所有人员，含全职、兼职和临时职工；二是未与企业订立劳动合同、但由企业正式任命的企业治理层和管理层人员，如董事会成员、监事会成员等；三是在企业的计划和控制下，虽未与企业订立劳动合同或未由其正式任命，但为其提供与职工类似服务的人员，包括与企业签订用工合同的劳务中介公司向企业提供服务的人员。企业提供给职工配偶、子女、受赡养人、已故员工遗属及其他受益人等的福利，也属于职工薪酬。

一、职工薪酬的内容

职工薪酬指企业为获得职工提供的服务或解除劳动关系而给予的各种形式的报酬或补偿。职工薪酬包括短期薪酬、离职后福利、辞退福利和其他长期职工福利。

(一)短期薪酬

短期薪酬指企业在职工提供相关服务的年度报告期间结束后十二个月内需要全部予以支付的职工薪酬，因解除与职工的劳动关系给予的补偿除外。短期薪酬具体包括以下几项。

1. 职工工资、奖金津贴和补贴

职工工资、奖金津贴和补贴也称工资总额，主要由下列六个部分组成：计时工资；计件工资；奖金；津贴和补贴；加班加点工资；特殊情况下支付的工资。

(1)计时工资是指按计时工资标准(包括地区生活费补贴)和工作时间支付给个人的劳动报酬。包括：对已做工作按计时工资标准支付的工资；实行结构工资制的单位支付给职工的基础工资和职务(岗位)工资；新参加工作职工的见习工资(学徒的生活费)；运动员体育津贴。

(2)计件工资是指对已做工作按计件单价支付的劳动报酬。包括：实行超额累进计件、直接无限计件、限额计件、超定额计件等工资制，按劳动部门或主管部门批准的定额和计件单价支付给个人的工资；按工会任务包干方法支付给个人的工资；按营业额提成或利润提成办法支付给个人的工资。

(3)奖金是指支付给职工的超额劳动报酬和增收节支的劳动报酬。包括：生产奖；节约奖；劳动竞赛奖；机关、事业单位的奖励工资；其他奖金。

(4)津贴和补贴是指为了补偿职工特殊或额外的劳动消耗和因其他特殊原因支付给职工的津贴，以及为了保证职工工资水平不受物价影响支付给职工的物价补贴。津贴主要包括：补偿职工特殊或额外劳动消耗的津贴、保健性津贴、技术性津贴，以及其他津贴。物价补贴包括为保证职工工资水平不受物价上涨或变动影响而支付的各种补贴。

(5)加班加点工资是指按规定支付的加班工资和加点工资。

(6)特殊情况下支付的工资包括：根据国家法律、法规和政策规定，因病、工伤、产假、计划生育假、婚丧假、事假、探亲假、定期休假、停工学习、执行国家或社会义务等原因按计时工资标准或计时工资标准的一定比例支付的工资；附加工资、保留工资。

2. 职工福利费

职工福利费是指企业为职工举办的集体福利以及建立的某些补助和补贴。对于职工福利费，企业应当在实际发生时根据实际发生额计入当期损益或相关资产成本，不再提前计提。职工福利费的开支范围主要包括以下几项。

(1)职工医药费。

(2)职工的生活困难补助，这是指对生活困难的职工实际支付的定期补助和临时性补助，包括因公或非因工负伤、残废需要的生活补助。

（3）职工及其供养直系亲属的死亡待遇。

（4）集体福利的补贴，这包括对职工浴室、理发室、洗衣房、哺乳室、托儿所等集体福利设施支出与收入相抵后的差额的补助，以及未设托儿所的托儿费补助和发给职工的修理费等。

（5）其他福利待遇，这主要是指上下班交通补贴、计划生育补助、住院伙食费等方面的福利费开支。

不属于职工福利费的开支包括：退休职工的费用，被辞退职工的补偿金，职工劳动保护费，职工在病假、生育假、探亲假期间领取到的补助，职工的学习费，职工的伙食补助费（包括职工在企业的午餐补助和出差期间的伙食补助）。

3. 按照国家规定计提标准的职工薪酬

按照国家规定计提标准的职工薪酬包括三险一金两费。三险指医疗保险费、工伤保险费和生育保险费等社会保险费，一金指住房公积金，两费是指工会经费和职工教育经费。

> **小提示**
> 根据最新会计准则，养老保险和失业保险属于设定提存计划，需在"应付职工薪酬——离职后福利"中核算，而原准则下是在"应付职工薪酬——社会保险费"中核算。

4. 短期带薪缺勤

短期带薪缺勤是指企业可能对各种原因产生的缺勤进行补偿，比如年假、病假、短期伤残、婚假、产假、丧假、探亲假等。

5. 短期利润分享计划

利润分享计划是指员工根据其工作绩效而获得一部分公司利润的组织整体激励计划。短期利润分享计划是由企业建立并提供资金支持，让其员工或受益者参与利润分配的计划。

6. 其他短期薪酬

其他短期薪酬，是指除上述薪酬之外的其他短期薪酬。

（二）离职后福利

离职后福利是指企业为获得职工提供的服务而在职工退休或与企业解除劳动关系后，提供的各种形式的报酬和福利，短期薪酬和辞退福利除外。企业应当将离职后福利计划分为设定提存计划和设定受益计划两种类型。与成本会计相关的主要是指设定提存计划，设定提存计划是指向独立的基金缴存固定费用后，企业不再承担进一步支付义务的离职后福利计划。企业应在资产负债表日确认为换取职工在会计期间内为企业提供的服务而应付给设定提存计划的提存金，并作为一项费用计入当期损益或相关资产成本。

（三）辞退福利

辞退福利是指企业在职工劳动合同到期之前解除与职工的劳动关系，或者为鼓励职工自愿接受裁减而给予职工的补偿。

(四)其他长期职工福利

其他长期职工福利是指除短期薪酬、离职后福利、辞退福利之外所有的职工薪酬,包括长期带薪缺勤、长期残疾福利等。

> **小提示**
>
> 本教材主要研究职工薪酬的日常核算,主要涉及短期薪酬中1、2、3项的核算和设定提存计划中的养老保险以及失业保险的核算。

二、职工薪酬费用核算的账户

企业应设置"应付职工薪酬"科目,核算应付职工薪酬的计提、结算、使用等情况。该科目的贷方登记已分配计入有关成本费用项目的职工薪酬,借方登记实际发放的职工薪酬,包括扣还的款项等;期末贷方余额,反映企业应付未付的职工薪酬。

"应付职工薪酬"科目应按照"工资、奖金、津贴和补贴""职工福利费""非货币性福利""社会保险费""住房公积金""工会经费和职工教育经费""带薪缺勤""利润分享计划""设定提存计划""设定受益计划""辞退福利"等职工薪酬项目设置明细账进行明细核算。

三、工资费用的原始凭证

"工资、奖金、津贴和补贴"费用的核算,要有一定的原始记录作为依据。不同的工资制度所依据的原始记录不同。工资的组成主要包括计时工资和计件工资。计算计时工资费用,应以考勤记录中的工作时间记录为依据;计算计件工资费用,应以产量记录中的产品数量和质量为依据。因此,考勤记录和产量记录是工资费用核算的主要原始记录。考勤簿和产量记录的格式如表2-19和表2-20所示。

表2-19 考勤簿

车间或部门:　　　　　　　　工段:　　　　　　　　生产小组:　　　　　　　　考勤员:

编号	姓名	工资等级	出勤和缺勤记录			合计		出勤分类						缺勤分类						
			1	2	3	出勤天数	缺勤天数	计时工资	计件工资	中班次数	夜班次数	加班加点	停工	迟到早退	公假	工伤	探亲假	产假	婚丧假	病假	事假	旷工

表 2-20 产量记录

工人			工作任务					检验员								工资		
工号	姓名	等级	工序进程单编号	产品型号	零件编号	工序名称	交发加工数量	工时定额	交验数量	合格数量	返工数量	工废数量	料废数量	短缺数量	专加工数	定额总工时	实际工时	检验员	计件单价	合格品工资	废品工资	合计

四、工资、奖金、津贴和补贴的计算

工资的计算是企业向职工支付工资和按用途分配工资费用的依据。企业可以根据具体情况采用各种不同的工资制度，其中最基本的工资制度是计时工资制度和计件工资制度。

(一)计时工资的计算

计时工资是根据考勤记录登记的每一位职工出勤或缺勤天数，按照规定的工资标准计算的工资。计时工资的计算方法有两种：月薪制和日薪制。日薪制是指按照出勤天数和日标准工资计算应付职工计时工资的方法。日薪制下，职工每月的全勤月工资不是固定的，而是随着当月月份大小而发生变化。一般，企业的临时职工工资大多按日薪制计算。月薪制是指不论各月日历天数多少，每月的标准工资相同，只要职工当月出满勤，就可以得到固定的月标准工资。企业固定职工的计时工资一般按月薪制计算。本教材仅介绍月薪制。

1. 计算思路

(1)按照出勤天数计算(加法)。应付月计时工资可以直接根据职工的出勤天数计算，其计算公式为：

应付计时工资=出勤工资+病假应发工资

=本月出勤天数×日工资率+病假天数×日工资率×(1-病假扣款率)

(2)按照缺勤天数计算(减法)。这种方法是按月标准工资扣除缺勤工资计算，其计算公式为：

应付计时工资=全勤工资-事假工资-病假应扣的工资

=月标准工资-(事假天数×日工资率)-(病假天数×日工资率×病假扣款率)

在计算缺勤扣款时，应按照国家有关规定，区别不同情况处理：对事假和旷工缺勤的，按100%的比例扣发工资；对因工负伤、探亲假、婚丧假、女工产假等，缺勤期间应按100%的比例全部照发工资；对病假或非因工负伤缺勤，应根据劳保条例的规定，按病假期限和工龄长短扣发一定比例的工资。国家法定节日加班按日工资3倍发放工资；双休日加班按日工资2倍发放；在标准工作日内安排劳动者延长工作时间的，按照不低于工资的 1.5 倍发放。

2. 日工资率的计算

$$日工资率=月标准工资/月平均工作天数$$

(1)扣除双休和节假日。按照国家法定工作时间的规定,扣除双休和法定节假日,职工每月平均工作天数为:

$$(365-104-11)/12 =20.83(天)$$
$$日工资率=月标准工资/20.83$$

> **小提示**
>
> 这种制度下,月内的休息日和节假日不付工资,即不算出勤天数。当然,缺勤期间的休息日和节假日也不扣工资,即不算缺勤天数。

(2)扣除双休不扣节假日。按照《中华人民共和国劳动法》规定,法定节假日企业应当依法支付工资,故不剔除国家规定的 11 天法定节假日。这种情况下,职工每月平均工作天数为:

$$月计薪天数=(365-104)/12=21.75(天)$$
$$日工资率=月标准工资/21.75$$

> **小提示**
>
> 这种制度下,月内的休息日不付工资,即不算出勤天数。缺勤期间的休息日也不扣工资,即不算缺勤天数。

(3)按照 30 天计算(不扣除节假日和双休)。

$$日工资率=月标准工资/30$$

【例 2-12】飞天航空制造有限责任公司职工李飞的月工资标准为 6 600 元,10 月份共 31 天,其中请病假 3 天、事假 2 天,休假 11 天(含 3 天节日休假),出勤 15 天。根据该职工的工龄,其病假工资按工资标准的 90% 计算。该职工的病假和事假期间没有节假日。采用月薪制计算,李飞 10 月份的工资如下:

(1)按 30 天计算日工资率时,节假日、双休日是带薪的,算出勤。

日工资率=6 600/30 =220(元)

①按出勤天数计算的月工资额为:

应付工资=220×(15+11)+220×3×90% =6 314(元)

②按缺勤天数计算的月工资额为。

应付工资=6 600-220×2-220×3×(1-90%) =6 094(元)

(2)按 21.75 天计算日工资率时,节假日是带薪的,算出勤。

日工资率=6 600/21.75≈303.45(元)

①按出勤天数计算的月工资额为:

应付工资=303.45×(15+3)+303.45×3×90% ≈6 281.42(元)

②按缺勤天数计算的月工资额为:

应付工资=6 600-303.45×2-303.45×3×(1-90%) ≈5 902.07(元)

(3)按 20.83 天计算日工资率时,计算如下。

日工资率 = 6 600/20.83 ≈ 316.85(元)

①按出勤天数计算的月工资额为:

应付工资 = 316.85×15+316.85×3×90% ≈ 5 608.25(元)

②按缺勤天数计算的月工资额为:

应付工资 = 6 600-316.85×2-316.85×3×(1-90%) ≈ 5 871.25(元)

(二)计件工资的计算

计件工资是指根据每个职工或班组当月生产的产品实际数量和规定的计件单价计算的工资。这里的产品实际数量包括合格品数量和料废品数量。由于材料不合格造成的废品,应照付工资;由于加工人员的过失造成的废品,则不支付工资。其计算公式为:

应付计件工资 = $\sum$ [(合格品数量+料废品数量)×计件单价]

计件工资通常有个人计件和集体计件两种形式。

1. 个人计件工资的计算

【例 2-13】 飞天航空制造有限责任公司职工刘飞本月加工 A 零件 1 600 个,计件单价为 0.90 元;加工 B 零件 600 个,计件单价 1.50 元,经检验 A 零件料废 6 个,工废 20 个;B 零件工废 8 个,其余均为合格品。刘飞本月应得计件工资为:

应付刘飞计件工资 = (1 600-20)×0.90+(600-8)×1.50 = 2 310(元)

2. 集体计件工资的计算

集体计件工资是指以班组为对象计算的计件工资。常用的分配方法有两种。

(1)以计时工资为分配标准,在集体各成员之间分配计件工资。其计算公式为:

工资分配率 = 班组计件工资总额/班组计时工资总额

某职工应得计件工资 = 该职工应得计时工资×工资分配率

【例 2-13】 飞天航空制造有限责任公司及生产组 3 个人共同完成某项加工任务,共得计件工资 17 280 元,有关资料及个人应得工资的计算如表 2-21 所示。

表 2-21 生产组计件工资分配表

部门:13 生产小组　　　　2021 年 12 月　　　　金额单位:元

姓名	小时工资率	实际工作小时/时	计时工资	计件工资分配率	应得计件工资
张飞	25	100	2 500		4 500
李飞	30	120	3 600		6 480
王飞	35	100	3 500		6 300
合计		320	9 600	1.8	17 280

(2)以实际工作小时为分配标准,在集体各成员之间分配计件工资。其计算公式为:

工资分配率 = 班组计件工资总额/班组实际工作小时合计

某职工应得计件工资 = 该职工实际工作小时×工资分配率

【例 2-14】 仍以【例 2-13】为例,采用实际工作小时为分配标准,计算个人应得计件工资,如表 2-22 所示。

表 2-22　生产组计件工资分配表

部门：13 生产小组　　　　　　　　2021 年 12 月　　　　　　　　金额单位：元

姓名	实际工作小时	计件工资分配率	应得计件工资
张飞	100		5 400
李飞	120		6 480
王飞	100		5 400
合计	320	54	17 280

通过上述两种分配方法可以看出，以计时工资为分配标准进行分配，能够体现技术因素，在生产人员技术等级悬殊，以及计件工作本身科技含量水不比较高的情况下，这种分配方法比较合理；而将实际工作小时作为分配标准进行分配，技术因素不能体现，在生产人员技术等级差别不大，或者计件工作本身技术性不强的情况下，可以采用这种方法。

（三）奖金、津贴、补贴及加班加点工资的计算

奖金分为单项奖和综合奖两种。单项奖按规定的奖励条件和奖金标准及有关原始记录计算，综合奖由班组、车间或部门评定分配。

各种津贴与补贴应根据国家规定的享受范围和标准计算。

加班加点工资，应根据加班天数和加点时数，以及职工个人的日工资率和小时工资率计算。

根据上述内容计算出计时工资、计件工资及奖金、津贴、加班加点工资以后，就可以计算职工的应付工资。其计算公式为：

应付工资=应付计时工资+应付计件工资+奖金+津贴补贴+加班加点工资+
特殊情况下支付的工资

在实际工作中，为了减少现金收付工作，便于职工收付有关款项，企业向职工支付工资时，一般可同时支付某些福利费用和交通补贴等代发款项，并且扣除职工应付的房租费、托儿费、个人所得税等代扣款项。计算公式为：

实发工资=应付工资+代发款项−代扣款项

五、工资费用分配的核算

企业的财会部门应根据实际计算出来的职工工资，按照车间、部门分别编制工资结算单，按照职工类别和姓名分行填列应付每一职工的各种工资、代发款项、代扣款项和应发金额，作为与职工进行工资结算的依据。为了掌握整个企业工资结算和支付情况，还应根据各车间、各部门的工资结算单等资料，编制工资结算汇总表，并据以编制工资费用分配表。

企业财会部门根据工资费用分配表计算、分配工资费用，进行相应的账务处理。其中，直接进行产品生产、专设成本项目的生产工人工资，记入"基本生产成本"账户借方及其所属各产品成本明细账"直接人工"成本项目；生产车间组织和管理人员的工资，应记入"制造费用"账户的借方及其所属明细账中的有关费用项目；进行辅助生产、产品销售、基本建设工程以及企业组织和管理生产经营活动等人员的工资，应分别记入"辅助生产成本""销售费用""在建工程"和"管理费用"等账户的借方及其所属明细账中的有关成本项目或费用项目。同时，将已分配的工资总额，记入"应付职工薪酬"账户的贷方。

采用计件工资形式支付的生产工人工资，属于直接费用，可直接计入所生产产品的成本；采用计时工资形式支付的工资，如果生产工人只生产一种产品，仍可以作为直接费用，计入所生产产品的成本。如果生产多种产品，则需要选用合适方法，在各种产品之间进行分配。一般以产品生产所耗用的生产工时作为分配标准进行分配。计算公式为：

$$生产工资分配率=\frac{应分配的工资费用}{各种产品生产工时之和}$$

某产品应分配的工资费用＝该产品的生产工时×生产工资分配率

【例2-15】飞天航空制造有限责任公司生产Ⅰ型电机、Ⅱ型电机两种产品，应直接计入的工资费用分别为76 196元和34 864元。需要间接计入的工资费用为246 000元。Ⅰ型电机、Ⅱ型电机两种产品的生产工时分别为16 000小时和8 000小时。按照产品生产工时比例分配工资费用，其计算如下：

$$生产工资分配率=\frac{246\ 000}{16\ 000+8\ 000}=10.25$$

Ⅰ型电机应分配工资费用＝16 000×10.25＝164 000(元)

Ⅱ型电机应分配工资费用＝8 000×10.25＝82 000(元)

(一) 工资、奖金、津贴补贴的分配

【例2-16】飞天航空制造有限责任公司根据工资结算汇总表等有关资料，编制了工资费用分配表，如表2-23所示。

表2-23 工资费用分配表

单位：飞天航空制造有限责任公司　　　2021年12月　　　　　　　金额单位：元

应借科目		成本或费用项目	直接计入	分配计入			合计
				生产工时/小时	分配率	分配金额	
基本生产成本	Ⅰ型电机	直接人工	80 000	16 000		164 000	244 000
	Ⅱ型电机	直接人工	40 000	8 000		82 000	122 000
	小计		120 000	24 000	10.25	246 000	366 000
辅助生产成本	供电车间	直接人工	40 000				40 000
	机修车间	直接人工	35 000				35 000
	小计		75 000				75 000
制造费用	第一车间	工资	48 000				48 000
	第二车间	工资	56 000				56 000
	小计		104 000				104 000
管理部门		工资	54 000				54 000
销售费用		工资	16 000				16 000
在建工程		工资	50 000				50 000
合计			419 000				665 000

根据表 2-23，编制会计分录如下：

借：基本生产成本——Ⅰ型电机（直接人工）　　　244 000
　　　　　　　　——Ⅱ型电机（直接人工）　　　122 000
　　辅助生产成本——供电车间（直接人工）　　　40 000
　　　　　　　　——机修车间（直接人工）　　　35 000
　　制造费用——第一车间（工资）　　　　　　　48 000
　　　　　　——第二车间（工资）　　　　　　　56 000
　　管理费用（工资）　　　　　　　　　　　　　54 000
　　销售费用（工资）　　　　　　　　　　　　　16 000
　　在建工程（工资）　　　　　　　　　　　　　50 000
　　贷：应付职工薪酬——工资、奖金、津贴和补贴　　665 000

（二）社会保险费的分配

企业应按照本地区的有关规定，计提养老保险费、医疗保险费、失业保险费、工伤保险费和生育保险费等社会保险费，并进行相应的账务处理。

【例 2-17】飞天航空制造有限责任公司根据工资结算汇总表及有关资料，编制社会保险费计提表，如表 2-24 所示。其中，养老保险费、医疗保险费、失业保险费、工伤保险费和生育保险费分别依据职工工资总额的 20%、8%、2%、0.8%、0.8% 的比例计提。

表 2-24　社会保险费计提表

单位：飞天航空制造有限责任公司　　　2021 年 12 月　　　金额单位：元

应借科目		工资总额	养老保险费（20%）	失业保险费（2%）	医疗保险费（8%）	生育保险费（0.8%）	工伤保险费（0.8%）	合计
基本生产成本	Ⅰ型电机	244 000	48 800	4 880	19 520	1 952	1 952	77 104
	Ⅱ型电机	122 000	24 400	2 440	9 760	976	976	38 552
	小计	366 000	73 200	7 320	29 280	2 928	2 928	115 656
辅助生产成本	供电车间	40 000	8 000	800	3 200	320	320	12 640
	机修车间	35 000	7 000	700	2 800	280	280	11 060
	合计	75 000	15 000	1 500	6 000	600	600	23 700
制造费用	第一车间	48 000	9 600	960	3 840	384	384	15 168
	第二车间	56 000	11 200	1 120	4 480	448	448	17 696
	小计	105 000	20 800	2 080	8 320	832	832	32 864
管理部门		54 000	10 800	1 080	4 320	432	432	17 064
销售费用		16 000	3 200	320	1 280	128	128	5 056
在建工程		50 000	10 000	1 000	4 000	400	400	15 800
合计		665 000	133 000	13 300	53 200	5 320	5 320	210 140

其中，按照新准则的要求养老保险和失业保险应计入"应付职工薪酬——设定提存计

划"明细账户,而其余三险应计入"应付职工薪酬——社会保险费"明细账户。但实务之中,多数企业仍合并计入"社会保险费"。

若合并计提,编制分录如下:

借:基本生产成本——Ⅰ型电机(直接人工)　　　　　77 104
　　　　　　　　——Ⅱ型电机(直接人工)　　　　　38 552
　　辅助生产成本——供电车间(直接人工)　　　　　12 640
　　　　　　　　——机修车间(直接人工)　　　　　11 060
　　制造费用——第一车间(工资)　　　　　　　　　15 168
　　　　　　——第二车间(工资)　　　　　　　　　17 696
　　管理费用(工资)　　　　　　　　　　　　　　　17 064
　　销售费用(工资)　　　　　　　　　　　　　　　 5 056
　　在建工程(工资)　　　　　　　　　　　　　　　15 800
　　贷:应付职工薪酬——社会保险费　　　　　　　210 140

若按照新准则严格分开,则需要将养老保险和失业保险合并编制一张汇总表,将其他三险合并编制一张汇总表,同时编制两笔分录。此处表格省略。

计提社会保险费的分录如下:

借:基本生产成本——Ⅰ型电机(直接人工)　　　　　23 424
　　　　　　　　——Ⅱ型电机(直接人工)　　　　　11 712
　　辅助生产成本——供电车间(直接人工)　　　　　 3 840
　　　　　　　　——机修车间(直接人工)　　　　　 3 360
　　制造费用——第一车间(工资)　　　　　　　　　 4 608
　　　　　　——第二车间(工资)　　　　　　　　　 5 376
　　管理费用(工资)　　　　　　　　　　　　　　　 5 184
　　销售费用(工资)　　　　　　　　　　　　　　　 1 536
　　在建工程(工资)　　　　　　　　　　　　　　　 4 800
　　贷:应付职工薪酬——社会保险费　　　　　　　 63 840

计提设定提存计划的分录如下:

借:基本生产成本——Ⅰ型电机(直接人工)　　　　　53 680
　　　　　　　　——Ⅱ型电机(直接人工)　　　　　26 840
　　辅助生产成本——供电车间(直接人工)　　　　　 8 800
　　　　　　　　——机修车间(直接人工)　　　　　 7 700
　　制造费用——第一车间(工资)　　　　　　　　　10 560
　　　　　　——第二车间(工资)　　　　　　　　　12 320
　　管理费用(工资)　　　　　　　　　　　　　　　11 880
　　销售费用(工资)　　　　　　　　　　　　　　　 3 520
　　在建工程(工资)　　　　　　　　　　　　　　　11 000
　　贷:应付职工薪酬——设定提存计划　　　　　　146 300

(三)住房公积金等其他薪酬的计提

企业应按照本地区的有关规定,计提住房公积金、工会经费、职工教育经费,并进行相应的账务处理。

【例 2-18】飞天航空制造有限责任公司根据工资结算汇总表及有关资料，编制住房公积金等薪酬费用计提表，如表 2-25 所示。

表 2-25 住房公积金等薪酬费用计提表

单位：飞天航空制造有限责任公司　　　　2021 年 12 月　　　　　　　　　　金额单位：元

应借科目		工资总额	住房公积金(12%)	工会经费(2%)	职工教育经费(8%)	合计
基本生产成本	Ⅰ型电机	244 000	29 280	4 880	19 520	53 680
	Ⅱ型电机	122 000	14 640	2 440	9 760	26 840
	小计	366 000	43 920	7 320	29 280	80 520
辅助生产成本	供电车间	40 000	4 800	800	3 200	8 800
	机修车间	35 000	4 200	700	2 800	7 700
	合计	75 000	9 000	1 500	6 000	16 500
制造费用	第一车间	48 000	5 760	960	3 840	10 560
	第二车间	56 000	6 720	1 120	4 480	12 320
	小计	105 000	12 480	2 080	8 320	22 880
管理部门		54 000	6 480	1 080	4 320	11 880
销售费用		16 000	1 920	320	1 280	3 520
在建工程		50 000	6 000	1 000	4 000	11 000
合计		665 000	79 800	13 300	53 200	146 300

分录如下：

借：基本生产成本——Ⅰ型电机（直接人工）　　　　53 680
　　　　　　　　　——Ⅱ型电机（直接人工）　　　　26 840
　　辅助生产成本——供电车间（直接人工）　　　　8 800
　　　　　　　　　——机修车间（直接人工）　　　　7 700
　　制造费用——第一车间（工资）　　　　10 560
　　　　　　　——第二车间（工资）　　　　12 320
　　管理费用（工资）　　　　11 880
　　销售费用（工资）　　　　3 520
　　在建工程（工资）　　　　11 000
　　贷：应付职工薪酬——社会保险费　　　　146 300

知识拓展与阅读

控制成本出奇招：减人、增产、涨工资

员工工资很低的企业，人工成本可能很高；员工工资很高的企业，人工成本可能很低。这是一个有辩证色彩的话题。华为员工 2017 年平均年薪接近 70 万，可是，华为的整体人工成本在行业内并不高。如果企业存在大量的冗员，五个人干三个人的活，即便每个人工资都不高，公司整体人工成本却可能很高。

对于如何做好成本费用控制，任正非先生有一段论述："管理中最难的是成本控制，没有科学合理的成本费用控制方法，企业就处在生死关头，全体员工都要动员起来优化管理，要减人、增产、涨工资。"这段话有两层意思：第一，强调成本费用控制的重要性，只有成本控制好了，在产品品质一样的情况下，才更有市场竞争力；第二，指出了控制成本的思路：减人、增产、涨工资。

冗员是公司最大的成本

冗员增加的不仅仅是人工成本，还有与人工相配套的办公成本，如配备电脑、工位、办公家具等。此外，冗员还会在公司形成一种懒散的工作氛围，让士气低落，进取心不足，降低工作效率。

招聘员工时要保持饥饿感

企业招聘员工时要保持一定的饥饿感，切忌全负荷招聘后出现闲余。有的企业员工扩张过快，一赶上市场波动，就开始裁员。须知，企业在裁员的同时，也浪费了曾经培训这些员工投入的时间和精力，以及他们的关系网和工作经验。更严重的是会打击其他员工的积极性，动摇员工对企业的忠诚度。

如何实现涨薪与利润的辩证统一

涨薪与利润这对矛盾是辩证统一的。一方面，涨薪会吃掉利润；另一方面，涨薪能调动员工的积极性。怎么平衡呢？且看《华为基本法》的论述：我们不会牺牲公司的长期利益去满足员工短期利益分配的最大化，但是公司保证在经济景气时期与事业发展良好阶段，员工的人均年收入高于区域行业的最高水平。

节选自：财会信报．2018．11．19．C02．指尖上的会计

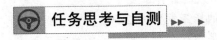

任务思考与自测

一、单选题

1. 某企业本月生产完工甲产品200件、乙产品300件，月初月末均无在产品。该企业本月发生直接人工成本6万元，按定额工时比例在甲、乙产品之间分配，甲、乙产品的单位工时分别为7小时、2小时，本月甲产品应分配的直接人工成本为（　　）万元。

   A．2.4　　　　　　B．1.8　　　　　　C．3.6　　　　　　D．4.2

2. 某企业生产甲、乙两种产品，12月份共发生生产工人工资70 000元，福利费10 000元。上述人工费按生产工时比例在甲、乙产品间分配，其中甲产品的生产工时为1 200小时，乙产品的生产工时为800小时。该企业生产甲产品应分配的人工费为（　　）元。

   A．28 000　　　　B．32 000　　　　C．42 000　　　　D．48 000

3. 某企业以现金支付行政管理人员生活困难补助2 000元。下列各项中，会计处理正确的是（　　）。

   A．借：其他业务成本　　　　　　　　　　　　　　　2 000
   　　贷：库存现金　　　　　　　　　　　　　　　　　　　　2 000

B. 借：营业外支出　　　　　　　　　　　　　2 000
　　　贷：库存现金　　　　　　　　　　　　　　　2 000
C. 借：管理费用　　　　　　　　　　　　　　2 000
　　　贷：库存现金　　　　　　　　　　　　　　　2 000
D. 借：应付职工薪酬——职工福利　　　　　　2 000
　　　贷：库存现金　　　　　　　　　　　　　　　2 000

4. 下列各项中，应计入期间费用的是(　　)。
　A. 计提车间管理用固定资产的折旧费　　B. 预计产品质量保证损失
　C. 车间管理人员的工资费用　　　　　　D. 销售商品发生的商业折扣

5. 企业将自有房屋无偿提供给本企业行政管理人员使用，下列各项中，关于计提房屋折旧的会计处理表述正确的是(　　)。
　A. 借记"其他业务成本"科目，贷记"累计折旧"科目
　B. 借记"其他应收款"科目，贷记"累计折旧"科目
　C. 借记"营业外支出"科目，贷记"累计折旧"科目
　D. 借记"管理费用"科目，贷记"应付职工薪酬"科目，同时借记"应付职工薪酬"科目，贷记"累计折旧"科目。

6. 下列项目中，不属于工资总额的是(　　)。
　A. 生产工人的工资　　　　　　　　　　B. 管理人员的工资
　C. 退休人员的生活费　　　　　　　　　D. 福利机构人员的工资

7. 李某本月生产甲零件2 000只，其中合格品1 950只，工废品30只，料废品20只。本月李某计算计件工资的甲零件数量是(　　)。
　A. 2 000　　　B. 1 980　　　C. 1 970　　　D. 1 950

8. 下列项目中，属于制造费用的是(　　)。
　A. 生产工人的计时工资　　　　　　　　B. 企业管理人员的工资
　C. 车间管理人员的工资　　　　　　　　D. 生产工人的计件工资

9. 某企业为生产A、B两种产品共支付给生产工人的职工薪酬是2 500万元，按生产工时比例在A、B产品间分配，其中A产品的生产工时是300小时，B产品的生产工时是200小时，则A产品应分配的职工薪酬是(　　)万元。
　A. 1 500　　　B. 1 000　　　C. 2 500　　　D. 500

10. 某企业生产甲、乙两种产品，12月份共发生生产工人工资70 000元，福利费10 000元。上述人工费按生产工时比例在甲、乙产品间分配，其中甲产品的生产工时为1 200小时，乙产品的生产工时为800小时。该企业生产甲产品应分配的人工费为(　　)元。
　A. 28 000　　　B. 32 000　　　C. 42 000　　　D. 48 000

二、多选题

1. 下列各项中，应通过"应付职工薪酬"科目核算的有(　　)。
　A. 提取的工会经费　　　　　　　　　　B. 计提的职工住房公积金
　C. 计提的职工医疗保险费　　　　　　　D. 确认的职工短期带薪缺勤

2. 下列各项中，应计入产品生产成本的有(　　)。
　A. 生产产品耗用的直接材料　　　　　　B. 生产产品耗用的燃料费

C. 生产产品耗用的动力费　　　　D. 生产车间管理人员的职工薪酬

3. 下列项目中，属于特殊情况下支付的工资的有(　　)。

A. 职工的加班工资　　　　　　　B. 企业领导出国考察期间的工资

C. 职工的副食品价格补贴　　　　D. 职工计件工资

E. 职工参加职代会期间的工资

4. 计算计时工资时，要考虑的因素有(　　)。

A. 月标准工资　　B. 出勤记录　　C. 缺勤情况及性质　　D. 职工工龄

E. 扣发工资的比例或标准

5. 企业提取的社保费用包括(　　)。

A. 养老保险　　　B. 医疗保险　　　C. 工伤保险　　　D. 生育保险

E. 失业保险

6. 在计算集体计件工资时，作为计件工资基数的产品数量包括(　　)。

A. 合格品数量　　　　　　　　　B. 料废品数量

C. 工废品数量　　　　　　　　　D. 个人完工的合格品数量

E. 尚未完工的在产品数量

三、判断题

1. 车间管理人员的工资和福利费不属于直接工资，因而不能计入产品成本，应计入管理费用。(　　)
2. 按月薪制计算计时工资时，不必考虑当月的日历天数。(　　)
3. 计算集体计件工资时，计件工资分配率通常以计时工资为分配依据。(　　)
4. 薪酬费用应当按薪酬费用发生的岗位及受益情况进行分配。(　　)
5. 按企业福利机构人员工资计提的社保费用计入管理费用。(　　)

四、计算分析题

1. 资料：职工李强月标准工资为1 650元，9月份出勤19天，请病假2天，事假1天，双休日8天，病假扣款比例为20%。各种津贴和补贴68元，奖金100元，交通补助费12元，应扣养老保险费132元，医疗保险费33元，住房公积金82元。请采用月薪制计算：①李强本月应付工资是多少？②李强本月实发工资是多少？

2. 资料：某生产小组由甲、乙、丙、丁4人组成，本月共生产A产品1 000件，每件4元；B产品96件，每件43元。其他有关资料如题表2-1所示。

题表2-1　某生产小组工资分配表

姓名	小时工资率	实际工作时间		分配标准	分配率	个人应得工资
		天	小时			
甲	5	18				
乙	7	20				
丙	6	21				
丁	8	19				
合计						

要求：分配小组成员的计件工资，填入题表2-1。

任务四 其他费用的归集和分配

企业在生产经营的过程中,还会发生很多其他的费用,包括折旧费用、办公费、邮电费、租赁费、报刊费、排污费、差旅费、外部加工费等。

一、折旧费用的核算

制造企业的固定资产在长期使用过程中,不断发生损耗,主要包括有形损耗和无形损耗。固定资产由于有形损耗而减少的价值称为固定资产折旧。固定资产折旧费用按受益原则计入产品成本和管理费用等账户。企业计提固定资产折旧时,应遵循固定资产计提折旧起止时间以及计提折旧范围的有关规定。

固定资产折旧一般应根据月初计提折旧的固定资产的有关资料和确定的折旧计算方法,按月计算提取。当月增加固定资产,当月不提折旧,从下月起计提折旧;当月减少的固定资产,当月照提折旧,从下月起停止计提折旧。已提足折旧而逾期使用的固定资产不再计提折旧,提前报废的固定资产不得补提折旧。固定资产折旧费的归集与分配是通过编制固定资产折旧计提表进行的。

【例2-19】飞天航空制造有限责任公司2021年12月份的固定资产折旧计算表如表2-26所示。

表2-26 固定资产折旧计算表

单位名称:飞天航空制造有限责任公司　　2021年12月　　金额单位:元

应借账户	车间或部门	上月固定资产计提折旧	上月增加固定资产应计提折旧	上月减少固定资产应停提折旧	本月固定资产应提折旧
辅助生产成本	供电车间	7 440.00	240.00	520.00	7 160.00
	机修车间	5 360.00	540.00	300.00	5 600.00
	小计	12 800.00	780.00	820.00	12 760.00
制造费用	第一车间	11 200.00	1 320.00	480.00	12 040.00
	第二车间	8 700.00	300.00	160.00	8 840.00
	小计	19 900.00	1 620.00	640.00	20 880.00
管理费用	行政管理	16 800.00	—	1 520.00	15 280.00
合计		49 500.00	2 400.00	2 980.00	48 920.00

根据表2-26,编制会计分录如下:

借:辅助生产成本——供电车间　　　　　　　7 160.00
　　　　　　　　——机修车间　　　　　　　5 600.00
　　制造费用——第一车间　　　　　　　　　12 040.00
　　　　　　——第二车间　　　　　　　　　8 840.00

管理费用——折旧费　　　　　　　　　　　　　　15 280.00
　　　　贷：累计折旧　　　　　　　　　　　　　　　　　　48 920.00

二、其他费用的核算

制造企业要素费用中的其他费用，是指除了前面所述各项要素以外的费用，包括办公费、邮电费、租赁费、报刊费、排污费、差旅费、外部加工费等。这些费用都没有专门的成本项目，在费用发生时，按照受益原则，分别借记"辅助生产成本""制造费用""管理费用""在建工程"等账户，贷记"银行存款"或"库存现金"等账户。

（一）报刊费用的核算

【例2-20】飞天航空制造有限责任公司2021年12月份支付财产保险费10 100元，支付报刊费2 720元，用银行存款支付。保险及报刊费用的分配是通过编制保险及报刊费用分配表进行的，如表2-27所示。

表2-27　保险及报刊费用分配表

单位名称：飞天航空制造有限责任公司　　　　2021年12月　　　　　　　　金额单位：元

应借账户		成本或费用项目		合计
总账账户	明细账户	保险费	报刊费	
辅助生产成本	供电车间	1 200.00	300.00	1 500.00
	机修车间	960.00	240.00	1 200.00
	小计	2 160.00	540.00	2 700.00
制造费用	第一车间	1 700.00	280.00	1 980.00
	第二车间	1 400.00	300.00	1 700.00
	小计	3 100.00	580.00	3 680.00
管理费用		4 840.00	1 600.00	6 440.00
合计		10 100.00	2 720.00	12 820.00

根据表2-27所列资料，编制会计分录如下：
　　借：辅助生产成本——供电车间　　　　　　　　　1 500.00
　　　　　　　　　　——机修车间　　　　　　　　　1 200.00
　　　　制造费用——第一车间　　　　　　　　　　　1 980.00
　　　　　　　　——第二车间　　　　　　　　　　　1 700.00
　　　　管理费用　　　　　　　　　　　　　　　　　6 440.00
　　　　贷：银行存款　　　　　　　　　　　　　　　　　12 820.00

（二）固定资产修理费用的核算

【例2-21】飞天航空制造有限责任公司2021年12月份支付固定资产修理费44 000元，用银行存款支付。固定资产修理费用分配表如表2-28所示。

表 2-28 固定资产修理费用分配表

单位名称：飞天航空制造有限责任公司　　　　2021 年 12 月　　　　　　　　金额单位：元

应借账户		成本或费用项目	合计
总账账户	明细账户	修理费	
辅助生产成本	供电车间	5 600.00	5 600.00
	机修车间	7 880.00	7 880.00
	小计	13 480.00	13 480.00
制造费用	第一车间	13 600.00	13 600.00
	第二车间	8 000.00	8 000.00
	小计	21 600.00	21 600.00
销售费用		5 000.00	5 000.00
管理费用		3 920.00	3 920.00
合计		44 000.00	44 000.00

根据表 2-28 所列资料，编制会计分录如下：

借：辅助生产成本——供电车间　　　　　　　　5 600.00
　　　　　　　　——机修车间　　　　　　　　7 880.00
　　制造费用——第一车间　　　　　　　　　 13 600.00
　　　　　　——第二车间　　　　　　　　　　8 000.00
　　管理费用　　　　　　　　　　　　　　　　3 920.00
　　销售费用　　　　　　　　　　　　　　　　5 000.00
　　贷：银行存款　　　　　　　　　　　　　　　　　44 000.00

（三）其他费用的核算

【例 2-22】飞天航空制造有限责任公司 2021 年 12 月份用银行存款支付本月办公费 24 890 元，支付水费 8 032 元。编制其他费用汇总表，如表 2-29 所示。

表 2-29 其他费用汇总表

单位名称：飞天航空制造有限责任公司　　　　2021 年 12 月　　　　　　　　金额单位：元

应借账户		成本或费用项目		合计
总账账户	明细账户	办公费	水费	
辅助生产成本	供电车间	1 540.00		1 540.00
	机修车间		5 750.00	5 750.00
	小计	1 540.00	5 750.00	7 290.00
制造费用	第一车间	1 160.00	480.00	1 640.00
	第二车间	1 520.00	240.00	1 760.00
	小计	2 680.00	720.00	3 400.00
管理费用		2 470.00	1 562.00	4 032.00

续表

应借账户		成本或费用项目		合计
总账账户	明细账户	办公费	水费	
在建工程		18 200.00		18 200.00
合 计		24 890.00	8 032.00	32 922.00

根据表 2-29 所列汇总资料，编制会计分录如下：

借：辅助生产成本——供电车间　　　　　　　1 540.00
　　　　　　　　——机修车间　　　　　　　5 750.00
　　制造费用——第一车间　　　　　　　　　1 640.00
　　　　　　——第二车间　　　　　　　　　1 760.00
　　管理费用——其他费用　　　　　　　　　4 032.00
　　在建工程　　　　　　　　　　　　　　　18 200.00
　贷：银行存款　　　　　　　　　　　　　　32 922.00

知识拓展与阅读

人人都是成本管控第一责任人

成本控制好、效益创造好、企业发展好，人人受益。管控成本没有旁观者、局外人，每个人都是第一责任人。

然而在实际工作中，有些员工总觉得自己只要把活儿干好、把任务完成好、不出现安全质量纰漏就行，至于成本，那是企业的事、领导的责任，与普通员工关系不大。这样的观念，对于管控成本极其不利，每个岗位员工都应弄清楚管控成本为了谁、依靠谁，以主人翁姿态主动站到管控成本的最前沿，当好第一责任人。

成本是通过各个岗位一分一厘消耗掉的，有些员工平时可能并不在意，但成本却在每个人的身边真实地发生着、流失着，浪费一张纸、多开一会儿灯、放掉一盆水，这些都是成本。管控成本，关键是要有责任心。

岗位员工应通过精业务、练技能，以过硬的技术做到不干返工活、不出残次品、不发生事故，保证质量、效率、安全。通过小改小革、创新创造，促进节能减排、能效提升。精心保养、维护和操作设备，减少损坏、修理频次，保证平稳运行和最大输出功率，这些都是管控成本的重要举措。

员工应该强化精细作风、算账意识和节约习惯，树立"节约一元钱比赚得一元钱容易"的理念，从修旧利废、科学设置空调温度、自己的活自己干等身边小事做起，把严成本流失的出口。

企业也应强化成本责任分解和考核兑现，层层压实责任，促使人人主动担当成本管控第一责任人。

摘自张菊香. 人人都是成本管控第一责任人[N]. 中国石化报，2021-11-16(002).

任务思考与自测

思考题
1. 简述固定资产折旧计提的要点和注意事项。
2. 根据本任务点的【知识拓展与阅读】，思考如何管控企业成本。

项目二　辅助生产费用的归集与分配

🎯 项目认知目标
◈ 理解辅助生产费用的内容及分配原则
◈ 掌握直接分配法的原理、核算和适用范围
◈ 掌握交互分配法的原理、核算和适用范围
◈ 掌握顺序分配法的原理、核算和适用范围
◈ 掌握代数分配法的原理、核算和适用范围
◈ 掌握计划成本分配法的原理、核算和适用范围

🎯 项目技能目标
◈ 培养学生对辅助生产费用要素的归集和分配的实操能力
◈ 培养学生对辅助生产费用分配方法的选择能力

🎯 项目情感目标
◈ 引导学生坚持准则，能够根据业务情境，科学客观选择辅助生产成本分配的最优方法，培养学生客观公正、坚持准则的会计职业品德
◈ 引导学生从成本编制、成本控制、成本核算、业财融合等多角度，构建以社会价值、企业价值为导向的成本管控体系，培养学生务实肯干、坚持不懈、精雕细琢的工匠精神

案例导入
小张进入飞天航空制造有限责任公司的成本核算部，负责公司供电和机修两个辅助生产车间辅助生产费用的归集和分配。关于辅助生产费用的相关知识，请你帮忙整理一下吧。
1. 辅助生产费用包含哪些内容？
2. 辅助生产费用的分配一共有几种方法？
3. 每一种分配方法的适用范围是什么？

任务一 辅助生产费用的归集

辅助生产是指为制造企业的基本生产和行政管理部门服务而进行的产品生产和劳务供应，有时也对外销售和服务。辅助生产的产品主要包括工具、模具、修理用备件、零件制造等，辅助生产提供的劳务供应主要包括供水、供电、供气、供风、运输、修理等。

一、辅助生产费用概述

辅助生产费用（Expense of Auxiliary Production/Auxiliary Production Expenses），是指企业所属辅助生产部门为生产提供工业性产品和劳务所发生的各种辅助生产费用。由于辅助生产车间提供的可能是产品，也可能是劳务，所以核算的方法不太一样。若提供的是产品，其核算同于基本生产车间的产品；若提供的是劳务，则应根据辅助生产车间所提供的产品或劳务的数量及其受益单位和程序等情况的不同而采用适当的方法进行分配。本教材主要介绍提供劳务的辅助生产费用的归集和分配。

二、辅助生产费用的归集

为归集制造企业辅助生产车间所发生的费用，可以设置"辅助生产成本"总账账户，也可以在"生产成本"总账账户后边设"辅助生产成本"的二级明细账户，同时按辅助生产车间及其生产的产品、劳务的种类进行进一步的明细核算。明细账内按规定的成本项目设置专栏。对于规模较小、发生的制造费用不多，也不对外销售产品或劳务的车间，为简化核算工作，辅助生产车间的制造费用可以不单独设置"制造费用——××辅助生产车间"明细账，而直接记入"辅助生产成本"账户及其明细账，这时"辅助生产成本"明细账应按成本项目与费用项目相结合的方式设置专栏。企业日常发生的各种辅助生产费用，在"辅助生产成本"账户的借方进行归集。本教材所描述的公司单设辅助生产成本明细账，但辅助生产明细账不单设制造费用。

飞天航空制造有限责任公司2021年12月份的辅助生产成本明细账，如表2-30、表2-31所示。其中，凭证字号处标注的是例题号，表示登记账簿的依据是根据标准例题编制的记账凭证。

表 2-30 辅助生产成本明细账

车间：供电车间　　　　　　　　　　　　　　　　　　　　　　　　　　　　　金额单位：元

2021年		摘要	凭证字号	直接材料	直接人工	折旧费	修理费	报刊费	其他	发生额合计 借方	发生额合计 贷方	余额
月	日											
12	30	分配材料费	例2-7	60 000.00						60 000.00		60 000.00
	30	分配人工费	例2-16		40 000.00					40 000.00		100 000.00
	30	计提社保费	例2-17		12 640.00					12 640.00		112 640.00
	30	计提其他薪酬	例2-18		8 800.00					8 800.00		121 440.00
	30	计提折旧	例2-19			7 160.00				7 160.00		128 600.00
	30	报刊费	例2-20					1 500.00		1 500.00		130 100.00
	30	修理费	例2-21				5 600.00			5 600.00		135 700.00
	30	办公杂费	例2-22						1 540.00	1 540.00		137 240.00
	30	分配转出									137 240.00	0.00
	30	本月合计		60 000.00	61 440.00	7 160.00	5 600.00	1 500.00	1 540.00	137 240.00	137 240.00	0.00

表 2-31 辅助生产成本明细账

车间：机修车间　　　　　　　　　　　　　　　　　　　　　　　　　　　金额单位：元

2021年		摘要	凭证字号	直接材料	直接人工	折旧费	修理费	报刊费	其他	发生额合计 借方	发生额合计 贷方	余额
月	日											
12	30	分配材料费	例 2-7	30 000.00						30 000.00		30 000.00
	30	分配人工费	例 2-16		35 000.00					35 000.00		65 000.00
	30	计提社保费	例 2-17		11 060.00					11 060.00		76 060.00
	30	计提其他薪酬	例 2-18		7 700.00					7 700.00		83 760.00
	30	计提折旧	例 2-19			5 600.00				5 600.00		89 360.00
	30	报刊费	例 2-20					1 200.00		1 200.00		90 560.00
	30	修理费	例 2-21				7 880.00			7 880.00		98 440.00
	30	办公杂费	例 2-22						5 750.00	5 750.00		104 190.00
	30	分配转出									104 190.00	0.00
	30	本月合计		30 000.00	53 760.00	5 600.00	7 880.00	1 200.00	5 750.00	104 190.00	104 190.00	0.00

任务二 辅助生产费用的分配

辅助生产车间所生产产品和提供劳务的种类不同,其转出分配的程序也不同。生产产品的辅助生产车间应在完工入库时,从"辅助生产成本"账户的贷方转入"周转材料"或"原材料"等账户的借方。提供劳务的辅助生产车间所发生的费用,要在各受益部门之间按照所耗数量或其他比例进行分配。分配时,应从"辅助生产成本"账户的贷方转入"基本生产成本""制造费用""销售费用""管理费用"和"在建工程"等账户的借方。

辅助生产费用的分配,应通过编制辅助生产费用分配表进行。辅助生产费用分配的方法一般有直接分配法、交互分配法、代数分配法、计划成本分配法和顺序分配法。

一、直接分配法

直接分配法是指在各辅助生产车间发生的费用,直接分配给辅助生产以外的各受益单位,辅助生产车间之间相互提供的产品和劳务,不互相分配费用。计算公式为:

$$某辅助车间费用分配率=\frac{某辅助生产车间待分配费用总额}{辅助生产车间对外提供劳务数量之和}$$

【例2-23】飞天航空制造有限责任公司设有供电和机修两个辅助生产车间。根据表2-30、表2-31辅助生产成本明细账,2021年12月供电车间归集待分配费用137 240元,机修车间归集待分配费用104 190元。辅助生产车间本月提供劳务数量如表2-32所示,采用直接分配法编制飞天航空制造有限责任公司2021年12月份的辅助生产费用分配表。

表2-32 辅助生产车间本月提供劳务量汇总表

2021年12月

受益部门		供电度数/度	修理工时/小时
辅助生产车间	供电车间		1 000
	机修车间	12 000	
基本生产车间	Ⅰ型电机	60 000	
	Ⅱ型电机	70 000	
	第一车间	16 000	6 000
	第二车间	12 000	5 000
企业行政管理部门		30 000	4 000
合计		200 000	16 000

根据表2-30、表2-31、表2-32的资料数据计算分配率,结果如表2-33所示。

$$供电车间的分配率=\frac{137\ 240}{200\ 000-12\ 000}≈0.730\ 0(元/度)$$

$$机修车间的分配率=\frac{104\ 190}{16\ 000-1\ 000}=6.946\ 0(元/工时)$$

表 2-33 辅助生产费用分配表(直接分配法)

2021 年 12 月 　　　　　　　　　　　　　　　　　　　金额单位:元

辅助生产车间名称		供电车间	机修车间	金额合计
待分配费用		137 240.00	104 190.00	241 430.00
对外提供劳务量		188 000	15 000	
费用分配率		0.730 0	6.946	
基本生产成本——Ⅰ型电机	数量	60 000		
	金额	43 800.00		43 800.00
基本生产成本——Ⅱ型电机	数量	70 000		
	金额	51 100.00		51 100.00
制造费用——一车间	数量	16 000.00	6 000	
	金额	11 680.00	41 676.00	53 356.00
制造费用——二车间	数量	12 000.00	5 000	
	金额	8 760.00	34 730.00	43 490.00
管理费用	数量	30 000	4 000	
	金额	21 900.00	27 784.00	49 684.00
分配费用小计		137 240.00	104 190.00	241 430.00

注:分配率计算到小数点后四位数,尾差计入管理费用。

根据表 2-31,应编制如下会计分录:

借:基本生产成本——Ⅰ型电机　　　　　43 800.00
　　　　　　　　——Ⅱ型电机　　　　　51 100.00
　　制造费用——一车间　　　　　　　　53 356.00
　　　　　　——二车间　　　　　　　　43 490.00
　　管理费用　　　　　　　　　　　　　49 684.00
　　贷:辅助生产成本——供电车间　　　　　　　137 240.00
　　　　　　　　　　——机修车间　　　　　　　104 190.00

采用直接分配法,各辅助生产车间的待分配费用只对其以外的单位分配一次,计算工作简便。但是由于各辅助生产车间包括的费用不全,如【例 2-23】供电车间的总费用中不包括所耗用的修理费,机修车间的总费用中不包括所耗用的电费,因而分配结果不够正确。直接分配法一般适用于辅助生产车间内部相互提供劳务不多、不进行费用的交互分配对辅助生产成本和企业产品影响不大的情形。

二、交互分配法

交互分配法需要进行对内和对外两次分配。首先,对内分配是先根据各辅助生产车间、部门相互提供劳务的数量和交互分配前的费用计算出分配率(单位成本),进行一次交互分配;然后,对外分配是将各辅助生产车间、部门交互分配后的实际费用(交互分配前的费用加上交互分配转入的费用,减去交互分配转出的费用)按对外提供劳务的数量,在辅助生产车间、部门以外的各受益单位之间进行分配。其计算公式如下：

$$辅助生产车间交互分配率=\frac{待分配费用总额}{提供劳务总量}$$

$$某辅助生产车间应负担其他辅助生产费用=\frac{该辅助生产车间耗用}{其他辅助生产车间劳务量}×交互分配率$$

$$辅助生产车间对外分配率=\frac{待分配费用总额+交互分配转入费用-交互分配转出费用}{对外提供劳务总量}$$

$$某受益对象应负担辅助生产费用=\frac{该受益对象耗用}{辅助劳务量}×对外费用分配率$$

【例 2-24】 沿用【例 2-23】的资料，采用交互分配法编制飞天航空制造有限责任公司 2021 年 12 月份的辅助生产费用分配表，如表 2-34 所示。根据表 2-30、表 2-31、表 2-32 的资料数据计算分配率。

1. 交互分配(对内分配)

供电车间的分配率 $=\dfrac{137\ 240}{200\ 000}≈0.686\ 2$(元/度)

机修车间的分配率 $=\dfrac{104\ 190}{16\ 000}=6.511\ 9$(元/工时)

供电分配转入的辅助费用 $=1\ 000×6.511\ 9=6\ 511.9$(元)

机修分配转入的辅助费用 $=12\ 000×0.686\ 2=8\ 234.4$(元)

交互分配后供电车间的总费用=待分配费用总额+交互分配转入费用-交互分配转出费用 $=137\ 240+6\ 511.9-8\ 234.4=135\ 517.5$(元)

交互分配后机修车间的总费用=待分配费用总额+交互分配转入费用-交互分配转出费用 $=104\ 190+8\ 234.4-6\ 511.9=105\ 912.5$(元)

2. 对外分配

供电车间的分配率 $=\dfrac{135\ 517.5}{200\ 000-12\ 000}≈0.720\ 8$(元/度)

机修车间的分配率 $=\dfrac{105\ 912.5}{16\ 000-1\ 000}≈7.060\ 8$(元/工时)

表 2-34　辅助生产费用分配表(交互分配法)

2021 年 12 月　　　　　　　　　　　　　　　　　　　　金额单位：元

项目		交互分配			对外分配		
辅助生产车间名称		供电车间	机修车间	金额合计	供电车间	机修车间	金额合计
待分配费用		137 240	104 190	241 430			
劳务总量		200 000	16 000				
费用分配率		0.686 2	6.511 9				
辅助生产成本 ——供电车间	数量		1 000				
	金额		6 511.9	6 511.9			

续表

项目		交互分配			对外分配		
辅助生产车间名称		供电车间	机修车间	金额合计	供电车间	机修车间	金额合计
辅助生产成本——机修车间	数量	12 000					
	金额	8 234.4		8 234.4			
小计		8 234.4	6 511.9	14 746.3			
交互分配后待分配费用					135 517.5	105 912.5	241 430
对外提供的劳务总量					188 000	15 000	
对外分配率					0.720 8	7.060 8	
基本生产成本——Ⅰ型电机	数量				60 000		
	金额				43 250.27		43 250.27
基本生产成本——Ⅱ型电机	数量				70 000		
	金额				50 458.64		50 458.64
制造费用——一车间	数量				16 000	6 000	
	金额				11 533.40	42 365	53 898.40
制造费用——二车间	数量				12 000	5 000	
	金额				8 650.05	35 304.17	43 954.22
管理费用	数量				30 000	4 000	
	金额				21 625.14	28 243.33	49 868.47
分配费用小计					135 517.5	105 912.5	241 430

注：分配率计算到小数点后四位数，尾差计入管理费用。

根据表 2-34，应编制如下会计分录：

1. 交互分配的分录

借：辅助生产成本——供电车间　　　　　　　　　　　　　　6 511.9
　　　　　　　　　　——机修车间　　　　　　　　　　　　　　8 234.4
　　贷：辅助生产成本——机修车间　　　　　　　　　　　　　6 511.9
　　　　　　　　　　——供电车间　　　　　　　　　　　　　　8 234.4

2. 对外分配的分录

借：基本生产成本——Ⅰ型电机　　　　　　　　　　　　　　43 250.27
　　　　　　　　　——Ⅱ型电机　　　　　　　　　　　　　　50 458.64
　　制造费用——一车间　　　　　　　　　　　　　　　　　　53 898.40
　　　　　　——二车间　　　　　　　　　　　　　　　　　　43 954.22
　　管理费用　　　　　　　　　　　　　　　　　　　　　　　49 868.47
　　贷：辅助生产成本——供电车间　　　　　　　　　　　　　135 517.50
　　　　　　　　　　——机修车间　　　　　　　　　　　　　105 912.50

采用交互分配法，由于辅助生产内部相互提供劳务进行了交互分配，因而提高了分配结果的正确性。但由于各种辅助生产费用都要计算两个费用分配率，进行两次分配，特别是在辅助生产车间较多的情况下，加大了核算的工作量。因此，这种方法适用于辅助生产部门之间相互提供产品和劳务的数量较多的企业。

三、代数分配法

代数分配法是根据代数中建立多元一次方程组的方法，计算出各辅助生产车间提供产品或劳务的单位成本，然后再按各车间、部门(包括辅助生产内部和外部单位)耗用量计算应分配的辅助生产费用的一种方法。

【例2-25】沿用【例2-23】的资料，采用代数分配法编制飞天航空制造有限责任公司2021年12月份的辅助生产费用分配表，如表2-35所示。

假设每度电的成本为X，每工时的修理成本为Y。

应设立的方程组为：

$$\begin{cases} 137\,240 + 1\,000Y = 200\,000X \\ 104\,190 + 12\,000X = 16\,000Y \end{cases}$$

求二元一次方程得到：

$X \approx 0.721\,4$

$Y \approx 7.052\,9$

注：此处保留小数位越长，则计算越准确，此处为计算方便仍选择保留4位小数。本例先计算Y，后计算X。

表2-35 辅助生产费用分配表(代数分配法)

2021年12月　　　　　　　　　　　　　　　　　　　　　　金额单位：元

辅助生产车间名称		供电车间	机修车间	金额合计
待分配费用		137 240	104 190	241 430
提供劳务量		200 000	16 000	
代数分配法计算的实际单位成本		0.721 4	7.052 9	
辅助生产成本——供电车间	数量		1 000	
	金额		7 052.9	7 052.9
辅助生产成本——机修车间	数量	12 000		
	金额	8 656.8		8 656.8
合计		8 656.8	7 052.9	15 709.7
基本生产成本——Ⅰ型电机	数量	60 000		
	金额	43 284		43 284
基本生产成本——Ⅱ型电机	数量	70 000		
	金额	50 498		50 498
制造费用——一车间	数量	16 000	6 000	
	金额	11 542.4	42 317.4	53 859.8

续表

辅助生产车间名称		供电车间	机修车间	金额合计
制造费用——二车间	数量	12 000	5 000	
	金额	8 656.8	35 264.5	43 921.3
管理费用	数量	30 000	4 000	
	金额	21 654.9	28 212	49 866.9
分配费用小计		144 292.9	112 846.8	257 139.7

注：*分配率计算到小数点后四位数，尾差计入管理费用。

根据表2-35，编制会计分录如下：

借：基本生产成本——Ⅰ型电机　　　　　　　　　43 284
　　　　　　　　——Ⅱ型电机　　　　　　　　　50 498
　　辅助生产成本——供电车间　　　　　　　　　7 052.9
　　　　　　　　——机修车间　　　　　　　　　8 656.8
　　制造费用——一车间　　　　　　　　　　　　53 859.8
　　　　　　——二车间　　　　　　　　　　　　43 921.3
　　管理费用　　　　　　　　　　　　　　　　　49 866.9
　　贷：辅助生产成本——供电车间　　　　　　　144 292.9
　　　　　　　　　　——机修车间　　　　　　　112 846.8

采用代数分配法分配辅助生产费用，分配结果最准确。但在分配时要解联立方程，如果辅助生产车间较多，未知数较多，计算工作就比较复杂，因而这种方法适用于会计电算化的企业。

四、计划成本分配法

计划成本分配法是指在分配辅助生产费用时，根据事先确定的产品、劳务的计划单位成本和各车间、部门实际耗用的数量，计算各车间、部门应分配的辅助生产费用的一种方法。

按计划成本分配法分配辅助生产费用的步骤如下：

第一步，按预先制定的辅助生产劳务的计划单位成本计算各受益对象（包括辅助生产车间、部门）应分担的辅助生产费用。

第二步，计算各辅助生产车间实际发生的费用（辅助生产车间直接发生的费用，分配转入的费用）。

第三步，计算各辅助生产车间的成本差异（实际发生的费用-按计划成本分出的费用）并进行处理。这种成本差异从理论上讲应在各受益部门之间进行分配，为了简化分配工作，可直接列入"管理费用"账户。如果是超支差异，应增加管理费用；反之，则应冲减管理费用。

【例2-26】沿用【例2-23】的资料，供电的单位计划成本为0.7（元/度），机修的单位计划成本为7.3（元/工时）。采用计划成本分配法编制飞天航空制造有限责任公司2021年12月份的辅助生产费用分配表，如表2-36所示。

表 2-36　辅助生产费用分配表（计划成本分配法）

2021 年 12 月　　　　　　　　　　　　　　　　　　　　　　金额单位：元

辅助生产车间名称		供电车间	机修车间	金额合计
待分配费用		137 240	104 190	241 608
提供劳务量		200 000	16 000	
计划单位成本		0.7	7.3	
辅助生产成本——供电车间	数量		1 000	
	金额		7 300	7 300
辅助生产成本——机修车间	数量	12 000		
	金额	8 400		8 400
合计		8 400	7 300	15 700
基本生产成本——Ⅰ型电机	数量	60 000		
	金额	42 000		42 000
基本生产成本——Ⅱ型电机	数量	70 000		
	金额	49 000		49 000
制造费用——一车间	数量	16 000	6 000	
	金额	11 200	43 800	55 000
制造费用——二车间	数量	12 000	5 000	
	金额	8 400	36 500	44 900
管理费用	数量	30 000	4 000	
	金额	21 000	29 200	50 200
按计划分配费用合计		140 000	116 800	256 800
辅助生产实际成本		144 540	112 590	257 130
辅助生产成本差异		4 540	-4 210	330

在表 2-36 中，辅助生产实际成本的计算如下：
供电车间实际成本 = 137 240+7 300 = 144 540（元）
机修车间实际成本 = 104 190+8 400 = 112 590（元）
辅助生产成本差异的计算如下：
供电车间成本差异 = 144 540-140 000 = 4 540（元）
机修车间成本差异 = 112 590-116 800 = -4 210（元）
根据表 2-36，应编制如下会计分录：
1. 按计划成本分配辅助生产费用
　　借：基本生产成本——Ⅰ型电机　　　　　　　　　　42 000
　　　　　　　　　　——Ⅱ型电机　　　　　　　　　　49 000
　　　　辅助生产成本——供电车间　　　　　　　　　　 7 300
　　　　　　　　　　——机修车间　　　　　　　　　　 8 400

	制造费用——一车间	55 000
	——二车间	44 900
	管理费用	50 200
	贷：辅助生产成本——供电车间	140 000
	——机修车间	116 800

2. 将辅助生产成本差异计入管理费用

  借：管理费用   330
    贷：辅助生产成本——供电车间   4 540
        ——机修车间   4 210

或者

  借：管理费用   330
    辅助生产成本——机修车间   4 210
    贷：辅助生产成本——供电车间   4 540

  采用计划成本分配法分配辅助生产费用，各种辅助生产费用只分配一次，而且劳务的计划单位成本是早已确定的，不必单独计算费用分配率，因而简化了计算工作；通过辅助生产成本差异的计算，还能反映和考核辅助生产成本计划的执行情况；由于辅助生产的成本差异全部计入管理费用，各受益单位、部门所负担的劳务费用都不包括辅助生产差异的因素，因而还便于分析和考核各受益单位的成本，有利于分清企业内部各单位的经济责任。只是采用这种分配方法时，辅助生产劳务的计划单位成本应比较准确。因此，这种分法适用于厂内计划价格制定比较准确、基础工作较好的企业。

> **小提示**
>
> 会计上负数用红字表示，由于教材印刷问题，本教材中的负数或者红字都加□表示。

五、顺序分配法

  顺序分配法是根据辅助生产车间受益多少的顺序，将辅助生产车间、部门进行排列。受益少的排在前面，先分配费用；受益多的排在后面，后分配费用。在分配费用时，先将排在前面的辅助生产车间发生的费用分配给排在后面的辅助生产车间和其他受益单位，由于它受益最少，即耗用其他辅助生产车间的劳务费用最少，所以忽略不计。后续辅助生产部门在分配费用时，只依次分配给排列在其后的辅助生产车间和其他受益部门，而不再分配给排列在其前的辅助生产车间。其计算公式为：

辅助生产费用
分配方法总结

$$某辅助生产车间费用分配率 = \frac{直接发生费用额 + 耗用前序辅助生产费用额}{提供劳务总量 - 前序辅助生产耗用量}$$

$$某受益部门应负担辅助生产费用额 = 该受益对象耗用辅助劳务量 \times 辅助生产费用分配率$$

【例2-27】沿用【例2-23】的资料，假设供电车间耗用机修车间的费用少，则辅助生产费用的分配顺序是应先分配供电车间的费用(包括分配给机修车间)，然后再分配机修车间的费用(不分配给供电车间)。采用顺序分配法编制飞天航空制造有限责任公司2021年12月份的辅助生产费用分配表，如表2-37所示。

表2-37 辅助生产费用分配表(顺序分配法)

2021年12月　　　　　　　　　　　　　　　　　　　　　　　　　金额单位：元

辅助生产车间名称		供电车间	机修车间	金额合计
直接发生费用		137 240.00	104 190.00	241 430.00
辅助车间分配转入费用			8 234.40	8 234.40
待分配费用合计		137 240.00	112 424.40	249 664.40
提供劳务量		200 000	15 000	
分配率		0.686 2	7.494 96	
辅助生产成本——机修车间	数量	12 000		
	金额	8 234.40		8 234.4
基本生产成本——Ⅰ型电机	数量	60 000		
	金额	41 172.00		41 172.00
基本生产成本——Ⅱ型电机	数量	70 000		
	金额	48 034.00		48 034.00
制造费用——一车间	数量	16 000	6 000	
	金额	10 979.20	44 969.76	55 948.96
制造费用——二车间	数量	12 000	5 000	
	金额	8 234.40	37 474.80	45 709.20
管理费用	数量	30 000	4 000	
	金额	20 586.00	29 979.84	50 565.84
合计		137 240.00	112 424.40	249 664.40

$$供电分配率 = \frac{137\ 240}{200\ 000} \approx 0.686\ 2$$

$$机修分配率 = \frac{104\ 190 + 8\ 234.40}{16\ 000 - 1\ 000} \approx 7.494\ 96$$

> **小提示**
> 因为机修分配率正好能除尽，为保证计算的正确性，此处保留5位小数。

根据表2-37，编制会计分录如下：

借：辅助生产成本——机修车间　　　　　　　　　　　8 234.40
　　基本生产成本——Ⅰ型电机　　　　　　　　　　　41 172.00
　　　　　　　　——Ⅱ型电机　　　　　　　　　　　48 034.00

制造费用——一车间		55 948.96
——二车间		45 709.20
管理费用		50 565.84
贷：辅助生产成本——供电车间		137 240.00
——机修车间		112 424.40

采用顺序分配法分配辅助生产费用的优点是计算简便，各种辅助生产费用只计算分配一次。但是，由于排列在前的辅助生产车间不负担排列在后的辅助生产车间的费用，分配结果的准确性受到一定的影响。因此，这种方法一般适用于辅助生产车间相互提供产品和劳务有明显顺序，并且分配在前的辅助生产车间耗用分配在后的辅助生产车间的费用较少的企业。

知识拓展与阅读

由于疫情反复和油价成本上涨，国内航司三季度亏损超百亿元

由于疫情反复和油价成本上涨，根据第一财经记者的测算，包括厦航和深航等在内的十家国内航司，三季度共亏损119.97亿元，只有一家航司实现了盈利：国内最大的低成本航空春秋航空(601021.SH)。

从上市航司三季报来看，亏损最多的是国有三大航中盈利能力最强的中国国航(601111.SH)，这与其国际航线占比最高，大本营北京受到更多疫情管控限制不无关系。

在2021年二季度，海航、春秋航空和吉祥航空都实现了扭亏为盈，然而第三季度只有春秋航空一家实现了盈利。二季度获得盈利的吉祥航空在三季度之所以亏损，一个重要原因是疫情突发的南京是吉祥航空的一个重要基地。前三季度，上市航司中只有春秋航空实现1.59亿元微盈利，而在非上市航司中，2020年取得盈利的厦航，受中秋节期间福建疫情影响，前三季度微亏0.12亿元。

"去年国内市场是'耐克曲线'的稳步复苏，今年市场则是波浪形摇摆。"2021年前三季度，十家国内航司已经亏了315亿元，由于变异病毒的出现带来的疫情反复，民航人对今年第四季度的市场预期也低于去年第四季度。一方面，第四季度本来就是传统的行业淡季，另一方面，福建、哈尔滨、新疆伊犁的疫情刚刚结束，又一轮疫情波及12个省区市，更多地区的航空出行和跨省游受到影响，此外，油价上涨的势头也特别猛，"吃"掉了航司很大一块利润。在这样的背景下，国内航司在第四季度想要翻身扭亏，将会变得更加艰难，而不少航司更是将在今年形成连续第二年的亏损。

之前，上市公司若连续两年亏损，意味着股票将被戴上*ST的"帽子"，第三年再亏损的话，就要退市了。不过在2020年年末，上证所及深交所同步修改相关规则，将原本"连续两个会计年度净利润为负"的风险警示条件，修订为"最近连续三个会计年度扣除非经常性损益前后净利润孰低者均为负值，且最近一个会计年度财务会计报告的审计报告显示公司持续经营能力存在不确定性"。这意味着，2021年连续第二年出现亏损的航空公司，将获得多一年的喘息机会。

节选自陈姗姗. 国内航司三季度亏损超百亿 只有春秋航空赚钱了[N]. 第一财经日报，2021-11-01(A09).

项目思考与自测

一、单选题

1. 下列选项中，属于直接分配法特点的是（　　）。
   A. 考虑各辅助生产车间之间相互提供劳务或产品的情况
   B. 不考虑辅助生产车间之间相互提供劳务或产品的情况
   C. 辅助生产费用先在辅助生产部门之间分配
   D. 辅助生产费用不在辅助生产以外的部门之间分配

2. 甲公司有供电和供水两个辅助生产车间，2022年1月供电车间供电80 000度，费用120 000元，供水车间供水5 000吨，费用36 000元；供电车间耗用水200吨，供水车间耗用电600度。甲公司采用直接分配法进行核算，2021年1月供水车间费用分配率是（　　）。
   A. 7.375　　　　B. 7.625　　　　C. 7.2　　　　D. 7.5

3. 某企业有甲、乙两个辅助生产车间，采用交互分配法分配辅助生产费用，2022年5月分配辅助生产费用前，甲车间通过"生产成本——辅助生产成本"归集辅助生产费用21.6万元；当月交互分配时，甲车间由乙车间分入辅助生产费用1.4万元，向乙车间分出辅助生产费用1.8万元。不考虑其他因素，由甲车间向辅助生产以外的其他部门分配的辅助生产费用为（　　）万元。
   A. 21.6　　　　B. 21.2　　　　C. 22　　　　D. 23

4. 辅助生产成本交互分配法的交互分配，是指将辅助生产成本首先在企业内部（　　）。
   A. 辅助生产车间之间分配
   B. 辅助生产车间与销售部门之间分配
   C. 辅助生产车间与基本生产车间之间分配
   D. 辅助生产车间与行政管理部门之间分配

5. 某企业采用计划成本分配法分配辅助生产费用时，应将辅助生产车间实际发生的费用与按计划单位成本分配转出的费用之间的差额记入的会计科目是（　　）。
   A. "制造费用"　　B. "管理费用"　　C. "生产成本"　　D. "销售费用"

6. 下列各项中，属于辅助生产费用分配方法的是（　　）。
   A. 计划成本分配法
   B. 在产品按定额成本计价法
   C. 在产品按所耗直接材料成本计价法
   D. 在产品按固定成本计算法

7. 某厂本月从事辅助生产的发电车间待分配费用89 000元。本月发电车间为生产产品、各车间管理部门和企业行政管理部门等提供362 000度电，其中提供给供水车间6 000度，基本生产车间350 200度，车间管理部门3 900度，行政管理部门1 900度。采用直接分配法分配发电车间费用时，费用分配率应是（　　）。
   A. 0.250　　　　B. 0.246　　　　C. 0.268　　　　D. 0.188

8. 如果在分配辅助生产费用时，将辅助生产车间按计划单位成本分配转出数与辅助生产车间实际发生的费用的差额，全部计入了管理费用，这种费用的分配方法是（　　）。
   A. 顺序分配法　　B. 交互分配法　　C. 计划成本分配法　　D. 代数分配法

9. 甲公司有供电和供水两个辅助生产车间，2022年1月供电车间供电80 000度，费用120 000元；供水车间供水5 000吨，费用36 000元；供电车间耗用水200吨，供水车间耗用电600度。甲公司采用直接分配法进行核算，2022年1月供水车间分配率是（　　）。

    A. 7.375   B. 7.625   C. 7.2   D. 7.5

10. 下列选项中，属于直接分配法特点的是（　　）

    A. 考虑各辅助生产车间之间相互提供劳务或产品的情况

    B. 不考虑辅助生产车间之间相互提供劳务或产品的情况

    C. 辅助生产费用先在辅助生产部门之间分配

    D. 辅助生产费用不在辅助生产以外的部门之间分配

11. 某企业有甲、乙两个辅助车间，采用交互分配法分配辅助生产费用。某月交互分配前，甲、乙车间归集的辅助生产费用分别为75 000元和90 000元。甲车间向乙车间交互分配辅助生产费用2 500元，乙车间向甲车间交互分配辅助生产费用3 000元。当月，甲车间向辅助生产车间以外的受益部门分配的辅助生产费用为（　　）元。

    A. 75 000   B. 74 000   C. 75 500   D. 72 500

12. 在各辅助生产车间相互提供劳务很少的情况下，适宜采用的辅助生产费用分配方法是（　　）。

    A. 直接分配法   B. 交互分配法   C. 计划成本分配法 D. 代数分配法

13. 在辅助生产费用的各种分配法中，分配结果最正确的是（　　）。

    A. 直接分配法   B. 交互分配法   C. 计划成本分配法 D. 代数分配法

14. 甲制造业企业有机修和供电两个辅助生产车间，2022年3月份机修车间待分配费用900万元，提供修理工时450小时，其中，基本生产车间耗用200小时，行政管理部门耗用150小时，供电车间耗用100小时，该企业采用直接分配法。机修车间费用分配率为（　　）。

    A. 3.6   B. 2   C. 2.57   D. 2.3

15. 某工业企业下设供水、供电两个辅助生产车间。采用交互分配法进行辅助生产费用的分配。2021年4月，供电车间交互分配前实际发生的生产费用为90 000元，应负担供水车间的水费为27 000元；供电总量为500 000度，其中，供水车间耗用100 000度，基本生产车间耗用300 000度，行政管理部门耗用100 000度。供电车间2021年4月对辅助生产车间以外的受益单位分配电费的总成本为（　　）元。

    A. 81 000   B. 105 300   C. 99 000   D. 117 000

二、多选题

1. 辅助生产费用分配方法有（　　）。

    A. 直接分配法   B. 交互分配法   C. 计划成本分配法 D. 约当产量法

2. 关于辅助生产成本的归集，下列说法正确的有（　　）。

    A. 可直接通过"生产成本——辅助生产成本"科目进行归集

    B. 可先通过"制造费用"科目进行归集，然后转入"生产成本——辅助生产成本"科目，最后进行分配

    C. 辅助生产费用的归集通过辅助生产成本总账及明细账进行

    D. 辅助生产费用的分配应通过辅助生产费用分配表进行

3. 下列关于计划成本分配法的表述中,正确的有(　　)。

A. 直接将辅助生产车间发生的费用分配给辅助生产车间以外的各个受益单位或产品

B. 各受益单位耗用的产品成本或劳务成本,按产品或劳务的计划单位成本乘以耗用量进行计算

C. 成本分配不够准确,适用于辅助生产劳务计划单位成本比较准确的企业

D. 实际发生的费用(包括辅助生产内部交互分配转入的费用)与按计划单位成本分配转出的费用之间的差额简化处理计入管理费用

4. 关于辅助生产成本的归集,下列说法正确的有(　　)。

A. 可以直接通过"生产成本——辅助生产成本"科目进行归集

B. 应该通过制造费用科目进行归集,然后转入"生产成本——辅助生产成本",最后进行分配

C. 辅助生产成本可以先记入"制造费用"科目及所属明细账的借方进行归集,然后再从其贷方直接转入或分配转入"生产成本——辅助生产成本"科目及所属明细账的借方

D. 可以先通过"制造费用"进行归集

5. 下列选项中,属于采用直接分配法分配辅助生产费用的特点的有(　　)。

A. 不考虑各辅助生产车间之间相互提供劳务或产品的情况

B. 只对外进行分配

C. 适用于辅助生产车间内部相互提供劳务不多的情况

D. 只需分配一次,计算简单且准确

6. 甲制造业企业设有机修和供电两个辅助生产车间。2021年11月,机修车间归集的辅助生产费用为900万元,供电车间为1 200万元。本月机修车间提供修理工时500小时,其中供电车间耗用60小时,基本生产车间耗用400小时,行政管理部门耗用40小时;供电车间提供供电度数24万度,其中机修车间耗用3万度,基本生产车间耗用18万度,行政管理部门耗用3万度。甲企业采用交互分配法分配辅助生产费用,下列说法中,正确的有(　　)

A. 交互分配前机修车间辅助生产费用的分配率为1.8

B. 交互分配前供电车间辅助生产费用的分配率为57.14

C. 交互分配后机修车间辅助生产费用的分配率为2.14

D. 交互分配后供电车间的实际费用为1 158万元

7. 下列有关交互分配法的说法中,正确的有(　　)。

A. 这种方法提高了分配的正确性

B. 需要计算两次费用分配率

C. 主要适用于辅助生产内部相互提供产品和劳务不多的情况

D. 各辅助生产车间交互分配后的实际费用等于交互分配前的费用加上交互分配转入的费用,减去交互分配转出的费用

8. 甲公司有供水和供电两个辅助生产车间,采用计划成本分配法分配辅助生产费用。2022年2月份,供电车间发生电费20万元,共提供20万度电;供水车间发生水费40万元,共提供80万立方米水。假定供电车间每度电耗费0.8元,供水车间每立方米水费0.6元。不考虑其他因素,则下列说法中,正确的有(　　)。

A. 如果按照计划成本核算分配成本,则应分配电费16万元

B. 甲公司本月应确认管理费用
C. 采用计划成本分配法便于考核各受益单位的成本，有利于分清各单位的经济责任
D. 这种方法计算分配最准确

9. 甲工业企业设有安装和供水两个辅助车间，2022年3月在分配辅助生产费用之前，安装车间发生费用3 000万元，按安装工时分配费用，提供安装工时600小时，其中供水车间耗用10小时；供水车间发生费用2 200万元，按耗水吨数分配费用，提供供水吨数20万吨，其中安装车间耗用6万吨。假定甲企业采用顺序分配法分配辅助生产费用，则下列说法中正确的有(　　)。
A. 供水车间应负担安装费用50万元　　B. 供水车间先分配
C. 安装车间应负担水费660万元　　D. 安装车间先分配

10. 以下属于代数分配法分配辅助生产费用的特点的有(　　)。
A. 分配的结果最准确　　B. 适用于已经实现电算化的企业
C. 利用解联立方程的原理　　D. 适用于辅助生产车间较多的企业

三、判断题

1. 采用直接分配法分配辅助生产费用的企业，应将各辅助生产部门归集的辅助生产费用直接分配给其他受益的辅助生产车间。（　　）

2. 计划成本分配法下，辅助生产车间实际发生的费用与按计划单位成本分配转出的费用之间的差额，全部记入基本生产车间设置的"制造费用"科目。（　　）

3. 交互分配法的特点是辅助生产费用通过一次分配即可完成，减轻分配工作量。（　　）

4. 采用顺序分配法分配辅助生产费用，其特点是费用总额少的先分配，费用总额多的后分配，先分配的辅助生产车间不负担后分配的辅助生产车间的费用。（　　）

5. 辅助生产费用的分配方法一般有直接分配法、交互分配法、计划成本分配法、约当产量法、代数分配法等。（　　）

6. 直接分配法不考虑各辅助生产车间相互提供劳务或产品的情况。（　　）

7. 顺序分配法分配辅助生产费用，按照辅助生产车间受益多少的顺序分配，受益少的先分配，受益多的后分配。（　　）

8. 对于辅助生产车间规模很小、制造费用很少且辅助生产不对外提供产品和劳务的，为简化核算工作，辅助生产的制造费用可以直接记入"辅助生产成本"科目。（　　）

9. 如果采用顺序分配法分配辅助生产成本，则分配到各受益单位的辅助生产费用合计数大于按照直接分配法进行分配的分配数。（　　）

10. 采用直接分配法分配辅助生产费用时，应考虑各辅助生产车间相互提供产品或劳务的情况。（　　）

四、计算分析题

1. 资料：飞天航空有限责任公司设有供热和供电两个辅助生产车间，2021年5月在辅助生产费用分配前，供热车间发生生产费用1 200万元，按供热吨数分配费用，供热合计5 000吨；供电车间发生生产费用2 400万元，按耗电度数分费用，提供供电度数2 000万度，各车间耗电度数如题表2-2所示。该企业辅助生产的制造费用不通过"制造费用"科目核算。

题表 2-2　辅助生产车间本月提供劳务量汇总表

2021 年 5 月

受益部门		供电度数/万度	供热吨数/万吨
辅助生产车间	供热车间	400	
	供电车间		200
制造费用	第一车间	900	3 000
	第二车间	400	1 200
企业行政管理部门		200	400
专设销售机构		100	200
合计		2 000	5 000

要求：

(1) 请按照直接分配法编制辅助生产费用分配表。

(2) 写出相应的会计分录。

(3) 指出本方法的优缺点及适用范围。

2. 资料同第 1 题，要求：

(1) 请按照交互分配法编制辅助生产费用分配表。

(2) 写出相应的会计分录。

(3) 指出本方法的优缺点及适用范围。

3. 资料同第 1 题。假定供热车间每吨供热耗费的计划成本 2 500 元，供电车间每万度电耗费的计划成本 1.18 万元。要求：

(1) 请按照计划成本分配法编制辅助生产费用分配表。

(2) 写出相应的会计分录。

(3) 指出本方法的优缺点及适用范围。

4. 资料同第 1 题。要求：

(1) 请按照代数分配法编制辅助生产费用分配表。

(2) 写出相应的会计分录。

(3) 指出本方法的优缺点及适用范围。

5. 资料同第 1 题。假设供电车间受益比较少。要求：

(1) 请按照顺序分配法编制辅助生产费用分配表。

(2) 写出相应的会计分录。

(3) 指出本方法的优缺点及适用范围。

项目三 制造费用的归集与分配

项目认知目标
◈ 理解制造费用的内容及分配原则
◈ 掌握实际分配率分配法的原理、核算和适用范围
◈ 掌握计划分配率分配法的原理、核算和适用范围

项目技能目标
◈ 培养学生对制造费用的归集和分配的实操能力
◈ 培养学生对制造费用分配方法的选择能力

项目情感目标
◈ 引导学生坚持准则，能够根据业务情境科学客观选择制造费用分配的最优方法，培养学生客观公正、坚持准则的会计职业品德
◈ 引导学生树立成本核算标准和成本精确管控意识，培养学生坚持制造费用内容核算标准意识，形成把日常控制和定期控制相结合、把单项控制和综合控制相结合、把全程控制和重点控制相结合、把专人控制和全员控制相结合的系统性成本控制网络观念

> **案例导入**
>
> 　　财务管理专业应届毕业生小张进入飞天航空制造有限责任公司的成本核算部，负责公司第一车间和第二车间制造费用的归集和分配。关于制造费用的相关知识，请你帮忙整理一下吧。
> 　　1. 制造费用包含哪些内容，需要设置怎样的明细账？
> 　　2. 制造费用的分配一共有几种方法？
> 　　3. 每一种分配方法的适用范围是什么？

任务一 制造费用的归集

制造费用是指制造企业各个生产单位(分厂、车间)为管理和组织生产(或提供劳务)而发生的、应计入产品成本但没有专设成本项目的各项生产费用。制造费用的费用项目一般包括人工费、折旧费、修理费、短期租赁费、保险费、机物料消耗、周转材料摊销、运输费、取暖费、水电费、劳动保护费、办公费、差旅费、设计制图费、试验检验费、在产品盘亏、毁损和报废(减盘盈)、季节性及修理期间的停工损失等。

一、制造费用的归集

制造费用的归集应通过"制造费用"账户的借方进行，该账户应按不同的生产车间部门设置明细账，按具体的制造费用项目设置专栏。发生制造费用时，借记"制造费用——××车间——××费用项目"，贷记"原材料""应付职工薪酬""累计折旧""辅助生产成本""银行存款"等账户。辅助生产车间发生的制造费用可通过"制造费用——××辅助生产车间"账户的借方进行归集，也可直接在"辅助生产成本"账户的借方进行归集。

飞天航空制造有限责任公司 2021 年 12 月份的制造费用明细账如表 2-38、表 2-39 所示。其中，凭证字号处标注的是例题号，表示登记账簿的依据是根据标准例题编制的记账凭证。

表 2-38 制造费用明细账

车间：第一车间 金额单位：元

2021年		凭证字号	摘要	材料费	薪酬	折旧	报刊费	固定资产修理费	其他费用	辅助生产费用	发生额合计		余额
月	日										借方	贷方	
12	31	例2-7	领料	15 000							15 000		15 000
	31	例2-16	计算工资		48 000						48 000		63 000
	31	例2-17	计提社保费		15 168						15 168		78 168
	31	例2-18	计提其他薪酬		10 560						10 560		88 728
	31	例2-19	计提折旧			12 040					12 040		100 768
	31	例2-20	报刊费				1 980				1 980		102 748
	31	例2-21	固定资产修理费					13 600			13 600		116 348
	31	例2-22	其他费用						1 640		1 640		117 988
	31	例2-23	辅助生产费用							53 356	53 356		171 344
	31	略	分配转出									171 344	0
	31		本月合计	15 000	73 728	12 040	1 980	13 600	1 640	53 356	171 344	171 344	0

表 2-39 制造费用明细账

车间：第二车间 金额单位：元

2021年		凭证字号	摘要	材料费	薪酬	折旧	报刊费	固定资产修理费	其他费用	辅助生产费用	发生额合计		余额
月	日										借方	贷方	
12	31	例2-7	领料	8 000							8 000		8 000
	31	例2-16	计算工资		56 000						56 000		64 000
	31	例2-17	计提社保费		17 696						17 696		81 696
	31	例2-18	计提其他薪酬		12 320						12 320		94 016
	31	例2-19	计提折旧			8 840					8 840		102 856
	31	例2-20	报刊费				1 700				1 700		104 556
	31	例2-21	固定资产修理费					8 000			8 000		112 556
	31	例2-22	其他费用						1 760		1 760		114 316
	31	例2-23	辅助生产费用							43 490	43 490		157 806
	31	略	分配转出									157 806	0
	31		本月合计	8 000	86 016	8 840	1 700	8 000	1 760	43 490	157 806	157 806	0

任务二 制造费用的分配

制造费用应通过制造费用分配表进行分配,制造费用应分别根据不同情况进行分配。企业应当根据制造费用的性质,合理选择分配方法。

如果一个生产车间只生产一种产品,所发生的制造费用直接计入该种产品的成本。如果一个生产车间生产多种产品,所发生的制造费用,应采用适当的分配方法分配计入各种产品的成本。在企业的组织机构分为车间、分厂和总厂等若干层次的情况下,分厂发生的制造费用,也应比照车间发生的制造费用进行分配。

制造费用的归集与分配

企业所选择的制造费用分配方法,必须与制造费用的发生具有比较密切的相关性,并且使分配到每种产品上的制造费用金额基本合理,同时还应适当考虑计算手续的简便。

制造费用分配的方法有很多种,一般采用的分配方法有实际分配率分配法、累计分配率分配法和计划分配率分配法。企业具体选用哪种分配方法,由企业自行决定。分配方法一经确定,不得随意变更。如需变更,应当在附注中予以说明。

一、实际分配率分配法

实际分配率分配法按照不同分配标准可以分为生产工时比例分配法、生产工人工资比例分配法、机器工时比例分配法和标准机器工时比例分配法等。在实际分配率分配法下,归集多少费用就分配多少费用,期末制造费用的余额为0。

实际分配率分配法

(一)生产工时比例分配法

生产工时比例分配法是按照各种产品所用生产实际工时的比例分配制造费用的一种方法。按生产工时比例分配制造费用,与按生产工时比例分配工资费用一样,也能将劳动生产率与产品负担的费用水平联系起来,使分配结果比较合理。计算公式为:

$$制造费用分配率 = \frac{待分配制造费用总额}{车间生产工时总额}$$

$$某产品应负担制造费用分配率 = 该产品生产工时数 \times 制造费用分配率$$

【例2-28】飞天航空制造有限责任公司有两个基本生产车间,第一车间生产Ⅰ型电机和Ⅱ型电机。按生产工时比例分配制造费用。Ⅰ型电机生产工时为16 000小时,Ⅱ型电机生产工时为8 000小时,根据表2-38第一基本生产车间制造费用明细账,制造费用总额为171 344元。采用生产工时比例分配法编制飞天航空制造有限责任公司第一车间2021年12月份的制造费用分配表,如表2-40所示。

$$制造费用分配率 = \frac{171\ 344}{16\ 000+8\ 000} \approx 7.139\ 3$$

$$Ⅰ型电机分配的制造费用 = 16\ 000 \times \frac{171\ 344}{16\ 000+8\ 000} = 114\ 229.33(元)$$

Ⅱ型电机分配的制造费用=171 344-114 229.33=57 114.67(元)

表 2-40 制造费用分配表

部门：第一车间　　　　　　　　2021年12月　　　　　　　　金额单位：元

应借账户		生产工时/小时	分配率	分配金额
基本生产成本	Ⅰ型电机	16 000		114 229.33
	Ⅱ型电机	8 000		57 114.67
合计		24 000	7.139 3	171 344.00

根据表2-40，编制如下会计分录：
借：基本生产成本——Ⅰ型电机　　　　　　　　114 229.33
　　　　　　　——Ⅱ型电机　　　　　　　　 57 114.67
　贷：制造费用——第一车间　　　　　　　　　171 344.00

(二) 生产工人工资比例分配法

生产工人工资比例分配法是按照计入各种产品成本的生产工人实际工资的比例分配制造费用的一种方法。由于生产工人工资的资料比较容易取得，因而采用这一分配方法，核算工作较简便。但是采用这种方法，各种产品的机械化程度应该相差不大，否则会影响费用分配的合理性。其计算公式为：

$$制造费用分配率 = \frac{待分配费用总额}{车间生产工人实际工资总额}$$

某产品应负担制造费用分配率=该产品生产工人工资额×制造费用分配率

【例2-29】飞天航空制造有限责任公司有两个基本生产车间，第二车间生产Ⅰ型电机和Ⅱ型电机。按生产工人工资比例分配制造费用。其中Ⅰ型电机生产工人的工资是244 000元，Ⅱ型电机生产工人的工资是122 000元。根据表2-39第二车间制造费用明细账，制造费用总额为157 806元。采用生产工人工资比例分配法编制飞天航空制造有限责任公司第二车间2021年12月份的制造费用分配表，如表2-41所示。

表 2-41 制造费用分配表

部门：第二车间　　　　　　　　2021年12月　　　　　　　　金额单位：元

应借账户		生产工人工资	分配率/%	分配金额
基本生产成本	Ⅰ型电机	244 000.00		105 204.00
	Ⅱ型电机	122 000.00		52 602.00
合计		366 000.00	0.431 2	157 806.00

根据表2-39，编制如下会计分录：
借：基本生产成本——Ⅰ型电机　　　　　　　　105 204
　　　　　　　——Ⅱ型电机　　　　　　　　 52 602
　贷：制造费用——第二车间　　　　　　　　　157 806

(三) 机器工时比例分配法

机器工时比例分配法是按照各种产品生产时所用机器设备运转时间的比例分配制造费用的一种方法。这种方法适用于产品生产机械化程度较高的车间。因为在这种车间的制造费用中，与机器设备使用有关的费用比重较大，而这一部分费用与机器设备运转的时间有着密切的联系。因此，采用这种方法，必须具备各种产品所用机器工时的原始记录。

本方法的计算与前两种方法基本一致，只不过把分配标准换作机器工时即可，故此处不再举例赘述。

二、累计分配率分配法

累计分配率分配法是指将当月完工批次的产品应负担的全部制造费用，在其完工时一次进行分配，而对当月未完工批次的在产品应负担的制造费用保留在"制造费用"账户中，暂不分配，待其完工后，连同继续发生的制造费用一起分配的一种方法。这种方法使用于简化分批法。在累计分配率分配法下，制造费用账户期末可能有余额，且余额在借方。本方法的核算详见简化分批法。

三、计划分配率分配法

计划分配率分配法也称年度计划分配率分配法，是指分配制造费用时不论各月实际发生的制造费用多少，均按各种产品实际产量的定额工时和年度开始前预先确定的年度计划分配率，计算各种产品应分配的制造费用的一种方法。

（一）计划分配率分配法的日常核算

计划分配率分配法均按照年度计划分配率进行日常制造费用的分配。按照年度计划分配率分配制造费用时，年度内各月实际发生的制造费用与按计划分配率计算分配的制造费用会出现一定的差额，即"制造费用"账户月末可能有余额。其计算公式如下：

$$制造费用年度计划分配率 = \frac{年度制造费用计划总额}{年度各种产品计划产量的定额工时之和}$$

某种产品应分配的制造费用 = 该月该种产品实际产量的定额工时数 × 制造费用年度计划分配率

【例2-30】暖宝宝有限公司是一家羽绒服装设计和制造企业，主要生产轻薄羽绒和厚羽绒两种产品，属于典型的季节性企业。只有一个基本生产车间，称一车间。全年制造费用计划1 056 000元，全年各种产品的计划产量为轻薄羽绒2 000件、厚羽绒1 800件。单件产品的工时定额是轻薄羽绒30工时、厚羽绒40工时，5月份的实际产量为轻薄羽绒2 000件、厚羽绒1 600件。该月实际发生制造费用90 000元。采用年度计划分配率分配法，计算分配过程如下：

(1) 计算年度计划分配率。

轻薄羽绒年度计划产量的定额工时 = 2 000×30 = 60 000（工时）

厚羽绒年度计划产量的定额工时 = 1 800×40 = 72 000（工时）

$$制造费用年度计划分配率 = \frac{1\,056\,000}{60\,000 + 72\,000} = 8（元/工时）$$

(2) 分配转出5月的制造费用。

轻薄羽绒该月实际产量的定额工时 = 200×30 = 6 000（小时）

厚羽绒该月实际产量的定额工时 = 160×40 = 6 400（小时）

该月轻薄羽绒应分配制造费用 = 6 000×8 = 48 000（元）

该月厚羽绒应分配制造费用=6 400×8=51 200(元)

该月应分配转出的制造费用=48 000+51 200=99 200(元)

根据上述计算结果，编制制造费用分配表，如表2-42所示。

表2-42 制造费用分配表(年度计划分配率分配法)

车间：一车间　　　　　　　　　2021年5月　　　　　　　　　金额单位：元

应借账户		产量/件	工时定额/小时	定额工时/小时	年度计划分配率	分配金额
基本生产成本	轻薄羽绒	200	30	6 000		48 000
	厚羽绒	160	40	6 400		51 200
合计				12 400	8	99 200

(3)根据表2-42，编制会计分录如下。

借：基本生产成本——轻薄羽绒　　　　　　　　　48 000

　　　　　　　　——厚羽绒　　　　　　　　　　51 200

　贷：制造费用　　　　　　　　　　　　　　　　　　　99 200

该车间5月份的实际制造费用为90 000元(制造费用明细账的借方发生额)，小于按该月实际产量和年度计划分配率分配转出的制造费用99 200元(制造费用明细账的贷方发生额)。因此，采用这种分配方法时，制造费用明细账及总账账户可能有借方余额，也可能有贷方余额。借方余额表示超过计划的预付费用，贷方余额表示按照计划未付的费用。

(二)计划分配率分配法的年终结转核算

"制造费用"账户如果有年末余额，就是全年制造费用的实际发生额与计划分配额的差额，年终时，应将差额调整计入12月份的产品成本，借记"基本生产成本"账户，贷记"制造费用"账户；此时，如果制造费用实际发生额大于计划分配额，用蓝字补记；如果实际发生额小于计划分配额，则用红字冲减。但是，如果在年度内如果发现全年的制造费用实际数和产量实际数与计划数发生较大差额时，应及时调整年度计划分配率，不能等到年末调整。其计算公式为：

制造费用差异额=全年制造费用实际发生额-按计划分配率分配的制造费用

$$制造费用差异分配率=\frac{制造费用的差异总额}{按年度计划分配率分配的制造费用}$$

某产品应分配的差异额=该产品按年度计划分配率分配的制造费用×
制造费用差异分配率

【例2-31】 假设暖宝宝有限公司全年按照计划分配率，轻薄羽绒共分配49 600元，厚羽绒共分配60 000元，全年实际发生制造费用98 000元。

差异额=98 000-(49 600+60 000)=-11 600(元)

$$制造费用差异分配率=\frac{-11\ 600}{49\ 600+60\ 000}\approx -0.105\ 8$$

轻薄羽绒应分配的差异额=49 600×(-0.105 8)=-5 247.68(元)

厚羽绒应分配的差异额=-11 600-(-5 247.68)=-6 352.32(元)

根据上述计算，编制全年制造费用差异分配表，如表2-43所示。

表 2-43　全年制造费用差异分配表

车间：第一车间　　　　　　　　　　2021 年 12 月　　　　　　　　　　金额单位：元

产品名称	实际发生额合计	计划分配额	差异额	差异分配率/%	分配差异额	实际发生额
轻薄羽绒		49 600			-5 247.68	44 352.32
厚羽绒		60 000			-6 352.32	53 647.68
合计	98 000	109 600	-11 600	-0.105 8	-11 600	98 000

根据表 2-43 编制分录：

　　借：基本生产成本——轻薄羽绒　　　　　　　　　5 247.68

　　　　　　　　　　——厚羽绒　　　　　　　　　　6 352.32

　　　贷：制造费用——第一车间　　　　　　　　　　　11 600

> **小提示**
>
> 　内文字表示红字。

按计划分配率分配制造费用，手续简便，特别适用于季节性生产的企业或车间，但要求企业或车间具有较高的计划管理水平。否则，计划分配额与实际发生数差异过大，就会影响分配结果的准确性，最终导致产品成本的数据不实。

知识拓展与阅读

基于 LUBA 模型的 D 公司制造费用分摊方法设计（节选）

现代制造企业普遍存在制造费用比例偏高的情况，主要原因是新一轮信息技术革命促使公司加大创新投入力度，通过建立互联网管理体系、引进现代化先进技术设备，使产品制造逐渐向高强度、高精度、小批量、多种类的方向发展，这使得企业成本中人工成本减少，而与机器相关的各项费用如折旧、水电费、维修费、机物料消耗日益增加，制造费用占总成本比例高。

LUBA 成本模型的设计原理以作业成本法为基础，作业成本法将发生的资源费用按资源动因划分至各作业中心，通过确定作业动因，将作业成本库归集到间接成本，再分配到各成本对象中。该方法主要强调作业对资源的真实耗费量，突出产品和作业之间的因果关系，LUBA 成本模型以此为基础，根据产品生产的工艺流程对成本进行结构层次划分，使成本核算更加科学合理。

和传统成本管理理论相比，LUBA 成本模型理论更具条理性，传统成本管理主要是从财务角度记录成本的发生，将产品的各项耗费直接归集到各个项目，并没根据成本的属性对不同成本进行划分记录和管理。而 LUBA 成本模型本身具有层次分明的结构特点，能够反映成本费用发生的条理关系，突出成本发生的时空、责任等属性，使管理者能够清晰地看到成本属性，迅速发现成本管理的问题所在，及时进行成本控制与监管。

节选自韩志颖. 基于LUBA模型的D公司制造费用分摊方法设计[D]. 哈尔滨：哈尔滨理工大学，2021.

项目思考与自测

一、单选题

1. 某企业本月生产的甲、乙两种产品分别耗用机器工时50 000小时和70 000小时，当月车间设备维修费96 000元(不考虑增值税)，车间管理人员工资24 000元，该企业按照机器工时分配制造费用。不考虑其他因素，当月甲产品应分担的制造费用为(　　)元。
   A. 14 000　　　　B. 10 000　　　　C. 40 000　　　　D. 50 000

2. 假定A公司2021年5月基本生产车间甲产品的机器工时为30 000小时，乙产品的机器工时为40 000小时，本月共发生制造费用140 000元，按照机器工时总数分配制造费用，则甲产品应分配的制造费用为(　　)元。
   A. 60 000　　　　B. 80 000　　　　C. 100 000　　　　D. 40 000

3. 甲制造业企业本月生产A产品工人工资为20万元，生产B产品的工人工资为80万元，本月发生车间管理人员工资30万元。该企业按生产工人工资比例法分配制造费用。假设不考虑其他因素，本月B产品应分配的制造费用为(　　)万元。
   A. 6　　　　　　B. 0.6　　　　　C. 24　　　　　　D. 2

4. 甲制造企业2021年发生的费用有：车间管理人员工资60万元，车间设备计提折旧100万元，车间设备日常修理费用25万元，行政管理部门办公费10万元。则该企业当年应该记入"制造费用"科目的金额为(　　)万元
   A. 185　　　　　B. 100　　　　　C. 160　　　　　D. 195

5. 甲制造企业生产车间生产A和B两种产品，该车间共发生制造费用70 000元，生产A产品生产工人工时为3 000小时，生产B产品生产工人工时为2 000小时。若按生产工人工时比例分配制造费用，A和B两种产品应负担的制造费用分别为(　　)元。
   A. 42 000, 28 000　B. 24 000, 46 000　C. 40 000, 30 000　D. 50 000, 20 000

二、多选题

1. 制造费用指为生产产品和提供劳务所发生的各项间接费用，包括(　　)。
   A. 生产车间管理人员的工资、福利费　　B. 生产车间固定资产日常修理费
   C. 生产车间的房屋、设备的折旧费　　　D. 生产车间季节性停工损失

2. 下列各项中，属于制造企业制造费用分配方法的有(　　)。
   A. 生产工人工时比例法　　　　　　　B. 交互分配法
   C. 机器工时比例法　　　　　　　　　D. 生产工人工资比例法

3. 制造费用指为生产产品和提供劳务所发生的各项间接费用，包括(　　)。
   A. 生产车间管理人员的工资和福利费　B. 生产车间固定资产折旧
   C. 生产车间的办公费　　　　　　　　D. 行政管理部门的水电费

4. 下列属于制造费用分配方法的有(　　)。
   A. 生产工人工时比例法　　　　　　　B. 生产工人工资比例法
   C. 按年度计划分配率分配法　　　　　D. 约当产量比例法

5. 制造费用一般核算的内容有(　　)。
A. 行政管理人员的福利费　　　　B. 车间机器设备的折旧
C. 车间管理人员的工资　　　　　D. 销售部门人员的工资

三、计算分析题

资料：某企业的第二生产车间全年计划制造费用为 36 000 元，各种产品全年定额工时为 40 000 小时。12 月份甲产品实际产量的定额工时为 2 600 小时，乙产品实际产量的定额工时为 1 100 小时。年末核算时，该车间全年共发生制造费用 37 800 元。1 月至 11 月份按计划分配率分配的制造费用甲产品为 24 480 元，乙产品为 10 710 元。

要求：
(1) 计算制造费用年度计划分配率。
(2) 计算 12 月份甲、乙产品应分配的制造费用。
(3) 计算全年按计划分配率分配的制造费用。
(4) 计算制造费用实际发生额和计划分配额之间的差异。
(5) 编制分配转出 12 月份制造费用和年末调整差异的会计分录。

项目四　损失性费用的归集和分配

◎ 项目认知目标
❀ 理解损失性费用的内容及分配原则
❀ 掌握不可修复废品净损失费用的归集和分配
❀ 掌握可修复废品净损失费用的归集和分配
❀ 理解停工损失的归集和分配

◎ 项目技能目标
❀ 培养学生对废品损失进行甄别、归集和分配的实操能力
❀ 培养学生对停工损失进行甄别、归集和分配的实操能力

◎ 项目情感目标
❀ 引导学生坚持准则，能够根据业务情境科学客观对不同的损失性项目选择最优的核算方法，培养学生客观公正、坚持准则的会计职业品德
❀ 引导学生增强成本责任意识，具备立足岗位、主动作为、履职尽责、精益求精的成本管控能力和团队协作精神

案例导入

案例：飞天航空制造有限责任公司的仓库保管员由于一时疏忽，致使一批在建工程剩余的水泥受潮板结，无法再次使用，价值1 200元。该厂管理人员一方面通过扣发该保管员400元工资进行惩罚与损失补偿，另一方面授意会计人员将其余损失列作废品损失。会计人员对上述事项所做的会计分录是：

借：废品损失——水泥　　　　　　　　　　800
　　其他应收款——××　　　　　　　　　400
　　贷：库存商品——水泥　　　　　　　　　　　1 200

请判断上述会计分录的对错。如果错误，请给出正确的会计分录。

任务一　废品损失的归集和分配

损失性费用是指制造企业在生产过程中，因产品报废、生产停工或产品盘亏、毁损而造成的各种人力、物力、财力上的损失。本项目仅介绍废品损失和停工损失的归集与分配。

一、废品及废品损失

（一）废品的含义及分类

废品是指因质量不符合规定的标准或技术条件，不能按原定用途使用，或需加工修复后才能使用的产成品、半成品、零部件等。废品按修复的技术上的可能性和经济上的合理性，分为可修复废品和不可修复废品。可修复废品是指在技术上可以修复，并且支付的修理费用在经济上合算的废品；不可修复废品是指在技术上不能修复，或者虽能修复，但支付的修复费用在经济上不合算的废品。

（二）废品损失及废品净损失

不管是可修复废品还是不可修复废品势必会产生损失。废品损失是指由于产生废品而发生的损失，包括可修复废品的修复费用和不可修复废品的净损失。

不可修复废品的净损失＝不可修复废品制造成本－不可修复废品的残值－应收过失人赔偿

可修复废品净损失＝可修复废品修复费用(料＋工＋费)－残料回收－应收过失人赔偿

需要注意的是，若出现下列情况，则不属于废品损失：①产品入库时确系合格品，但由于保管不善、运输不当等原因使产品损坏变质而发生的损失，不包括在废品损失中，应列入管理费用；②质量虽不符合规定标准，但经检验不需要返修而可以降价出售的产品，其降价损失作为销售损益体现，不应列入废品损失；③企业因实行"三包"而发生的损失，应列为销售费用，不应列入废品损失。

二、废品损失的核算形式

由于不同企业废品损失的金额各有不同，废品损失的核算主要采用不单独核算废品损失和单独核算废品损失两种核算形式。

（一）不单独核算废品损失

有些简单生产的制造企业，在产品的生产过程中，不易发生废品，或即使发生废品，损失额也比较小，而且管理上不需要单独考核废品损失。这时为了简化核算，可以采用不单独核算废品损失的方法。

在不单独核算废品损失的制造企业中，可修复废品的修复费用，应直接记入"基本生产成本"账户的有关成本项目；不可修复废品只扣除产量，不结转成本；废品的残料价值和过失人赔款可直接冲减相应"基本生产成本"明细账中的"直接材料"和"直接人工"成本项目。

(二) 单独核算废品损失

在大、中型复杂生产的制造企业中，产品生产时易发生废品，且管理上要求单独考核废品损失，为全面反映制造企业一定时期内发生的废品损失情况，加强废品损失的控制，可单独设置"废品损失"账户，同时，在"基本生产成本"明细账中，增设"废品损失"成本项目，以单独反映废品损失的费用情况。

企业通过"废品损失"账户进行废品损失的归集与分配。"废品损失"账户的借方登记可修复废品的修复费用和不可修复废品的实际生产成本；贷方登记废品残料回收的价值、应收过失人赔偿款以及计入当期产品成本的净损失。该账户月末一般无余额。

注意：核算废品损失可以单设"废品损失"总账账户，也可以在"基本生产成本"账户下设"废品损失"二级账户，并按成本项目设专栏进行核算。本教材主要介绍单设"废品损失"的情况。

三、不可修复废品损失的归集和分配

为归集和分配不可修复的废品损失，必须首先计算废品的生产成本，即制造成本（料、工、费），扣除废品的残值和应收赔款后，形成该种产品成本的废品净损失。由于不可修复废品的成本与合格品的成本是同时发生并归集在一起的，因此，需要采取一定的方法予以分离。通常有两种方法：一是按废品所耗实际成本计算，二是按废品所耗定额成本计算。

(一) 按废品实际成本计算

1. 完工入库时发生废品

当不可修复废品发生在完工入库时，单位合格品与单位废品应负担相同的费用，因而可以按合格品与废品的产量作为分配标准进行分配。

$$某项生产费用分配率 = \frac{该项生产费用}{合格品产量 + 废品产量}$$

$$废品应负担的生产费用 = 废品产量 \times 分配率$$

2. 生产过程中发生废品

如果废品发生在生产过程中，应根据投料程度和加工程度进行分配。假如原材料是在生产开始时一次性投入，合格品和废品负担相同的材料费用，即直接材料费用可将产量作为分配标准，直接人工和制造费用则可以将生产工时作为分配标准。

$$直接材料分配率 = \frac{直接材料费用总额}{合格品产量 + 废品产量}$$

$$废品应负担的材料费用 = 废品产量 \times 直接材料分配率$$

$$直接人工(制造费用)分配率 = \frac{直接人工(制造费用)总额}{合格品生产工时 + 废品生产工时}$$

$$废品应负担的直接人工(制造费用) = 废品生产工时 \times 直接人工(制造费用)分配率$$

【例2-32】2021年12月，飞天航空制造有限责任公司第一车间完工Ⅰ型电机800件，经检验合格品为780件，生产过程中发现不可修复废品20件。合格品与废品共耗用生产工时16 000小时，其中废品耗用500小时。本月Ⅰ型电机全部生产费用为：直接材料300 000元，直接人工400 000元，制造费用180 000元，废品残料回收价值24 000元，过失人张建赔偿1 200元。原材料系一次性投入。根据以上资料，编制不可修复废品损失计算表，如表2-44所示。

表2-44 不可修复废品损失计算表

产品名称：Ⅰ型电机　　　　　　　　2021年12月　　　　　　　　金额单位：元

项目	数量/件	直接材料	生产工时/小时	直接人工	制造费用	合计
费用总额	800	300 000	16 000	400 000	180 000	880 000
分配率		375		25	11.25	
废品生产成本	20	7 500	500	12 500	5 625	25 625
减：残值		300				300
赔偿				125		125
废品净损失		7 200		12 375	5 625	25 200

根据表2-44及有关凭证，编制会计分录如下：

(1)结转不可修复废品成本。

借：废品损失——Ⅰ型电机　　　　　　　　　　　　25 625
　　贷：基本生产成本——Ⅰ型电机(直接材料)　　　　7 500
　　　　　　　　　　——Ⅰ型电机(直接人工)　　　12 500
　　　　　　　　　　——Ⅰ型电机(制造费用)　　　　5 625

(2)回收废品残料价值。

借：原材料　　　　　　　　　　　　　　　　　　　　300
　　贷：废品损失——Ⅰ型电机(直接材料)　　　　　　300

(3)应收过失人赔偿。

借：其他应收款　　　　　　　　　　　　　　　　　　125
　　贷：废品损失——Ⅰ型电机(直接人工)　　　　　　125

(4)结转废品净损失。

废品净损失=25 625-300-125=25 200(元)

借：基本生产成本——Ⅰ型电机(废品损失)　　　　25 200
　　贷：废品损失——Ⅰ型电机　　　　　　　　　　25 200

根据上述分录登记明细账，生产成本明细账和废品损失明细账分别如表2-45、表2-46所示。

表2-45 生产成本明细账

车间：第一车间　　　产品：Ⅰ型电机　　2021年12月　产量：800件　　金额单位：元

2021年		凭证编号	摘要	直接材料	直接人工	制造费用	废品损失	合计
月	日							
12	1		月初在产品成本	20 900	25 116	22 595.67		68 611.67
	31	例2-7	分配材料费	279 200				347 811.67

116

认知情境二 成本核算基础实践

续表

2021年 月	日	凭证编号	摘要	直接材料	直接人工	制造费用	废品损失	合计
	31	例2-16	分配人工费		244 000			591 811.67
	31	例2-17	计提社保费		77 104			668 915.67
	31	例2-18	计提公积金、工会费等		53 680			722 595.67
	31	例2-23	分配辅助生产费用			43 800		766 395.67
	31	例2-28	分配一车间制造费用			114 229.33		880 625.00
	31		生产费用合计	300 100	399 900	180 625.00		880 625
	31	例2-32	结转废品生产成本	7 500	12 500	5 625		25 625
	31	例2-32	结转废品净损失				25 200	25 200
	31		产品总成本	292 600	387 400	175 000.00	25 200	880 200

> **小提示**
> □内文字表示红字。

表2-46 废品损失明细账

产品名称：Ⅰ型电机　　　　　　　2021年12月　　　　　　　金额单位：元

2021年 月	日	摘要	直接材料	直接人工	制造费用	合计
12	31	结转不可修复废品成本	7 500	12 500	5 625	25 625
		残料回收入库	300			300
		计算过失人赔偿		125		125
		合计	7 200	12 375	5 625	25 200
		结转废品净损失	7 200	12 375	5 625	25 200

> **小提示**
> □内文字表示红字。

不可修复废品损失按实际成本计算，其结果较为准确，但工作量较大，并且只能在月末生产费用算出后才能进行，不利于及时控制废品损失。

(二)按废品定额成本计算

在消耗定额和费用定额比较健全的制造企业，也可以按废品的定额成本计算不可修复废品的生产成本，即按废品的实际数量和各项消耗定额、费用定额计算不可修复废品的生产成本，实际成本与定额成本的差异全部由合格品负担。

【例2-33】某企业基本生产车间2021年12月生产甲产品，验收入库时发现不可修复废品 12 件，每件甲产品的费用定额为：直接材料 400 元，直接人工 80 元，制造费用 60 元，回收废品残值 400 元。按定额成本计算废品成本和废品净损失。根据上述资料编制不可修复废品损失计算表，如表 2-47 所示。

表 2-47　不可修复废品损失计算表

产品名称：甲产品　　　　2021 年 12 月　　　　废品数量：12 件　　　　金额单位：元

项目	数量/件	直接材料	直接人工	制造费用	合计
费用定额	12	400	80	60	540
废品定额成本		4 800	960	720	6 480
减：残值		400			400
废品净损失		4 400	960	720	6 080

根据表 2-47 及有关凭证，编制会计分录如下：

(1) 结转不可修复废品成本。

借：废品损失——甲产品　　　　　　　　　　　　　6 480
　　贷：基本生产成本——甲产品（直接材料）　　　　4 800
　　　　　　　　　——甲产品（直接人工）　　　　　960
　　　　　　　　　——甲产品（制造费用）　　　　　720

(2) 回收废品残料价值。

借：原材料　　　　　　　　　　　　　　　　　　　400
　　贷：废品损失——甲产品（直接材料）　　　　　　400

(3) 结转废品净损失。

借：基本生产成本——甲产品（废品损失）　　　　　6 080
　　贷：废品损失——甲产品　　　　　　　　　　　　6 080

注：登记明细账略。

采用定额费用计算废品成本方法简便，计算及时，有利于控制废品损失，故应用较为广泛。

四、可修复废品损失的归集和分配

可修复废品损失是指废品在修复过程中发生的所有修复费用，包括修复过程中耗用的材料费用、发生的人工费用和制造费用。

可修复废品修复费用根据直接材料、直接人工和制造费用分配表的分配结果，记入"废品损失"账户的借方。修复费用中要由责任人赔偿的部分，应冲抵废品损失，从贷方转入"其他应收款"账户的借方。账户的借方余额，为可修复废品的净损失，与本月不可修复废品的净损失合计后，转入"基本生产成本——××产品"账户的废品损失成本项目。

【例 2-34】2021 年 12 月，飞天航空制造有限责任公司第一车间完工 Ⅱ 型电机 1 000 件，生产过程中发现可修复废品 20 件。在修复过程中，耗用原材料 1 200 元，人工费用 2 608 元，制造费用 1 500 元。废品损失由责任人赔偿 308 元。根据以上资料，编制可修复废品损失计算表，如表 2-48 所示。

表 2-48 可修复废品损失计算表

产品名称：Ⅱ型电机　　　　　　2021 年 12 月　　　　　　　　　　　　金额单位：元

项目	直接材料	直接人工	制造费用	合计
修复费用	1 200	2 608	1 500	5 308
减：赔款		308		308
废品净损失	1 200	2 300	1 500	5 000

根据表 2-48 及有关凭证，编制会计分录如下：

(1) 发生修复费用。

借：废品损失——Ⅱ型电机　　　　　　　　　　5 308
　　贷：原材料　　　　　　　　　　　　　　　　　　1 200
　　　　应付职工薪酬　　　　　　　　　　　　　　　2 608
　　　　制造费用　　　　　　　　　　　　　　　　　1 500

(2) 计算应收过失人赔偿。

借：其他应收款　　　　　　　　　　　　　　　308
　　贷：废品损失——Ⅱ型电机　　　　　　　　　　　308

(3) 结转废品净损失。

借：基本生产成本——Ⅱ型电机(废品损失)　　　5 000
　　贷：废品损失——Ⅱ型电机　　　　　　　　　　5 000

知识拓展与阅读

现有会计准则对废品损失的处理及存在问题(节选)

废品是指企业生产过程中由于各种原因生产的不符合质量要求、技术规范或者需要重新进行加工修理才能销售的在产品、半成品或者产成品等。

废品不同于次品。两者都不是企业产出的最佳产品，对于次品，企业可以正常入库并进行降价出售，财务部门进行确认收入、结转成本的会计处理；但废品无法销售，且一般不入账，会计上直接按照耗费金额计入产品成本。

随着经济条件的变化，我国会计准则对废品损失的会计处理也由最初的不核算到直接计入管理费用等，再到如今区分可修复废品损失与不可修复废品损失并分别核算。

现有准则核算废品损失时存在的问题。(1) 废品损失构成要素不完善。企业废品损失大多基于传统料工费的核算来确定，从未考虑废品处理不当后可能带来的对生态环境的损害，未考虑企业可能需要承担的巨额罚款等相关环境成本损失。(2) 奖惩考核制度可能损害工人积极性。实务中，大部分企业简单地基于总成本和单位成本对工人生产效率进行考核奖惩，但是由于原材料质量问题或者未曾预料到的非制造过程原因，企业的废品率可能会出现大大超出原先预估数的情形，这导致生产工人积极工作却受到惩罚，打击工人积极性。(3) 不利于存货的管理。现行会计准则出于降低企业总成本的考虑，将所有废品损失都直接计入有关合格产品的成本中，一定程度上提高了产成品的成本，高估了期末产成品存货成本。同时由于料废产生的损失，如果企业不能深入探究原因，可能影响企业后续的材料采购和材料存货的管理。

节选自崔东顺：废品损失会计处理问题及对策探讨[J]．财会通讯，2018（25）：61-64．

任务二　停工损失的归集和分配

一、停工损失的概念

停工损失是指制造企业的生产车间或生产班组在停工期间发生的各项费用，具体包括停工期间支付给职工的工资及福利费、所耗用的燃料和动力费以及应负担的制造费用。企业发生停工的原因有很多种，如计划减产、停电、待料、机械故障、非常灾害等。其中停工待料、电力中断、机械故障等造成的停工损失，应计入产品成本；由非常灾害造成的停工损失，应计入营业外支出；对于季节性停产、修理期间停产的停工损失，应计入制造费用；不满一个工作日的停工，可以不计算停工损失。

二、停工损失的归集和分配

为反映停工损失情况，制造企业应设置"停工损失"账户，或者在"基本生产成本"账户下设置"停工损失"明细账户，进行停工损失的核算。

"停工损失"账户的借方登记制造企业发生的各项停工损失；贷方登记应向责任人索赔的款项和分配结转的停工损失。期末分配结转后，该账户应无余额。

【例2-35】某制造企业第一基本车间由于设备大修停工9天，停工期间应支付工人工资13 680元，应负担制造费用2 000元。第二基本车间由于外部供电线路原因停工3天，停工期间应支付工人工资9 120元，应负担制造费用1 200元。根据以上资料，编制会计分录如下：

借：停工损失——第一基本车间　　　　　　　　　　15 680
　　　　　　——第二基本车间　　　　　　　　　　10 320
　　贷：应付职工薪酬——工资、奖金、津贴、补贴　　22 800
　　　　制造费用——第一车间　　　　　　　　　　 2 000
　　　　　　　——第二车间　　　　　　　　　　　 1 200

【例2-36】假设【例2-35】中，第一基本车间设备大修为正常停工，停工期间应支付工人工资13 680元，应计入成本中（停工损失）。第二基本车间为非正常停工，停工损失10 320中，有6 000元由供电公司赔偿，其余4 320元计入营业外支出。根据以上资料，编制会计分录如下：

借：其他应收款——电业局　　　　　　　　　　　　 6 000
　　制造费用——第一车间　　　　　　　　　　　　15 680
　　营业外支出——停工损失　　　　　　　　　　　 4 320
　　贷：停工损失——第一基本车间　　　　　　　　15 680
　　　　　　　——第二基本车间　　　　　　　　　10 320

知识拓展与阅读

疫情期间停工损失的财税处理（节选）

我国现行会计准则规定，季节性停工、修理期间正常停工费用，应当计入产品成本；而非正常停工费用，应当直接计入企业当期损益。需要强调的是，季节性损失理论上和考试上都是计入产品成本，但是实务中会具体情况具体分析。如果每年均会发生季节性停工，则属于经常性的支出，则计入管理费用更为妥当，这就是实务和理论（考试）的差异。

那么，疫情期间停工损失应当计入哪个账户呢？根据会计准则规定，费用是指企业在日常活动中发生的、会导致所有者权益减少的、与向所有者分配利润无关的经济利益的总流出。费用是在企业日常的活动中所产生的，而不是在偶发的非日常交易或事项中产生的。如果是偶发性的损失，实务中多数作为损失要素，计入营业外支出；而常规的季节性停工期间的相关支出，则属于费用要素，计入管理费用。因而疫情期间企业所发生的停工损失记入生产成本（制造费用）或者管理费用均不妥，应该计入"营业外支出——非正常损失"。

那么，疫情期间停工损失的涉税事项有哪些呢？其一，增值税方面。疫情期间，企业因为停工停产所造成的存货、生产、员工的正常工作等不可抗拒的问题，仍然可以继续抵扣，对应的增值税进项税额都不需要转出。其二，企业所得税方面。疫情期间，国家也出台了一系列的税收优惠政策，其中包括允许企业在停工停产期间发生的支出能够在税前进行全额扣除。

文献节选：疫情期间企业停工损失财税处理探析_中国会计视野 http://app.news.esnai.com/?action=wapnewcontent&app=system&cid=199785&controller=esnai

项目思考与自测

一、单选题

1. 下列各项中，属于废品损失的是（　　）。
   A. 产品入库后由于保管不善导致产品损坏变质的生产成本
   B. 产品生产过程中由于超定额的不可修复废品所发生的生产成本
   C. 经质检部门鉴定不需要返修、可降价出售的不合格品的生产成本
   D. 企业实施"三包"措施，出售后发现废品的生产成本

2. 某企业产品入库后发现可修复废品一批，生产成本为20万元，返修过程中发生直接材料2万元，直接人工3万元，制造费用4万元，废品残料作价1万元已验收入库。不考虑其他因素，该企业可修复废品的净损失为（　　）万元。
   A. 28　　　　B. 29　　　　C. 8　　　　D. 20

3. 某企业不可修复废品按定额成本计价。2017年10月，可修复废品的修复费用为100元，不可修复废品10件，每件定额材料成本为200元；每件工时定额10小时，每小时直接人工5元、制造费用6元；不可修复废品回收残值150元，并按照辅助产品入库。该企业生产成本废品损失是（　　）元。
   A. 2 950　　　B. 3 100　　　C. 3 050　　　D. 3 200

4. 某公司因持续暴雨导致停工5天,停工期间发生原材料损耗7 000元,应分摊人工费用3 000元,应分摊水电费500元,该停工损失应由保险公司赔偿2 000元。假定不考虑其他因素,下列关于停工损失会计处理正确的是( )。
   A. 净停工损失8 500,计入营业外支出
   B. 净停工损失8 500,计入基本生产成本
   C. 净停工损失10 500,计入营业外支出
   D. 净停工损失10 500,计入基本生产成本

5. 某工业企业在生产甲产品过程中发现不可修复废品一批,该批废品的成本构成为:直接材料3 200元,直接人工4 000元,制造费用2 000元。废品残料计价500元已回收入库,应收过失人赔偿款1 000元。假定不考虑其他因素,该批废品的净损失为( )元。
   A. 7 700　　　B. 8 700　　　C. 9 200　　　D. 10 700

6. 某工业企业因暴雨造成了停工,停工期间为恢复正常生产,领用原材料5 000元,发生人工费用3 000元、水电费500元,其中应由保险公司赔偿2 000元。下列会计处理正确的是( )。
   A. 停工净损失6 500元,计入管理费用
   B. 停工净损失6 500元,计入营业外支出
   C. 停工净损失8 500元,计入营业外支出
   D. 停工净损失8 500元,计入制造费用

7. 某企业生产甲产品完工后发现10件废品,其中4件为不可修复废品,6件为可修复废品,不可修复废品成本按定额成本计价,每件250元,回收材料价值300元;修复6件可修复废品,共发生直接材料100元,直接人工120元,制造费用50元;假定不可修复废品净损失由同种产品负担,应转入"基本生产成本——甲产品"废品净损失的金额为( )元。
   A. 700　　　B. 1 000　　　C. 970　　　D. 270

8. 某企业产品入库后发生可修复废品一批,生产成本14万元,返修过程中发生材料费1万元、人工费用2万元、制造费用3万元,废品残料作价0.5万元已回收入库。假定不考虑其他因素,该批可修复废品的净损失为( )万元。
   A. 5.5　　　B. 14　　　C. 19.5　　　D. 20

9. 下列各项中,应计入废品损失的是( )。
   A. 可以降价出售的不合格品
   B. 实行"三包"企业的产品出售后发现的废品
   C. 产品入库后因保管不善发生的变质净损失
   D. 可修复废品的修复费用

10. 下列关于停工损失的表述中,不正确的是( )。
    A. 应由过失单位或保险公司负担的赔款,应从停工损失中扣除
    B. 属于自然灾害造成的停工净损失,计入制造费用
    C. 不满一个工作日的停工,一般不计算停工损失
    D. 辅助生产一般不单独核算停工损失

二、多选题

1. 影响废品净损失的因素有( )。
   A. 可修复废品发生的修复费用
   B. 不可修复废品发生的成本费用
   C. 回收废品的残料的入账价值
   D. 收回过失人的赔偿款

2. 下列关于要素费用的归集和分配的表述中正确的有( )。
   A. 不满一个工作日的停工,一般不计算停工损失
   B. 可以降价出售的残次品应包括在废品损失内
   C. 辅助生产成本采用计划成本分配,实际发生的费用与按计划成本分配转出的费用之间的差额应当全部计入当期损益
   D. 制造费用分配的生产工人工时比例法适用于各种产品机械化程度相差不大的企业

3. 不单独核算废品损失的企业相应的费用体现在( )科目中。
   A. "生产成本——基本生产成本"
   B. "原材料"
   C. "制造费用"
   D. "营业外支出"

4. 企业的停工可以分为正常停工和非正常停工。以下各项中,属于非正常停工的有( )。
   A. 电力中断停工
   B. 季节性停工
   C. 原材料短缺停工
   D. 计划内减产停工

5. 下列各项中,影响废品净损失的有( )。
   A. 修复废品的修复费用
   B. 回收的废品残料价值
   C. 应由责任人赔偿的废品净损失
   D. 不可修复废品的生产成本

三、判断题

1. 企业应将生产车间因原材料短缺造成的停工损失计入产品生产成本。( )
2. 正在返修的废品、未经验收入库的产品以及等待返修的废品,均属于在产品。( )
3. 停工损失包括停工期间发生的原材料费用、人工费用和制造费用,应由过失单位或保险公司负担的赔款,不从停工损失中扣除。( )
4. 不单独计算停工损失的企业,应将发生的停工损失直接计入管理费用。( )
5. 经质检部门鉴定不需要返修、可以降价出售的不合格品,不计入废品损失。( )

四、计算分析题

资料:某航空制造公司费用分配表中列示 A 产品可修复废品的修复费用为:直接材料 2 000 元,直接人工 1 000 元,制造费用 1 500 元。不可修复废品成本按定额成本计价,有关资料如下:不可修复废品 5 件,每件直接材料定额 100 元,每件工时定额 20 小时,每小时直接人工 5 元、制造费用 6 元。可修复废品和不可修复废品回收残料计价 200 元,并作为辅助材料入库;由过失人赔款 150 元。废品净损失由当月同种产品成本负担。

要求:(1)计算不可修复废品的净损失。
(2)计算可修复废品的净损失。
(3)编制相关的会计分录。

项目五 生产费用在完工产品和在产品之间的分配

🎯 项目认知目标

※ 理解完工产品和在产品的关系
※ 理解不计算在产品成本等简易分配方法的适用范围
※ 掌握约当产量法的核算
※ 掌握定额成本法和定额比例法的核算

🎯 项目技能目标

※ 培养学生在具体情境下对完工产品计算方法的甄别和选择能力
※ 培养学生正确运用约当产量法、定额成本法等方法的能力

🎯 项目情感目标

※ 引导学生坚持准则,能够根据业务情境科学客观地对不同生产要素选择最优的核算方法,培养学生客观公正、坚持准则的会计职业品德

※ 引导学生树立质量至上的产品质量意识,做好全过程的生产质量控制,加强原材料入库管理、生产过程质量管理、产品入库检验管理、客户反馈信息管理等环节控制,明确各部门的职责和权利,培养学生融合思维,形成精益求精的成本管控习惯

案例导入

案例:大学生小高为参加社会实践,跟随成本会计老师带领的成本会计课题组对不同行业的若干企业进行了一项调查,结果显示:大多数企业能够根据行业和企业的生产特点与管理要求,采用适当的方法分配完工产品与在产品费用,但是也有个别企业盲目效仿别的企业,生搬硬套采用了较复杂的分配方法。例如,华东地区一个以手工刺绣为特色的小型针织企业,在其产品成本结构中,人工费用所占比重较大,且月末在产品较少,定额管理基础较差。为了使核算结果较为精确,该企业采用约当产量比例法来进行完工产品与月末在产品的核算。有的企业则为了简化核算,采用了不适当的分配方法。例如,东北地区的某机械制造企业,在其产品成本结构中,原材料费

用所占比重较大，月末在产品较多且各月之间变化较大，但其定额管理基础不错，该厂采用了月末在产品按定额成本计价法作为分配完工产品与月末在产品成本的方法。

要求：带着这些问题学习本项目的知识，并替小高分析案例中小型针织企业和机械制造企业采用的方法是否合适，并说明理由。

任务一　在产品的核算

一、在产品与完工产品的关系

一个企业内已完成全部生产过程、按规定标准检验合格、可供销售的产品是完工产品。

在产品是指在企业的生产过程中正处于加工或等待加工的产品。在产品有狭义和广义之分。广义在产品指从原材料、外购物投入生产到制成成品前，存在于生产过程的各个阶段、各个环节上需要继续加工的产品，包括存在于车间之间的半成品和存在于车间内部的在制品。狭义在产品仅指车间内部处于加工、检验、运输等过程中的产品。

在产品与完工产品之间存在着密切的关系，其关系是指在产品与完工产品在承担本期生产费用方面的关系，即月末在产品成本和本月完工产品成本之间的关系，具体为：

月初在产品成本+本月生产费用=本月完工产品成本+月末在产品成本

本月完工产品成本=月初在产品成本+本月生产费用–月末在产品成本

从上述公式可以得知，一般情况下月初在产品成本和本月生产费用是已知数，要正确计算完工产品成本，关键是要正确计算月末在产品成本。因此，取得在产品成本的核算资料就显得至关重要。

二、在产品数量的核算

要准确核算在产品成本，必须准确确定在产品数量。企业在产品品种规格多，又处于不断流动中，其数量核算是一个比较复杂的问题。因此，企业必须设置有关凭证账簿，在实务工作中，一般以在产品的品名设置"在产品台账"，以此来反映在产品的收入、转出和结存情况。在产品台账如表2-49所示。

表2-49　在产品台账

生产单位：　　　　　生产工序：　　　　　产品名称：　　　　　计量单位：

年		摘要	收入		转出			结存			备注
月	日		凭证号	数量	凭证号	合格品	废品	已完工	未完工	废品	
		合计									

三、在产品清查的核算

为确保在产品账面数量与实物数量相符,做到账实相符,企业应当定期对在产品进行清查,保证在产品的安全完整。在产品的清查中应采用实地盘点法,并根据清查结果填写在产品盘点盈亏报告表,列明在产品的账存数、实存数、盘盈盘亏数、盈亏原因和处理意见等。成本会计人员应对在产品盘点盈亏报告表进行认真审核,及时报有关部门审批,并进行账务处理。

为反映在产品盘盈、盘亏和毁损的处理过程,应设置"待处理财产损溢"账户,该账户下设"待处理流动资产损溢"和"待处理固定资产损溢"两个明细账户。盘盈时,借记"基本生产成本"账户,贷记"待处理财产损溢"账户;按规定核销时,则借记"待处理财产损溢"账户,贷记"制造费用"账户,冲减制造费用。盘亏时,应借记"待处理财产损溢"账户,贷记"基本生产成本"账户。按规定核销时,应根据不同情况分别将损失从"待处理财产损溢"账户贷方转出,记入有关账户。其中,计入产品成本的部分,应借记"制造费用"账户;由责任人或保险公司赔偿的部分,应借记"其他应收款"账户;由于自然灾害造成的非正常损失,扣除相关赔偿和残值后,其余记入"营业外支出"账户。

(一)在产品盘盈的账务处理

在产品盘盈时,应编制的会计分录如下。

1. 审批前调账

借:基本生产成本
  贷:待处理财产损溢——待处理流动资产损溢

2. 审批后核销

借:待处理财产损溢——待处理流动资产损溢
  贷:制造费用

(二)在产品盘亏的账务处理

在产品盘亏时,应编制的会计分录如下。

1. 审批前调账

借:待处理财产损溢——待处理流动资产损溢
  贷:基本生产成本

2. 审批后核销

借:制造费用(计入产品成本的损失)
  其他应收款(责任人或保险公司赔偿的损失)
  原材料(残料收回)
  营业外支出(非常损失)
  贷:待处理财产损溢——待处理流动资产损溢

任务二　生产费用在完工产品和在产品之间的分配

生产费用在完工产品和期末在产品之间的分配，是成本核算工作中的一项重要而又复杂的内容。企业应根据生产过程的特点、在产品数量的多少、各月在产品数量变化的大小以及产品成本中各成本费用的比重大小等条件来选择适当的分配方法，正确计算完工产品成本与在产品成本。

在实际工作中，生产费用在完工产品和在产品之间分配常用的方法有：不计算在产品成本法、在产品成本按年初固定数计算法、在产品成本按所耗材料费用计算法、约当产量法、在产品按定额成本计价法、定额比例法及在产品按完工产品成本计价法。

生产费用分配
方法小节

一、不计算在产品成本法

在不计算在产品成本法下，当月发生的生产费用，全部由当月完工产品负担。对于在产品数量少，且各月变动不大的企业，在产品成本的计算与否，对完工产品成本影响不大，为简化核算，可以不计算在产品成本。采用这种方法计算出的本月完工产品的总成本等于该产品生产成本明细账中归集的全部生产费用。其计算公式为：

$$本月完工产品成本＝本月发生生产费用$$

不计算在产品成本法适用于在产品数量少，且各月变动不大的企业，如发电厂、自来水公司、煤矿等企业。

【例2-37】某飞机配件制造企业2021年12月大量生产A型配件，因为A型配件月末在产品数量很少，计算成本时采用不计算在产品成本法。本月A型配件投入直接材料50 000元，直接人工3 000元，制造费用5 000元。月末，A型配件完工入库100件，产品成本计算单如表2-50所示。

表2-50　产品成本计算单

2021年12月

产品：A型配件　　　　　　　　　产量：100件　　　　　　　　　金额单位：元

成本项目	直接材料	直接人工	制造费用	合计
月初在产品成本	0	0	0	0
本月生产费用	50 000	3 000	5 000	58 000
生产费用合计	50 000	3 000	5 000	58 000
完工产品总成本	50 000	3 000	5 000	58 000
完工产品单位成本	5 000	300	500	5 800
月末在产品成本	0	0	0	0

二、在产品成本按年初固定数计算法

在产品成本按年初固定数计算法的基本特点是：年内各月（1—11月）的在产品成本都按年初在产品成本计算，即1—11月发生的生产费用，全部由当月完工产品负担；期末有在产品成本，其金额按年初数确定；年末（12月），根据盘点数重新确定年末在产品成本，作为下年在产品计价的依据。

1—11月各月完工产品成本＝月初在产品成本（年初固定数）＋本月发生生产费用－月末在产品成本（年初固定数）＝本月发生生产费用

12月完工产品成本＝月初在产品成本（年初固定数）＋本月发生生产费用－月末在产品成本（年末盘点数）

在产品成本按年初固定数计算法适用于在产品数量较少，或虽然数量较多，但各月数量比较均衡，月初月末在产品成本差异较小，对各月完工产品成本影响不大的企业，如冶炼企业的熔炉、生产建筑材料的砖瓦窑厂等。

【例2-38】某飞机配件制造企业2021年11月大量生产A型配件，因为A型配件月末在产品数量较多，但数量相对稳定，计算成本时采用年初固定数计算在产品成本法。假定年初在产品成本25 000元，其中直接材料14 000元，直接人工6 000元，制造费用5 000元。本月A型配件投入直接材料50 000元，直接人工30 000元，制造费用35 000元。月末，A型配件完工入库500件，产品成本计算单如表2-51所示。

表2-51 产品成本计算单

2021年11月

产品：A型配件　　　　　　　　　　产量：500件　　　　　　　　　　金额单位：元

成本项目	直接材料	直接人工	制造费用	合计
月初在产品成本	14 000	6 000	5 000	25 000
本月生产费用	50 000	30 000	35 000	115 000
生产费用合计	64 000	36 000	40 000	140 000
完工产品总成本	50 000	30 000	35 000	115 000
完工产品单位成本	100	60	70	230
月末在产品成本	14 000	6 000	5 000	25 000

三、在产品成本按所耗材料费用计算法

在产品成本按所耗材料费用计算法是指月末在产品成本只计算其所耗用的材料费用，不计算直接人工和制造费用。也就是说，产品的加工费用全部由完工产品成本负担。采用这种方法时，本月完工产品成本等于月初在产品材料成本加上本月发生的全部生产费用，再减去月末在产品材料成本。

本月完工产品成本＝月初在产品成本＋本月发生生产费用－月末在产品成本

在产品成本按所耗材料费用计算法适用于各月末在产品数量较多、各月在产品数量变化较大且材料费用在成本中所占比重较大的企业，如纺织、造纸、酿酒、水泥等企业。

【例2-39】某飞机配件制造企业2021年11月大量生产A型配件，因为A型配件材料成本在总成本中所占比重非常高，计算成本时采用所耗材料费用计算在产品成本法。假定年初在产品成本25 000元，本月A型配件投入直接材料50 000元，直接人工3 000元，制造费用4 000元。月末，A型配件完工入库1 000件，在产品200件，原材料在生产开始时一次投入。产品成本计算单如表2-52所示。

$$\text{直接材料分配率} = \frac{25\,000 + 50\,000}{1\,000 + 200} = 62.5$$

表 2-52　产品成本计算单

产品：A 型配件　　　　　　2021 年 12 月　　　　　产量：1 000 件　　　金额单位：元

成本项目	直接材料	直接人工	制造费用	合计
月初在产品成本	25 000	0	0	25 000
本月生产费用	50 000	3 000	4 000	57 000
生产费用合计	75 000	3 000	4 000	82 000
完工产品数量/件	1 000	—	—	—
在产品数量/件	200	—	—	—
分配率/%	62.5	—	—	—
完工产品总成本	62 500	3 000	4 000	69 500
完工产品单位成本	62.5	3	4	69.5
月末在产品成本	12 500	0	0	12 500

四、约当产量法

约当产量法是指将月末实际盘存的在产品数量，按其投料程度或完工程度折算成相当于完工产品的数量，然后将本月的生产费用按本月完工产品数量和月末在产品约当产量比例进行分配，从而计算出完工产品成本和月末在产品成本的方法。这种分配方法，适用于月末在产品数量较大，各月末在产品数量变化也较大，产品成本中直接材料费用和直接加工费用所占比重不一的产品制造企业。

$$在产品的约当产量=在产品数量\times 在产品加工程度（投料程度）$$

注：分配材料费用用投料程度，分配人工费用等其他费用一般用加工程度。

$$直接材料分配率=\frac{月初在产品直接材料+本月直接材料}{完工产品数量+月末在产品的约当产量}$$

$$人工等其他费用分配率=\frac{月初在产品该项目费用+本月该项目费用}{完工产品数量+月末在产品的约当产量}$$

$$完工产品分配的费用=完工产品的数量\times 某项费用分配率$$

$$在产品分配的费用=在产品的约当产量\times 某项费用分配率$$

由于在产品在生产过程中加工程度和投料情况不同，因此必须区别成本项目计算在产品的约当产量。若要正确计算在产品的约当产量，首先必须确定投料程度和完工程度。

(一) 投料程度的确定

直接材料费用项目约当产量的确定，取决于产品生产过程中的投料程度。在产品投料程度是指在产品已投材料占完工产品应投材料的百分比。在生产过程中，材料投入方式不同，则投料程度的计算方法也就不同。材料投入方式通常有以下四种。

1. 原材料在生产开始时一次性投入

如果原材料在生产开始时一次性投入，即投料百分比为 100%，不论在产品完工程度如何，其单位在产品耗用的原材料与单位完工产品耗用的原材料是相等的。因此，用以分配直接材料费用的在产品约当产量即为在产品的实际数量。

飞天航空制造有限责任公司 2021 年 12 月份的基本生产成本明细账（第一车间），如表 2-53、表 2-54 所示。其中，凭证字号处标注的是例题号，表示登记账簿的依据是根据标准例题编制的记账凭证。

车间：第一车间

表2-53 基本生产成本明细账

产品：Ⅰ型电机

金额单位：元

2021年		凭证号	摘要	直接材料	直接人工	制造费用	废品损失	发生额合计		余额
月	日							借方	贷方	
12	1		月初余额	20 900	25 116	22 595.67				68 411.67
	31	例2-7	分配材料费	279 200				279 200		347 811.67
	31	例2-16	分配人工费		244 000			244 000		591 811.67
	31	例2-17	计提社保费		77 104			77 104		668 915.67
	31	例2-18	计提公积金、工会费等		53 680			53 680		722 595.67
	31	例2-23	分配辅助生产费用			43 800		43 800		766 395.67
	31	例2-28	分配一车间制造费用			114 229.33		114 229.33		880 625
	31	例2-32	结转废品生产成本	7 500	12 500	5 625		25 625		855 000
	31	例2-32	结转废品净损失				25 200	25 200		880 200
	31	例2-40	转出完工产品成本	292 600	387 400	175 000	25 200	880 200		880 200
	31		本月合计	239 400	348 660	157 500	25 200		770 760	109 440
	31		月末在产品成本	53 200	38 740	17 500	0			109 440

小提示

☐ 内文字表示红字。

车间：第一车间　　　　　　　　　　　　　　表 2-54　基本生产成本明细账　　　　　　　　　　　　　　金额单位：元
产品：Ⅱ型电机

2021年		凭证号	摘要	直接材料	直接人工	制造费用	废品损失	发生额合计		余额
月	日							借方	贷方	
12	1		月初余额	51 200	72 608	21 785.33				145 593.33
	31	例 2-7	分配材料费	148 800				148 800		294 393.33
	31	例 2-16	分配人工费		122 000			122 000		416 393.33
	31	例 2-17	计提社保费		38 552			38 552		454 945.33
	31	例 2-18	计提公积金、工会费等		26 840			26 840		481 785.33
	31	例 2-23	分配辅助生产费用			51 100		51 100		532 885.33
	31	例 2-28	分配一车间制造费用			57 114.67		57 114.67		590 000
	31	例 2-32	结转废品净损失				5 000	5 000		595 000
	31		本月合计	200 000	260 000	130 000.00	5 000	595 000		595 000
	31	例 2-40	转出完工产品成本	125 000	200 000	100 000	5 000		430 000	165 000
	31		月末在产品成本	75 000	60 000	30 000	/			165 000

小提示

□ 内文字表示红字。

【例 2-40】 2021 年 12 月，飞天航空制造有限责任公司第一车间完工 Ⅰ 型电机 900 台，月末在产品 200 台。Ⅰ 型电机月初在产品成本和本月发生生产费用如表 2-53 所示，原材料在生产开始时一次性投入，在产品完工程度为 50%。

第一车间完工 Ⅱ 型电机 1 000 台，月末在产品 600 台。Ⅱ 型电机月初在产品成本和本月发生生产费用如表 2-54 所示，原材料在生产开始时一次性投入，在产品完工程度为 50%。

第一车间 Ⅰ 型电机完工产品和月末在产品成本计算如下。

(1) 材料费用的分配。

月末在产品分配材料费用的约当产量 = 200(件)

$$直接材料分配率 = \frac{20\ 900 + (279\ 200 - 7\ 500)}{900 + 200} = 266$$

完工产品应分配的材料费 = 900 × 266 = 239 400(元)

在产品应分配的材料费 = 200 × 266 = 53 200(元)

(2) 分配人工费用。

月末在产品分配人工等其他费用的约当产量 = 200 × 50% = 100(件)

$$直接人工分配率 = \frac{25\ 116 + (244\ 000 + 77\ 104 + 53\ 680 - 12\ 500)}{900 + 100} = 387.4$$

完工产品应分配的人工费 = 900 × 387.4 = 348 660(元)

在产品应分配的人工费 = 100 × 387.4 = 38 740(元)

(3) 分配制造费用。

$$制造费用分配率 = \frac{22\ 595.67 + (43\ 800 + 114\ 229.33 - 5\ 625)}{900 + 100} = 175$$

完工产品应分配的制造费用 = 900 × 175 = 157 500(元)

在产品应分配的制造费用 = 100 × 175 = 17 500(元)

(4) 分配废品损失。

废品损失应由本月完工产品承担。

(5) 计算完工产品总成本和单位成本。

完工产品总成本 = 239 400 + 348 660 + 157 500 + 25 200 = 770 760(元)

完工产品单位成本 = 266.00 + 387.4 + 175 + 28 = 856.4(元)

(6) 期末在产品成本 = 53 200.00 + 38 740 + 17 500 = 109 440(元)

根据上述计算结果填制成本计算单，如表 2-55 所示。

表 2-55 产品成本计算单

2021 年 12 月

产品：Ⅰ 型电机　　　　　　　　　产量：900 台　　　　　　　　　金额单位：元

成本项目	直接材料	直接人工	制造费用	废品损失	合计
月初在产品成本	20 900	25 116	22 595.67	0	68 611.67
本月生产费用	271 700	362 284	152 404.33	25 200	811 588.33
生产费用合计	292 600	387 400	175 000	25 200	880 200
完工产品数量/件	900	900	900	—	—
在产品约当产量/件	200	100	100	—	—

续表

成本项目	直接材料	直接人工	制造费用	废品损失	合计
分配率	266	387.4	175	—	—
完工产品总成本	239 400.00	348 660	157 500	25 200	770 760.00
完工产品单位成本	266.00	387.4	175	28	856.40
月末在产品成本	53 200.00	38 740	17 500	—	109 440.00

第一车间Ⅱ型电机完工产品和月末在产品成本计算过程如Ⅰ型电机成本的计算过程，此处略。Ⅱ型电机的成本计算单，如表2-56所示。

表2-56 产品成本计算单

2021年12月

产品：Ⅱ型电机　　　　　　　　　　产量：1 000台　　　　　　　　　　金额单位：元

成本项目	直接材料	直接人工	制造费用	废品损失	合计
月初在产品成本	51 200	72 608	21 785.33	0	145 593.33
本月生产费用	148 800	187 392	108 214.67	5 000	449 406.67
生产费用合计	200 000	260 000	130 000	5 000	595 000
完工产品数量/件	1 000	1 000	1 000	—	—
在产品约当产量/件	600	300	300	—	—
分配率	125	200	100	—	—
完工产品总成本	125 000.00	200 000	100 000	5 000	430 000.00
完工产品单位成本	125.00	200	100	5	430.00
月末在产品成本	75 000.00	60 000	30 000	—	165 000.00

根据表2-55和表2-56，编制完工产品成本汇总表，如表2-57所示。

表2-57 完工产品成本汇总表

车间名称：第一车间　　　　　　　　2021年12月　　　　　　　　金额单位：元

项目		直接材料	直接人工	制造费用	废品损失	合计
Ⅰ型电机（900台）	总成本	239 400.00	348 660	157 500	25 200	770 760.00
	单位成本	266	387.4	175	28	856.4
Ⅱ型电机（1 000台）	总成本	125 000.00	200 000	100 000	5 000	430 000.00
	单位成本	125	200	100	5	430

根据表2-57，编制会计分录如下：

借：库存商品——Ⅰ型电机　　　　　　　　　　770 760.00
　　　　　　——Ⅱ型电机　　　　　　　　　　430 000.00
　贷：基本生产成本——Ⅰ型电机　　　　　　　770 760.00
　　　　　　　——Ⅱ型电机　　　　　　　　　430 000.00

2. 在生产过程中陆续投入，且投入量与加工进度一致

【例2-41】某飞机配件制造企业生产A配件，本月完工产品800件，月末在产品320

件，原材料随着加工进度陆续投入，月末在产品完工程度测定为 50%。月初和本月发生费用合计数为：直接材料费用 62 400 元，直接人工费用 19 200 元，制造费用 5 760 元。完工产品和月末在产品成本的计算如下。

月末在产品约当产量 = 320×50% = 160（件）

材料费用分配率 = $\dfrac{62\ 400}{800+160}$ = 175

人工费用分配率 = $\dfrac{19\ 200}{800+160}$ = 20

制造费用分配率 = $\dfrac{5\ 760}{800+160}$ = 6

A 配件的产品成本计算单如表 2-58 所示。

表 2-58 产品成本计算单

2021 年 12 月

产品：A 配件　　　　　　　　　　产量：800 台　　　　　　　　　金额单位：元

成本项目	直接材料	直接人工	制造费用	合计
生产费用合计	62 400	19 200	5 760	87 360
完工产品数量/件	800	800	800	—
在产品约当产量/件	160	160	160	—
分配率	65	20	6	91
完工产品总成本	52 000	16 000	4 800	72 800
完工产品单位成本	65.00	20	6	91.00
月末在产品成本	10 400	3 200	960	14 560

> **小提示**
>
> 根据成本计算单月末编制完工产品成本汇总表、编制入库会计分录的内容此处略。

3. 在生产过程中陆续投入，且投入量与加工进度不一致

在多工序生产的情况下，当原材料随生产过程陆续投入，由于在产品所处的工序不一致，则会产生投料程度与加工进度不一致的情况，原材料的投料程度应按每工序的原材料投料定额计算。假设每工序投料程度为 50%。其计算公式如下：

某工序在产品的投料率 = $\dfrac{\text{前面各工序投料定额之和}+\text{本工序投料定额}\times 50\%}{\text{完工产品投料定额}} \times 100\%$

【例 2-42】某飞机配件制造企业生产 B 配件，本月完工产品 400 件，B 配件的生产由两道工序组成，原材料在生产过程中分工序陆续投入。各工序原材料消耗定额为：第一工序 60 千克，第二工序 40 千克，共为 100 千克。各工序月末在产品数量为：第一工序 160 件，第二工序 120 件。月初和本月发生的直接材料费用为 20 400 元，分配直接材料费用如下。

(1)计算在产品的投料率。

第一道工序在产品的投料率 $=\dfrac{60\times 50\%}{100}=30\%$

第二道工序在产品的投料率 $=\dfrac{60+40\times 50\%}{100}=80\%$

(2)计算在产品的约当产量。

第一道工序在产品的约当产量 $=160\times 30\%=48$(件)

第二道工序在产品约当产量 $=120\times 80\%=96$(件)

在产品约当产量 $=48+96=144$(件)

(3)计算分配直接材料费用。

直接材料分配率 $=\dfrac{20\ 400}{400+144}=37.5$

完工产品分配材料费 $=400\times 37.5=15\ 000$(元)

在产品分配材料费 $=144\times 37.5=5\ 400$(元)

4. 在生产过程中分工序,在各工序开始时一次性投入

如果生产过程中,原材料不是在生产开始时一次性投入,而是分工序一次性投入,即在每道工序开始时一次性投入本工序所耗原材料。此时,在各工序在产品耗用的原材料同完工产品耗用的原材料是相同的,即原材料在每道工序的投料程度为100%。月末在产品投料程度的计算公式如下:

$$某工序在产品的投料率=\dfrac{前面各工序投料定额之和+本工序投料定额\times 100\%}{完工产品投料定额}$$

【例2-43】沿用【例2-42】资料,某飞机配件制造企业生产B配件,本月完工产品400件,B配件的生产由两道工序组成,原材料在工序开始时一次投入。各工序原材料消耗定额为:第一工序60千克,第二工序40千克,共为100千克。各工序月末在产品数量为:第一工序160件,第二工序120件。月初和本月发生的直接材料费用为20 400元,分配直接材料费用如下。

(1)计算在产品的投料率。

第一道工序在产品的投料率 $=\dfrac{60\times 100\%}{100}=60\%$

第二道工序在产品的投料率 $=\dfrac{60+40\times 100\%}{100}=100\%$

(2)计算在产品的约当产量。

第一道工序在产品的约当产量 $=160\times 60\%=96$(件)

第二道工序在产品约当产量 $=120\times 100\%=120$(件)

在产品约当产量 $=96+120=216$(件)

(3)计算分配直接材料费用。

直接材料分配率 $=\dfrac{20\ 400}{400+216}\approx 33.12$

完工产品分配材料费 $=400\times 33.12=13\ 248$(元)

在产品分配材料费 $=20\ 400-13\ 248=7\ 152$(元)

(二) 完工程度的确定

直接人工和制造费用也称加工费用,通常按完工程度计算约当产量。完工程度的确定通常有以下两种形式。

1. 按平均完工程度计算

如制造企业生产进度比较均衡,各道工序在产品数量和加工量上都相差不大时,后面各工序在产品多加工的程度可以弥补前面各工序少加工的程度,这样全部在产品完工程度均可按 50% 平均计算,如【例 2-40】。

2. 按各工序的累计工时定额占完工产品工时定额的比率计算

如果各工序在产品数量和加工量上差别较大,后面各工序在产品多加工的程度不足以弥补前面各工序少加工的程度,则要分工序分别计算在产品的完工程度。此时完工率计算公式为:

$$某工序在产品的完工率 = \frac{前面各工序工时定额之和 + 本工序工时定额 \times 50\%}{完工产品工时定额} \times 100\%$$

【例 2-44】沿用【例 2-43】资料,某飞机配件制造企业生产 B 配件,本月完工产品 400 件,B 配件的生产由两道工序组成,原材料在工序开始时一次投入。各工序原材料消耗定额为:第一工序 60 千克,第二工序 40 千克,共为 100 千克。各工序月末在产品数量为:第一工序 160 件,第二工序 120 件。月初和本月发生的直接材料费用为 20 400 元。同时,每道工序的工时定额分别为 70 小时和 30 小时,产品的工时定额共为 100 小时。月初和本月发生的直接人工为 7 812 元,制造费用为 3 348 元。

分配直接材料费用如【例 2-43】,此处略。

分配直接人工费用如下。

$$第一工序在产品的完工率 = \frac{70 \times 50\%}{70 + 30} \times 100\% = 35\%$$

$$第二工序在产品的完工率 = \frac{70 + 30 \times 50\%}{70 + 30} \times 100\% = 85\%$$

在产品的约当产量 = 160 × 35% + 120 × 85% = 158(件)

$$直接人工分配率 = \frac{7\ 812}{400 + 158} = 14$$

$$制造费用分配率 = \frac{3\ 348}{400 + 158} = 6$$

B 配件产品成本计算单如表 2-59 所示。

表 2-59 产品成本计算单

2021 年 12 月

产品:B 配件　　　　　　　　　　产量:400 台　　　　　　　　　　金额单位:元

成本项目	直接材料	直接人工	制造费用	合计
生产费用合计	20 400	7 812	3 348	31 560
完工产品数量/件	400	400	400	—
在产品约当产量/件	216	158	158	—

续表

成本项目	直接材料	直接人工	制造费用	合计
分配率	33.12	14	6	53.12
完工产品总成本	13 248	5 600	2 400	21 248
完工产品单位成本	33.12	14	6	53.12
月末在产品成本	7 152	2 212	948	10 312

> 小提示
> 根据成本计算单月末编制完工产品成本汇总表、编制入库会计分录，此处略。

五、在产品按定额成本计价法

在产品按定额成本计价法，也称定额成本法。它是指月末在产品按定额成本计算，该产品的全部生产费用(月初在产品费用加上本月发生的费用)减去按定额成本计算的月末在产品成本后的余额就是完工产品的成本。这种方法的计算步骤如下。

1. 计算在产品定额成本

在产品定额成本计算公式为：

在产品直接材料定额成本＝在产品数量×在产品材料消耗定额×材料单价

在产品直接人工定额成本＝在产品数量×在产品工时消耗定额×小时人工费用率

在产品制造费用定额成本＝在产品数量×在产品工时消耗定额×小时制造费用率

在产品定额成本＝在产品直接材料定额成本＋在产品直接人工定额成本＋在产品制造费用定额成本

2. 计算完工产品成本

完工产品成本计算公式为：

完工产品成本＝月初在产品费用＋本月发生的费用－期末在产品定额成本

【例2-45】某飞机配件制造企业生产C配件。月末在产品400件，每件在产品材料消耗定额为20千克，每千克材料价格为6元。每件在产品工时定额为40小时，每小时人工费用率为12元，每小时制造费用定额为1.60元。本月生产费用合计(月初在产品费用加本月发生费用)为：直接材料125 600元，直接人工388 000元，制造费用79 000元。本月完工500台。

完工产品计算步骤如下。

(1)计算月末在产品定额成本。

在产品直接材料定额成本＝400×20×6＝48 000(元)

在产品直接人工定额成本＝400×40×12＝192 000(元)

在产品制造费用定额成本＝400×40×1.6＝25 600(元)

在产品定额成本总额＝48 000＋192 000＋25 600＝265 600(元)

(2)计算完工产品成本。

完工产品材料成本＝125 600－48 000＝77 600(元)

完工产品人工成本＝388 000－192 000＝196 000（元）
完工产品制造费用成本＝79 000－25 600＝53 400（元）
完工产品总成本＝77 600＋196 000＋53 400＝327 000（元）
C 配件产品成本计算单如表 2-60 所示。

表 2-60　产品成本计算单

2021 年 12 月

产品：C 配件　　　　　　　　　产量：500 台　　　　　　　　　金额单位：元

成本项目	直接材料	直接人工	制造费用	合计
生产费用合计	125 600	388 000	79 000	592 600
月末在产品数量/件	400	400	400	
在产品单位消耗定额	20	40	40	—
成本项目单价	6	12	1.6	—
月末在产品定额成本	48 000	192 000	25 600	265 600
完工产品总成本	77 600	196 000	53 400	327 000
完工产品单位成本	155.2	392	106.8	654

> **小提示**
> 根据成本计算单月末编制完工产品成本汇总表、编制入库会计分录，此处略。

采用在产品按定额成本计价法，由于月末在产品成本不负担实际生产费用脱离定额的差异，而全部由完工产品成本负担，所以在实际生产费用脱离定额差异比较大的情况下，就会影响产品成本计算的正确性。因此，在产品按定额成本计价法适用于各项消耗定额或费用定额比较准确、稳定，而且各月末在产品数量变化不大的产品。

六、定额比例法

定额比例法是指产品的生产费用在完工产品与月末在产品之间按照两者的定额消耗量或定额费用比例分配计算产品成本的方法。其中，原材料费用按原材料的定额消耗量或定额费用比例分配，加工费用按定额工时比例分配。这种分配方法适用于各项消耗定额比较准确、稳定，但各月末在产品数量变动较大的产品。

采用定额比例法时，分配计算产品成本的公式有两个：

公式一：

$$\text{某项费用分配率} = \frac{\text{月初在产品成本} + \text{本月生产费用（实际成本）}}{\text{完工产品材料定额费用或定额工时} + \text{月末在产品定额材料费用或定额工时}}$$

公式二：

$$\text{某项费用分配率} = \frac{\text{月初在产品成本} + \text{本月生产费用（实际成本）}}{\text{月初在产品材料定额费用或定额工时} + \text{本月投入定额材料费用或定额工时}}$$

需要说明的是，上述以定额原材料费用为分母计算出的费用分配率，是原材料费用分配率；以定额工时为分母计算出的费用分配率，是各项加工费用的分配率。由于"月初在产品定额费用（或定额工时）+本月定额费用（或定额工时）=本月完工产品定额费用（或定额工时)+月末在产品定额费用(或定额工时)",公式一与公式二虽然分母不同,但可以通用。

本月完工产品直接材料成本=完工产品定额原材料费用×直接材料费用分配率
月末在产品直接材料成本=月末在产品定额原材料费用×直接材料费用分配率
本月完工产品某项加工费用=完工产品定额工时×该项费用分配率
月末在产品某项加工费用=月末在产品定额工时×该项费用分配率

1. 公式一的应用

【例2-46】某飞机配件制造企业生产D配件,完工1 000件。月初在产品成本为:直接材料90 000元,直接人工12 000元,制造费用26 000元。本月生产费用为:直接材料270 000元,直接人工18 000元,制造费用36 500元。完工产品定额是直接材料300 000元,定额工时为19 000小时。月末在产品的定额是直接材料100 000元,定额工时为6 000小时。采用定额比例法计算费用分配率,直接材料费用按定额费用比例分配,直接人工及制造费用按定额工时比例分配。

采用定额比例法计算完工产品和月末在产品成本,计算过程如下。

$$直接材料分配率 = \frac{90\,000+270\,000}{300\,000+100\,000} = 0.9$$

$$直接人工分配率 = \frac{12\,000+18\,000}{19\,000+6\,000} = 1.2$$

$$制造费用分配率 = \frac{26\,000+36\,500}{19\,000+6\,000} = 2.5$$

完工产品应分配的直接材料费用=300 000×0.9=270 000(元)
在产品应分配的直接材料费用=100 000×0.9=90 000(元)
D配件产品成本计算单如表2-61所示。

表2-61 产品成本计算单

2021年12月

产品:D配件　　　　　　　　产量:1 000台　　　　　　　　金额单位:元

成本项目		直接材料	直接人工	制造费用	合计
月初在产品成本		90 000	12 000	26 000	128 000
本月生产费用		270 000	18 000	36 500	324 500
生产费用合计		360 000	30 000	62 500	452 500
费用分配率		0.9	1.2	2.5	—
完工产品成本	定额	300 000	19 000	19 000	338 000
	实际	270 000	22 800	47 500	340 300
月末在产品成本	定额	100 000	6 000	6 000	112 000
	实际	90 000	7 200	15 000	112 200
完工产品单位成本		270	22.8	47.5	340.3

> 小提示
> 根据成本计算单月末编制完工产品成本汇总表、编制入库会计分录,此处略。

上述作为费用分配标准的月末在产品定额原材料费用和定额工时，都是根据月末各工序在产品的账面结存数量或实际盘存数量，以及相应的消耗定额或费用定额具体计算的。如果在产品的种类或生产工序繁多，按照这种方法计算完工产品和月末在产品成本，工作量繁重。为简化成本计算工作，月末在产品的定额数据，也可以采用倒挤的方法计算。公式如下：

月末在产品定额原材料费用或定额工时＝月初在产品定额原材料费用或定额工时＋
本月投入的定额原材料费用或定额工时－
本月完工产品定额原材料费用或定额工时

2. 公式二的应用

在已知月初在产品的定额原材料费用和定额工时，以及本月投入的定额原材料费用和定额工时数据的情况下，也可以采用前述公式二，分别计算完工产品成本和月末在产品成本。

【例2-47】某飞机配件制造企业生产E配件，完工1 000件。月初在产品原材料定额费用为26 000元，工时定额为100 000小时。月初在产品的实际成本为：直接材料26 200元，直接人工7 780元，制造费用2 260元。本月原材料的定额费用为49 400元，定额工时为140 000小时。本月实际费用为：直接材料46 184元，直接人工97 820元，制造费用14 540元。本月完工产品原材料定额费用为46 000元，定额工时为160 000小时。

根据上述资料采用定额比例法中公式二计算费用分配率，计算分配完工产品成本如下：

$$直接材料分配率 = \frac{26\,200 + 46\,184}{26\,000 + 49\,400} = 0.96$$

$$直接人工分配率 = \frac{7\,780 + 97\,820}{100\,000 + 140\,000} = 0.44$$

$$制造费用分配率 = \frac{2\,260 + 14\,540}{100\,000 + 140\,000} = 0.07$$

月末在产品成本定额直接材料＝26 000＋49 400－46 000 ＝29 400（元）

月末在产品成本定额工时＝100 000＋140 000－160 000 ＝80 000（小时）

E配件产品成本计算单如表2-62所示。

表2-62 产品成本计算单

2021年12月

产品：E配件　　　　　　　　　产量：1 000台　　　　　　　　　金额单位：元

成本项目		直接材料	直接人工	制造费用	合计
月初在产品成本	定额	26 000	100 000	100 000	—
	实际	26 200	7 780	2 260	36 240
本月生产费用	定额	49 400	140 000	140 000	—
	实际	46 184	97 820	14 540	158 544
生产费用合计	定额	75 400	240 000	240 000	—
	实际	72 384	105 600	16 800	194 784
费用分配率		0.96	0.44	0.07	—

续表

成本项目		直接材料	直接人工	制造费用	合计
完工产品成本	定额	46 000	160 000	160 000	—
	实际	44 160	70 400	11 200	125 760
月末在产品成本	定额	29 400	80 000	80 000	—
	实际	28 224	35 200	5 600	69 024

> **小提示**
> 根据成本计算单月末编制完工产品成本汇总表、编制入库会计分录，此处略。

通过上述计算可以看出，采用定额比例法分配完工产品与月末在产品费用，不仅分配结果比较合理，还便于将实际费用与定额费用相比较，分析和考核定额的执行情况。在采用公式二分配时，由于公式中分子和分母都是月初在产品和本月发生的费用，分子是实际数，分母是定额数，便于互相比较，因而这一优点体现得更为明显。

七、在产品按完工产品成本计价法

在产品按完工产品成本计价法，是将月末在产品视同已经完工的产品，按照月末在产品数量与本月完工产品数量的比例来分配生产费用，以确定月末在产品成本和本月完工产品成本的方法。

在产品按完工产品成本计价简化了成本计算工作，但只适用于月末在产品已接近完工或已经加工完成但尚未包装或尚未验收入库的产品，否则会影响本月完工产品准确性。

【例 2-48】某飞机配件制造企业生产 F 配件，完工入库 1 000 件；月末在产品 200 件已经接近完工，有 100 件已经完工但尚未验收入库。月末在产品 200 件均按完工产品成本计算。F 配件生产费用发生情况和有关计算分配结果，如表 2-63 所示。

表 2-63 产品成本计算单

2021 年 12 月

产品：F 配件　　　　　　　　　　产量：1 000 台　　　　　　　　　金额单位：元

成本项目	直接材料	直接人工	制造费用	合计
月初在产品成本	70 000	28 000	34 000	132 000
本月生产费用	430 000	180 000	200 000	810 000
生产费用合计	500 000	208 000	234 000	942 000
本月完工产品数量/件	800	800	800	—
月末在产品数量/件	200	200	200	—
生产数量合计/件	1 000	1 000	1 000	—
费用分配率	500	208	234	942
本月完工产品成本	400 000	166 400	187 200	753 600
月末在产品成本	100 000	41 600	46 800	188 400

> **小提示**
> 根据成本计算单月末编制完工产品成本汇总表、编制入库会计分录，此处略。

前面介绍了完工产品与在产品成本分配的几种常用方法，企业可根据实际需要自行选择某一种或几种方法。一经选定，一般不能随意变更。

知识拓展与阅读

多个视角看成本核算的逻辑（节选）

成本会计核算的逻辑框架，简单来讲可以用"二三四"逻辑框架来概括。所谓"二三四"逻辑框架是指两个动作、三项费用流转、四个环节数据处理。

（1）两个动作。这是指成本核算的归集和分摊，主要指"料工费"等成本要素，以规定或设定的归集和分摊办法进行数据处理。

（2）三项费用流转。这是指"料工费"费用要素的数据流转。本质上，成本核算就是"料工费"三项费用在各个生产环节的流转，无论企业选择哪种成本核算方法，不管品种法、分批法，还是分步法，核心都是关注每个环节三项费用如何流转到下一个环节。

比如品种法，企业生产A和B产品，成本核算逻辑就是归集的"料工费"会通过一定的分配方法分别流向A和B，最终计算A的"料工费"是多少、B的"料工费"是多少。

比如分步法，企业生产A产品，经过甲、乙、丙三个步骤。成本核算的逻辑就会关注"料工费"在甲、乙、丙三个步骤如何流转，归集的料工费流入甲步骤多少，然后按照归集和分摊办法流入乙步骤多少，最后流入丙步骤多少。最终完工的A产品，通过成本还原，核算甲、乙、丙各步骤料工费各多少。

（3）四个环节数据处理。这是指成本核算的四个主要数据端口。一是期初"料工费"，二是本期投入"料工费"，三是累计"料工费"（期初加本期投入），四是期末完工产品"料工费"和在产品"料工费"。这四个环节重点在于如何核算本期投入"料工费"，以及累计"料工费"如何在完工产品和在产品之间分摊，而约当产量法是分配完工产品和在产品"料工费"的一种相对精准的计算办法。

文献节选：数豆职人 2021-12-26 20：00 发表的微信公众号文章：《多个视角看成本核算的逻辑》。

项目思考与自测

一、单选题

1. 已知第一道工序定额工时为 60 小时，第二道工序定额工时为 40 小时，两道工序平均完成 50%，则第一道工序完工率为（　　）。

A. 60%　　　　B. 50%　　　　C. 40%　　　　D. 30%

2. 生产 A 产品有两道工序，第一道工序要 240 小时，第二道工序要 160 小时。已知第一道工序没有在产品，第二道工序在产品 200 件，本工序内平均完工进度是 60%。第二道工序在产品的约当产量是( )件。

A. 120 B. 168 C. 80 D. 200

3. 生产 A 产品有两道工序，第一道工序要 240 小时，第二道工序要 160 小时，已知第一道工序在产品 200 件，完成全部工序的 40%，第二道工序在产品 200 件，完成全部工序的 60%。第二道工序在产品的约当产量是( )件。

A. 120 B. 168 C. 80 D. 200

4. 某公司月初及本月的生产费用共计 7 200 元，其中直接材料 4 200 元，直接人工 1 800 元，制造费用 1 200 元。本月完工产品 100 件，月末在产品 40 件，其完工程度为 50%，材料在开始生产时一次投入。生产费用采用约当产量比例法在完工产品和在产品之间进行分配。不考虑其他因素，本月完工产品成本为( )元。

A. 6 600 B. 5 500 C. 7 200 D. 6 000

5. 某企业 2021 年 10 月 31 日，M 产品完工产品数量为 150 件，在产品数量为 50 件，平均完工程度为 40%，发生的生产总费用为 173 400 元，原材料随生产过程陆续投入，采用约当产量法分配完工产品和在产品的成本，期末 M 产品完工产品的成本是( )元。

A. 153 000 B. 104 400 C. 69 360 D. 130 500

6. 甲产品经过两道工序加工完成，采用约当产量法将直接人工成本在完工产品和月末在产品之间进行分配。甲产品月初在产品和本月发生的直接人工成本总计 23 200 元。本月完工产品 200 件；月末第一工序在产品 20 件，完成全部工序的 40%；第二工序在产品 40 件，完成全部工序的 60%。月末在产品的直接人工成本为( )元。

A. 2 400 B. 3 200 C. 6 000 D. 20 000

7. 某企业 2021 年 4 月 1 日甲产品期初在产品成本为 3.5 万元，4 月份发生如下费用：材料 6 万元，生产工人工资 2 万元，制造费用 1 万元，行政管理部门物料消耗 1.5 万元，销售机构折旧费 0.8 万元。月末在产品成本 3 万元。4 月份完工甲产品的生产成本为( )万元。

A. 9 B. 9.5 C. 8.3 D. 11.8

8. 采用定额比例法分配材料成本，发出材料 5 500 千克，单价 25 元。完工产品 350 件，单位消耗定额 20 千克；在产品 150 件，单位消耗定额 12 千克。完工产品应分配材料成本为( )元。

A. 3 850 B. 109 375 C. 96 250 D. 85 937.5

9. 某企业期初无在产品，本月完工甲产品 600 件、乙产品 400 件，共耗用直接人工费 12 万元，采用定额工时比例法分配甲产品和乙产品直接人工费用。甲产品每件定额工时 6 小时，乙产品每件定额工时 3 小时。甲产品负担的直接人工费是( )万元。

A. 7.2 B. 7.3 C. 4.8 D. 9

10. 当企业产品成本中原材料费用所占比重较大，且原材料在生产开始时一次投入，月末在产品数量变化较大的情况下，该企业月末可采用的在产品和完工产品之间分配的方法是( )。

A. 在产品按固定成本计价法 B. 在产品按所耗直接材料成本计价法
C. 定额比例法 D. 约当产量法

11. 某企业生产 A 产品需两个生产步骤，第一步骤定额工时为 20 小时，第二步骤定额工时为 30 小时，在各步骤内在产品完工程度均为本步骤的 50%，原材料随生产过程陆续投入，采用约当产量法对月末在产品和完工产品的成本进行分配，则第二步骤在产品的完工程度为( )。

A. 40% B. 50% C. 60% D. 70%

12. 完工产品和在产品的划分方法中，使实际成本脱离定额的差异完全由完工产品负担的是( )。

A. 约当产量法
B. 定额比例法
C. 在产品成本按定额成本计价法
D. 在产品成本按其所耗用的原材料成本计价法

13. 某企业只生产一种产品，采用约当产量比例法将生产费用在完工产品与在产品之间进行分配，材料在产品投产时一次投入，月初在产品直接材料成本为 10 万元，当月生产耗用材料的成本为 50 万元，当月完工产品 30 件，月末在产品 30 件，完工程度为 60%。本月完工产品成本中直接材料成本为( )万元。

A. 30 B. 22.5 C. 37.5 D. 25

14. 甲产品的生产需经过两道工序，第一道工序定额工时 2 小时，第二道工序定额工时 3 小时。期末，甲产品在第一道工序的在产品 40 件，在第二道工序的在产品 20 件。假定每道工序平均完工进度为 50%，作为分配计算在产品加工成本(不含原材料成本)的依据，其期末在产品约当产量为( )件。

A. 18 B. 22 C. 28 D. 36

15. 某企业 A 产品经过两道工序加工完成。生产成本在完工产品和在产品之间采用约当产量法分配。2022 年 2 月与 A 产品有关的资料如下：(1) A 产品单位工时定额 100 小时，其中第一道工序 60 小时，第二道工序 40 小时，假定各工序内在产品完工程度均为 50%。(2)本月完工产品 600 件。月末在产品数量为：第一道工序 200 件，第二道工序 300 件。2022 年 2 月末 A 产品在产品约当产量为( )件。

A. 60 B. 500 C. 240 D. 300

16. 某企业生产的产品需要经过若干加工工序才能形成产成品，且月末在产品数量变动较大，生产成本中原材料所占比重和直接人工等加工成本的比重相差不大。该企业在完工产品和在产品之间分配生产费用时，应采用( )。

A. 定额比例法 B. 在产品按定额成本计价法
C. 在产品按所耗直接材料的成本计价法 D. 约当产量法

17. 甲产品月末在产品只计算原材料费用。该产品月初在产品原材料费用为 4 800 元，本月发生原材料费用 13 200 元。原材料均在生产开始时一次投入。本月完工产品 400 件，月末在产品 100 件。据此计算的甲产品本月末在产品原材料费用是( )元。

A. 4 800 B. 3 200 C. 2 100 D. 3 600

18. 某企业 A 产品经过两道工序加工完成。与 A 产品有关的资料如下：A 产品第一道工序 300 小时，在产品数量为 400 件；第二道工序 200 小时，在产品数量为 200 件；假定各工序内在产品完工程度平均为 50%。第一道工序在产品约当产量为( )。

A. 120 B. 150 C. 400 D. 200

19. 下列各项中，如果企业各月末在产品的数量很少，生产费用在完工产品与在产品之间进行分配的方法应选择( )。

A. 约当产量法 B. 定额比例法
C. 不计算在产品成本法 D. 在产品按所耗直接材料成本计价法

20. 企业月末在产品数量较多、各月在产品数量变化不大时，最适宜将产品生产费用在完工产品和月末在产品之间分配的方法是( )。
A. 定额比例法 B. 不计算在产品成本法
C. 约当产量法 D. 在产品按固定成本计算法

二、多选题

1. 下列各项中，属于企业生产费用在完工产品和在产品之间分配的方法有( )。
A. 在产品按定额成本计价法 B. 交互分配法
C. 约当产量法 D. 不计算在产品成本法

2. 完工产品与在产品之间划分成本的方法有( )。
A. 约当产量法 B. 交互分配法 C. 计划成本分配法 D. 定额比例法

3. 下列关于生产费用在完工产品和在产品之间分配的表述中，不正确的有( )。
A. 在产品数量较多，各月在产品数量变化也较大，且生产成本中直接材料成本和直接人工等加工成本的比重相差大的产品，可以采用约当产量法
B. 在产品数量较多，各月在产品数量变化也较大，且生产成本中直接材料成本和直接人工等加工成本的比重相差不大的产品，可以采用约当产量法
C. 各项消耗定额准确、稳定，各月末在产品数量变动较小的产品，可以采用定额比例法
D. 各项消耗定额准确、稳定，各月末在产品数量变动较大的产品，可以采用定额比例法

4. 确定生产成本在完工产品与在产品之间的分配方法时，应考虑的具体条件有( )。
A. 在产品数量的多少 B. 各月在产品的数量变化的大小
C. 各项成本比重的大小 D. 定额基础的好坏

5. 下列关于约当产量法的说法中，正确的有( )。
A. 这种方法适用于各消耗定额或成本定额比较准确、稳定，而且各月末在产品数量变化不是很大的产品
B. 各工序产品的完工程度可事先确定，产品工时定额不变时可长期使用
C. 如果材料是在生产开始时一次性投入的，无论在产品的完工程度如何，都应与完工产品负担同样材料成本
D. 如果材料是随着生产过程陆续投入的，则应按照各工序投入的材料成本在全部材料成本中所占的比例计算在产品的约当产量

6. 某企业生产费用在完工产品和在产品之间采用约当产量法进行分配。该企业甲产品月初在产品和本月生产费用共计900 000元。本月甲产品完工400台，在产品100台且其平均完工程度为50%。不考虑其他因素，下列各项中计算结果正确的有( )。
A. 甲产品的完工产品成本为800 000元 B. 甲产品的单位成本为2 250元
C. 甲产品在产品的约当产量为50台 D. 甲产品的在产品成本为112 500元

7. 下列各项中，可用于将生产费用在完工产品和在产品之间进行分配的方法有( )。
A. 定额比例法 B. 不计算在产品成本法

C. 约当产量法 　　　　　　　　D. 在产品按固定成本计价法

8. 企业生产费用在完工产品与在产品之间进行分配的方法的选择，是根据(　　)确定的。

　　A. 在产品数量的多少　　　　　B. 各月在产品数量变化的大小
　　C. 各项成本比重的大小　　　　D. 企业成本会计人员的多少

9. 下列各项中，属于将工业企业生产费用在完工产品与在产品之间进行分配的方法有(　　)。

　　A. 顺序分配法　　　　　　　　B. 约当产量比例法
　　C. 在产品按定额成本计价法　　D. 在产品按固定成本计价法

10. 在产品按定额成本计价法下，每月生产成本会有脱离定额的节约差异或超支差异，下列有关差异处理方法表述，不正确的有(　　)。

　　A. 全部计入当月完工产品成本
　　B. 全部计入月末在产品成本
　　C. 当月在完工产品与月末在产品之间进行分配
　　D. 全部计入管理费用

11. 甲公司产品需经过两道工序加工完成，原材料在开始生产时一次投入，生产成本在完工产品和在产品之间的分配采用约当产量法。2022年2月与产品生产成本有关的资料如下：(1)月初在产品费用为直接材料120万元，直接人工60万元，制造费用20万元；本月发生费用为直接材料80万元，直接人工100万元，制造费用40万元。(2)产品单件工时定额为100小时，第一道工序工时定额40小时，第二道工序工时定额60小时，各工序内均按50%的完工程度计算。(3)本月完工产品560件，月末在产品240件，其中，第一道工序80件，第二道工序160件。下列说法中，正确的有(　　)。

　　A. 第二道工序月末在产品完工程度为50%
　　B. 第二道工序月末在产品的约当产量为112件
　　C. 月末完工产品直接材料费用为162.79万元
　　D. 月末在产品直接人工费用为29.77万元

12. 采用定额比例法分配完工产品和月末在产品费用，应具备的条件有(　　)。

　　A. 各月末在产品数量变化较大　　B. 各月末在产品数量变化不大
　　C. 消耗定额或成本定额比较准确、稳定　　D. 消耗定额或成本定额波动较大

13. 下列关于生产费用在完工产品和在产品之间分配的表述中，正确的有(　　)。

　　A. 月末在产品数量较多，但各月变化不大的产品，可以采用在产品按固定成本计价法
　　B. 直接材料所占比重较大且在生产开始时一次全部投入的产品，可以采用在产品按所耗直接材料成本计价法
　　C. 月末在产品数量很少的产品，可以采用不计算在产品成本法
　　D. 各项消耗定额准确、稳定，各月末在产品数量变动较大的产品，可以采用定额比例法

14. 在产品成本按年初固定数计算法，适用于(　　)的情况。

　　A. 各月末在产品数量较少　　　　B. 各月末在产品数量较大
　　C. 各月末在产品数量变化较大　　D. 各月末在产品数量变化较小

E. 各月末在产品数量较多，但各月数量较为均衡

15. 采用约当产量法计算月末在产品成本，在产品的约当产量应按( )来计算。
A. 投料程度　　　B. 完工程度　　　C. 完工入库程序　　D. 废品比例程度
E. 产品等级程度

三、判断题

1. 正在返修的废品、未经验收入库的产品以及等待返修的废品均属于在产品。
( )

2. 采用在产品按定额成本计价的企业，每月生产成本脱离定额的差异应当计入月末在产品成本。
( )

3. 不计算在产品成本法是指产品每月发生的成本，全部由完工产品负担，其每月发生的成本之和即为每月完工产品成本，这种方法适用于月末在产品数量很多的产品。
( )

4. 定额比例法适用于各项消耗定额或成本定额比较准确、稳定，而且各月末在产品数量变化不是很大的产品。
( )

5. 工业企业在产品生产过程中通常会存在一定数量的在产品，在产品应包括对外销售的自制半成品。
( )

6. 约当产量就是将月末在产品数量按照完工程度折算为相当于完工产品的产量。
( )

7. 在约当产量法中，核算在产品的原材料费用时不需要计算在产品的约当产量。
( )

8. 企业的不同车间由于其生产特点和管理要求不同，可分别采用不同的成本计算方法。
( )

9. 期末在产品成本按定额成本计价法，则实际成本脱离定额的差异会完全由完工产品负担。
( )

10. 约当产量法适用于月末在产品数量大、各月末在产品数量变化也较大、其原材料费用在成本中所占比重较大的产品。
( )

四、计算分析题

1. 资料：某公司C产品本月完工产品产量3 000个，在产品数量400个，完工程度按平均50%计算；材料在开始生产时一次投入，其他成本按约当产量比例分配。C产品本月月初在产品和本月耗用直接材料成本共计1 360 000元，直接人工成本640 000元，制造费用960 000元。产品成本计算单具体如题表2-3所示。

题表2-3　产品成本计算单

C产品　　　　　　　　　　　　产量：3 000个　　　　　　　　　　金额单位：元

项目	直接材料	直接人工	制造费用	合计
期初在产品成本	400 000	40 000	60 000	500 000
本期发生成本	960 000	600 000	900 000	2 460 000
合计	1 360 000	640 000	960 000	2 960 000

要求：按照约当产量法计算完工产品的成本。

2. 资料：某公司C产品本月完工产品产量3 000个，在产品数量400个，在产品单位

定额成本为：直接材料 400 元，直接人工 100 元，制造费用 150 元。C 产品本月月初在产品和本月耗用直接材料成本共计 1 360 000 元，直接人工成本 640 000 元，制造费用 960 000 元。

要求：按照定额成本法计算在产品成本及完工产品的成本。

3. 资料：某公司 D 产品本月完工 300 个，在产品数量 40 个，单位产品定额消耗为：材料 400 千克/个，工时 100 小时/个。单位在产品材料定额 400 千克，工时定额 50 小时。产品成本计算单如题表 2-4 所示。

题表 2-4　产品成本计算单

D 产品　　　　　　　　　　　　　产量：300 个　　　　　　　　　　　　金额单位：元

项目	直接材料	直接人工	制造费用	合计
期初在产品成本	400 000	40 000	60 000	500 000
本期发生成本	960 000	600 000	900 000	2 460 000
合计	1 360 000	640 000	960 000	2 960 000

要求：

1. 按定额比例法计算完工产品成本。
2. 编制产成品入库的会计分录。

认知情境三 成本计算方法实践

🎯 情境学习目标

◈ 掌握产品成本计算方法的选择原理
◈ 掌握品种法的计算原理和实践操作
◈ 掌握分批法的计算原理和实践操作
◈ 掌握分步法的计算原理和实践操作
◈ 掌握分类法的计算原理和实践操作
◈ 掌握联产品和副产品成本计算原理和实践操作
◈ 掌握定额法的计算原理和实践操作

🎯 情境工作任务

根据企业的实际情况,完成以下工作任务:
◈ 掌握成本计算方法选择的原则,结合具体情境选择合适的成本计算方法
◈ 结合具体情境,加深学生对品种法、分批法、分步法、分类法、定额法的计算原理的认知和把握
◈ 培养学生结合具体情境,选择合适的成本计算方法,独立完成产品的成本核算

🎯 情境结构图

认知情境三 成本计算方法实践
- 项目一 产品成本计算方法概述
  - 任务一 制造业生产类型及其特点
  - 任务二 管理要求的分类及其特点
  - 任务三 生产类型和管理要求对产品成本计算方法的影响
  - 任务四 产品成本计算方法的选择和应用
- 项目二 产品成本计算的基本方法
  - 任务一 品种法
  - 任务二 分批法
  - 任务三 分步法
- 项目三 产品成本计算的辅助方法
  - 任务一 分类法
  - 任务二 定额法

项目一　产品成本计算方法概述

项目认知目标

◈ 了解制造业的生产按工艺过程特点的分类和组织方式的分类
◈ 熟悉生产特点对成本计算方法的影响
◈ 了解管理要求对成本计算方法的影响
◈ 掌握产品成本计算的常用方法与制造业生产类型的关系
◈ 掌握产品成本计算方法的选用原则

项目技能目标

◈ 培养学生对制造企业生产类型和管理要求影响成本计算方法进行辨析的能力
◈ 培养学生对制造企业各种产品成本计算方法正确选用的能力

项目情感目标

◈ 引导学生坚持准则，能够根据业务情境科学客观选择成本计算的最优方法，培养学生客观公正、坚持准则的会计职业品德
◈ 引导学生树立柔性化生产意识，培育学生精益求精的工匠精神和爱岗敬业、尽职尽责的"钉子"精神

案例导入

飞皇建筑公司是一家以质量著称的小型房屋建筑企业。公司的创始人钱老先生退休后将生产交给儿子钱经理。钱经理接手后便决定对公司进行变革，他认为公司应开拓顾客化住宅和工业建筑领域。当他开始考察该策略的可行性时，他对公司现行成本的计算方法感到有些疑惑，他担心公司现行的成本计算方法不适应公司新的发展要求。因此，他与财务负责人李先生进行了讨论。钱经理认为，公司过去所盖的住宅都基本相同。虽然在设计方面有一些小变化，但每套房子需要的工作和材料基本相同，简单归依在建筑过程中发生的实际成本，再除以建筑的单元数，就可以算出每套房子的成本，但是，如果进入顾客化住宅或工业建筑领域，原来的方法就不适用了。例如，顾客化住宅，要用不同的水泥工、木工，还可能要用较贵的材料，这些房子在尺

寸上可能和原来的标准单元房差别很大。如果简单地用总建筑成本除以总建筑单元数，就没法得到各单元房的准确成本，标准单元房的成本也会被歪曲，在工业建筑方面甚至会引起更严重的问题。所以，钱经理认为，需要采用一个全新的方法来归集建筑成本。

【要求】飞皇公司当前的成本计算方法是否适应变革后公司的生产类型？成本计算方法是否需要改革？如果你是财务负责人李先生，你将会如何建议？

任务一　制造业生产类型及其特点

产品成本计算就是按照一定的方法系统记录生产过程中所发生的费用，并按照一定的对象和标准进行归集与分配，确定各种产品的总成本和单位成本的过程。产品成本计算方法由于不同企业的生产类型和管理要求不同而不同。制造企业的生产类型是按照一定的标准划分的不同类型。

一、生产按工艺过程特点分类

在生产过程中，凡是改变生产对象的形状、尺寸、位置和性质等，使其成为成品或半成品的过程称为工艺过程。生产过程的组织主要是指生产过程的各个阶段、各个工序在时间、空间上的衔接与协调。按照生产工艺过程的特点分类，制造企业的生产可以分为单步骤生产和多步骤生产。

1. 单步骤生产

单步骤生产也称简单生产，是指在工艺过程上不能间断，不能由几个企业协作进行的生产。其特点是：生产周期一般比较短，产品品种单一，通常没有在产品、半成品或其他中间产品，如采掘生产、供电、供水等。

2. 多步骤生产

多步骤生产也称复杂生产，是指工艺可以间断，可以由一个企业单独进行，也可以由几个企业协作进行的生产。其特点是：生产周期一般比较长，产品品种也较多，有在产品、半成品或中间产品。

多步骤生产按其加工方式不同，又可划分为连续加工式多步骤生产和装配加工式多步骤生产两种类型。

连续加工式多步骤生产是指原材料投入后，到产品完工，要经过若干步骤的连续加工、顺序转移，直至最后一个步骤制成产成品的生产。连续加工式多步骤生产除了最后步骤生产出产成品外，其余步骤完工的产品都是半成品，这些半成品往往又是后续步骤的加工对象，如冶金、纺织、造纸等。

装配加工式多步骤生产又称不行加工式多步骤生产，是指各种原材料投入后分别生产加工制成各种零部件，再将零部件装配成各种产成品的生产，如汽车、电器、仪表等的生产。

二、生产按组织方式分类

生产组织是指为了确保生产的顺利进行所进行的各种人力、设备、材料等生产资源的配置。生产组织是生产过程的组织与劳动过程的组织的统一。按照生产组织方式分类，制造企业的生产可以分为大量生产、成批生产和单件生产。

1. 大量生产

大量生产是指不断地大量重复进行品种相同产品的生产。该类型生产的特点是企业生产的产品品种较少，每种产品的产量较大，通常采用专业设备重复地进行生产，专业化水平较高，如纺织、冶金、电力、供水、造纸、采掘、酿酒等生产。

2. 成批生产

成批生产是指按照客户预定的产品数量和规格，定期重复进行某种产品的生产。该类型生产的特点是企业生产的产品品种较多，各种产品数量多少不等，每隔一定时期重复生产一批，一般是同时采用专业设备和通用设备进行生产，如服装、机械、电梯、印刷品、食品等生产。

成批生产按照产品批量的大小，又可以分为大批生产和小批生产两种类型。大批生产由于产品的批量较大，往往在几个月内不断地重复生产一种或几种产品，因而性质上接近于大量生产；小批生产由于产品的批量较小，一批产品一般可以同时完工，因而性质上接近于单件生产。

3. 单件生产

单件生产是指根据订货单位的要求，进行某种特定规格产品的生产。该类型生产的特点是企业生产的产品品种多，每一订单的产品数量很少，每种产品生产后一般不再重复生产或不定期重复生产，通常是采用通用设备进行加工，如船舶、重型机器、大型组合仪器仪表新产品等生产。

一般而言，一个企业各生产车间的生产并不都是同一种生产类型，可能具有不同的工艺过程特点和不同的生产组织方式。如汽车制造厂，从整个工厂的产品生产来看，应属于装配式的多步骤大量生产，但其内部各车间的产品生产，则可能是连续式的多步骤成批生产。另外，车间的组织形式，既可以有按工艺专业化建立的生产车间，也可以有按对象专业化建立的生产车间。一个车间内部也可以将两种专业化形式结合运用。

任务二　管理要求的分类及其特点

成本计算方法的确定除了要适应企业的生产类型外，还要适应成本管理的要求，充分体现重要性的原则，精简结合，提高成本核算工作的效率。

如对连续加工式多步骤大量大批生产的情况，尽管各步骤均有自制半成品，但管理上可以根据自身的需要选择要求计算半成品成本或者选择不要求计算半成品成本。如半成品能够单独对外出售，则要求计算半成品成本，成本计算对象就包括各步骤半成品成本和最终完工产品的成本，此时，应该选择分步法进行成本核算。如果半成品不需要考核，也不需要对外出售，则管理上可以不要求计算半成品成本，此时不必计算自制半成品成本，直接将最终完工产品作为成本计算对象，则应该选择分类法进行成本核算。

另外，某些规格不同但性能结构、耗用原料和工艺过程基本相同的产品可以合并为一类，作为一个具体的成本计算对象来归集生产费用，计算出该类产品的总成本，然后将该类产品的总成本按一定的方法分配，分别计算出各种规格产品的总成本和单位成本。因此，成本计算方法是根据企业产品类型和成本管理的要求来确定的。

任务三　生产类型和管理要求对产品成本计算方法的影响

成本计算方法通常是指产品、作业、劳务的成本计算方法，是指一定时期的生产费用按各种产品进行归集，并在产成品和在产品之间进行分配，以求得各种产品总成本和单位成本的方法。

一、成本计算方法的因素

成本计算方法的组成要素一般有成本计算对象的确定、成本计算期的确定、生产费用在完工产品与在产品之间的分配等。

（一）成本计算对象的确定

成本计算对象是为计算产品成本而确定的生产费用的归集与分配对象，是设置生产成本明细账、分配生产费用和计算产品成本的前提。因此，为正确计算产品成本，首先必须确定成本计算对象。企业应当根据生产经营特点和管理要求，确定成本核算对象，归集成本费用，计算产品的生产成本。在不同的企业里，由于生产类型不同，具体的成本计算对象也会有所不同。

制造企业一般按照产品品种、批次订单或生产步骤等确定产品成本核算对象。大量大批单步骤生产产品或管理上不要求提供有关生产步骤成本信息，一般按照产品品种确定成本核算对象。小批单件生产产品的，一般按照每批或每件产品确定成本核算对象。多步骤连续加工产品且管理上要求提供有关生产步骤成本信息的，一般按照每种（批）产品及各生产步骤确定成本核算对象。产品规格繁多的，可以将产品结构、耗用原材料和工艺过程基本相同的产品，适当合并作为成本核算对象。

由于企业最终计算的是各种产品的成本，因此，最终的成本计算对象必须是产品。但在不同企业里，由于生产类型不同，具体的成本计算对象也会有所不同。如平行加工式的单件或成批生产情况下，由于产品生产是按客户的订单或批别组织的，所以要求计算各订单或批别产品的总成本和单位成本，具体的成本计算对象就确定为按订单或批别组织生产的产品；在平行加工式大量生产的情况下，由于完工产品是由各零（部）件装配而成的，且部分零（部）件可以直接对外销售，这就要求既要计算各种零（部）件的成本，还要计算完工产品的成本，具体的成本计算对象就确定为零（部）件及完工产品；在单步骤大量、大批生产的情况下，因产品只需经过一个步骤加工即可完成，所以只需计算各种产品的成本，具体的成本计算对象就确定为每一品种的产品；在连续加工式多步骤大量大批生产的情况下，如各步骤有半成品需单独计算成本，具体成本计算对象就确定为各加工步骤的每种产品。

(二) 成本计算期的确定

成本计算期是指每次计算产品成本的间隔时间，即生产费用归集、分配及计入产品成本的起讫日期。成本计算期取决于企业的生产类型，并不一定与生产周期或会计报告期一致。

产品的生产类型不同，对成本计算的要求亦有所不同，因而产品成本计算期也不尽相同。如在大量、大批生产的企业里，一般每月均有完工产品入库，这就要求按月计算产品成本，此时，成本计算期与会计报告期一致，而与产品的生产周期不一致；在单件或小批生产的企业里，按订单或批别计算产品成本，一般要在一份订单所列产品或一个批别所列产品全部完工后，才能计算出该订单或批别的产品成本，因此，一般以产品的生产周期作为成本计算期，此时成本计算期与产品的生产周期一致，而与会计报告期不一致。

(三) 生产费用在完工产品与在产品之间的分配

按照各成本计算对象归集与分配的生产费用全部计入"基本生产成本"明细账后，各生产成本明细账所反映的即为各成本计算对象应负担的总费用，应在本月完工产品及月末在产品之间进行分配。因为，某一成本计算对象的月初在产品成本加上本月发生的生产费用应等于本月完工产品成本加上月末在产品成本。所以，月初在产品成本与本月生产费用的合计数确定后，在本月完工产品成本与月末在产品成本中只要确定了月末在产品成本，即可以用生产费用合计数减去月末在产品成本求得完工产品成本。

在产品成本的计价，与企业的生产类型有着较密切的关系。如单步骤、大量生产单一产品的企业，一般没有或很少有在产品，为了简化核算，可不计算月末在产品成本，即将月末在产品成本确定为零；单件或小批生产的企业，是将产品的生产周期作为成本计算期的，所以在计算产品成本时，所有的产品均为完工产品，没有月末在产品成本的计算问题；而连续或平行加工式多步骤大批、大量生产的企业里，由于产品生产按企业计划确定的品种、类别或周期不断地进行，在按会计报告期计算产品成本时，既有完工产品又有月末在产品，因而就必须将按某一成本计算对象所归集的生产费用按照一定的分配方法在本月完工产品与月末在产品之间进行分配。

二、生产类型对成本计算方法的影响

采用哪种成本计算方法计算产品成本，在很大程度上取决于企业产品的生产类型，而生产类型对成本计算方法的影响主要表现在成本计算对象的确定上，此外还对成本计算期的确定、在产品的计价等方面产生影响。

成本计算对象是承担成本的客体，也就是费用归集与分配的目标。确定成本计算对象是设置生产成本明细账、归集与分配生产费用、正确计算产品成本的重要前提。

(一) 生产类型对成本计算对象的影响

1. 生产工艺过程对成本计算对象的影响

在单步骤生产的企业中，由于工艺过程的不可间断性，因此，没有必要或者不可能分步骤来计算产品成本，只能将产品品种作为成本计算对象来计算每种产品的成本。在多步骤生产的企业中，由于工艺过程是由许多个可以间断的、分散在不同地点进行的生产步骤所组成的，因此不仅要求把产品品种作为成本计算对象，还要求按照产品生产步骤计算每种产品所经过的各步骤的成本。

2. 生产组织方式对成本计算对象的影响

在大量生产企业中，由于连续不断地大量生产品种相同的产品，因此，只能将产品品种作为成本计算对象，计算每种产品的成本。

在大批生产企业中，产品的批量较大，往往在几个月之内都不断地重复生产相同的产品，所以大批生产同大量生产一样，也只能将产品品种作为成本计算对象，计算每种产品的成本。

在单件小批生产企业中，由于产品是按客户订单或批别组织生产的，所以有必要也有条件以产品的订单或批别作为成本计算对象，计算每批或订单产品的成本。

（二）生产类型对成本计算期的影响

在大量大批生产企业中，一种产品连续不断或经常重复地生产出来，为了计算损益，只能定期按月计算产成品的成本。在单件小批生产企业中，各批产品的生产周期往往不同，而且批量小，生产不重复或重复少，有条件按照各批产品的生产周期计算产品成本。在制造业生产中，产品生产周期是指从原材料投入到产品制成并验收为止所经过的时间，它通常与日历月份不吻合。所以，单件小批生产的成本计算期与生产周期一致，与会计报告期不一致。

（三）生产类型对在产品计价的影响

在产品计价问题就是将生产费用在完工产品与在产品之间进行分配的问题。

在单步骤生产企业中，产品的生产周期较短，月末一般没有在产品，或者虽有在产品，但数量、金额较小，不计算在产品成本影响不大，当月归集的生产费用即为当月完工产品的成本。

在单件小批生产企业中，由于成本计算期与产品生产周期一致，一般不需要将产品成本在完工产品与在产品之间进行分配。当某件或某批产品完工时，所归集的生产费用全部为完工产品成本；当某件或某批产品尚未完工时，所归集的生产费用全部为在产品成本。

在大量、大批、多步骤生产企业中，产品生产周期较长，且与成本计算期不一致，各步骤往往存在数量不等的在产品，需要采用适当的方法，将生产费用在完工产品与在产品之间进行分配。

三、管理要求对成本计算方法的影响

企业管理要求对于产品成本计算方法的影响，主要表现在成本计算对象上。

在大量、大批、多步骤生产的企业中，由于生产工艺过程可以间断，并可分散在不同地点进行生产，客观上就具备了按照生产步骤计算半成品成本的条件。如果企业管理上要求计算各步骤所生产产品的成本，以提供半成品成本资料，那么就以各加工步骤的产品作为成本计算对象；如果管理上不要求提供半成品的成本，那么就没有必要分生产步骤计算产品成本，而以企业所生产的产品品种作为成本计算的对象。

在单件、小批生产的企业中，可以按照经济合理地组织生产和便于管理的要求，对客户的订单进行适当的归并或细分，按重新组织的生产批别作为成本计算对象。

对于主要产品，一般应将每一种产品作为成本计算对象，而对于那些生产工艺相同、所耗原料相同的产品，可以合并为一类，先按类别划分成本计算对象，分别计算每一类产品的总成本，然后再按一定的标准分别计算该类产品中的不同规格、不同等级产品的总成本及单位成本。

任务四　产品成本计算方法的选择和应用

产品成本计算方法主要受企业生产类型和管理要求的影响。不同企业的生产类型和不同的管理要求决定着产品成本计算对象、成本计算期和在产品计价；不同的成本计算对象、成本计算期等组合在一起，形成了不同的产品成本计算方法。

产品成本计算方法总结

一、产品成本计算的基本方法

在实际工作中，有着以不同成本计算对象为主要标志的三种基本的成本计算方法，即品种法、分批法和分步法。

1. 品种法

品种法是产品成本计算品种法的简称，是指以产品品种为成本核算对象来归集和分配生产成本、计算产品成本的一种方法。这种方法主要适用于大量大批生产的简单生产或管理上不要求分步骤计算成本的复杂生产，如发电、供水、采掘、玻璃制品和水泥生产等。

2. 分批法

分批法也称订单法，是以产品的批次或订单为成本计算对象来归集生产费用、计算产品成本的一种方法。分批法主要适用于单件和小批的多步骤生产，如重型机床、船舶、精密仪器和专用设备等。

3. 分步法

分步法是以产品生产步骤和产品品种为成本计算对象来归集和分配生产费用、计算产品成本的一种方法。分步法适用于连续、大量、多步骤生产且管理上要求计算半成品成本的工业企业，如冶金、纺织、酿酒、砖瓦等企业。

当然，各种产品成本的计算方法的主要区别是成本计算对象不同。品种法是将产品品种作为成本计算对象，分批法是将产品生产批别作为成本计算对象，分步法是将产品品种及步骤作为成本计算对象。

二、产品成本计算的辅助方法

在实际工作中，除了应用品种法、分批法、分步法等基本方法外，还可以采用一些其他的成本计算方法，如分类法、定额法等。这些方法对于计算产品实际成本不是必需的，属于产品成本计算的辅助方法。

1. 分类法

分类法是按产品类别计算成本的一种方法。分类法是品种法的延伸。有些企业产品品种很多，按照品种法计算产品成本非常烦琐，采用分类法就先按产品类别归集生产费用，计算产品的类别成本，然后进行分配，计算各种产品的成本。此法适用于原材料相同的多品种规格产品的生产企业，如电子元件生产企业、化工试剂生产企业等。

2. 定额法

定额法是指以产品定额成本为基础，加减各种定额差异和定额变动来计算产品实际成本的一种成本计算方法。

注意：产品成本辅助方法必须与基本方法结合起来才能使用，不能单独使用，所以称为辅助方法。

三、成本计算方法的确定和选择

成本计算方法的选择主要受生产类型和管理要求的影响。产品成本计算方法选择如表3-1所示。

表 3-1 产品成本计算方法选择表

成本计算方法	工艺技术过程特点和管理要求	生产组织特点	成本计算对象	成本计算期	在产品成本计算
品种法	单步骤生产	大量、大批生产	产品品种	按月定期进行	不计算
	管理上不要求分步骤计算成本的多步骤生产	大量、大批生产	产品品种	按月定期进行	按需计算
分批法	单步骤生产或管理上要求按批别计算成本的多步骤生产	小批、单件生产	产品批别	与生产周期一致	按需计算
分步法	连续式或平行式的、管理上要求分步骤计算成本的多步骤生产	大量、大批生产	产品品种及步骤	按月定期进行	按需计算
分类法	产品品种规格繁多且每类产品所用原材料、生产工艺过程基本相同的生产	各种组织形式的生产	产品类别	按月定期进行	按需计算
定额法	产品消耗定额合理、稳定且定额管理基础较好的生产	各种组织形式的生产	定额成本及各种差异	按月定期进行	需计算在产品成本

四、产品成本计算方法应用原则

(一)企业可以运用单一方法

产品成本计算的常用方法都有各自的特点和适用范围,针对不同的工艺过程和管理要求就应选用不同的成本计算方法。如,单步骤生产或管理上要求按照批别计算成本的多步骤生产企业,应当采用分批法;连续式或平行式的多步骤生产、管理上要求分步骤计算成本的多步骤生产企业,应当采用分步法;对于某些规模较小或者产品单一的生产企业,可以选用单一方法进行成本计算。

(二)企业可以运用多种方法

在实际工作中,由于企业情况错综复杂,各个企业实际采用的成本计算方法往往不止一种。一个企业或车间、分厂中可以同时采用不同的成本计算方法,或把几种不同的成本计算方法结合起来运用。

1. 几种成本计算方法同时采用

在制造企业里,一般既设有基本生产车间,又设有辅助生产车间。基本生产车间生产产品,辅助生产车间生产工具或提供劳务,但基本生产车间和辅助生产车间在生产特点和管理要求上会有不同,采用的成本计算方法也就不同。如,纺织企业属于大量大批的多步骤生产,而且各步骤所产的半成品可以对外出售,因此,所产产品要采用分步法计算产品的成本;而辅助生产车间是为基本生产车间制造模具,一般属于小批单件生产,所产产品可采用分批法计算成本。又如,在一个基本生产车间或企业生产几种产品,其中有的产品市场需求量大,需要大批生产,那么对这些产品就可以采用品种法或分步法计算成本,而有的产品市场萎缩,逐渐减少,则应采用分批法计算成本。

2. 几种成本计算方法综合运用

在有的制造企业中,根据产品的生产特点和管理要求,可能会以一种成本计算方法为主,把几种成本计算方法结合起来应用。

一种产品的不同生产步骤,由于生产特点和管理要求不同,可以采用不同的成本计算方法。如,单件、小批生产的机械制造企业,其铸造车间由于品种少并可直接对外出售半成品,可以采用品种法进行成本计算;加工装配车间由于单件小批量生产,则采用分批法计算各批产品的成本。而从铸造车间到加工车间、装配车间,由于是连续多步骤生产,则可采用分步法计算产品成本。这样,该企业在分批法的基础上,还可结合采用品种法和分步法。

(三)辅助方法的选择和应用

成本计算的分类法和定额法,是为简化成本计算或加强成本管理而采用的辅助方法。这两种方法与生产类型的特点没有直接联系,可以应用于各种类型生产,但必须与各类型生产中所采用的成本计算基本方法结合起来应用,不能单独采用。如,在电子元件生产的制造企业中,由于生产的产品品种多,可以按照一定的标准分为若干类别,因而可以在所采用的基本计算方法基础上,结合分类法计算产品成本;又如,在大量大批多步骤生产的机械制造企业中,如果定额管理的基础比较好,产品的消耗定额比较准确、稳定,可以在分步法的基础上结合定额法计算产品成本。

知识拓展与阅读

非制造业企业成本计算对象

1.《企业产品成本核算制度(试行)》规定

除制造业之外,《企业产品成本核算制度(试行)》明确规定了下列类型企业成本核算对象的选择原则。

(1)农业企业一般按照生物资产的品种、成长期、批别(群别、批次)与农业生产相关的劳务作业等确定成本核算对象。

(2)批发零售企业一般按照商品的品种、批次、订单、类别等确定成本核算对象。

(3)建筑企业一般按照订立的单项合同确定成本核算对象。单项合同包括建造多项资产的,企业应当按照企业会计准则规定的合同分立原则,确定建造合同的成本核算对象。为建造一项或数项资产而签订一组合同的,按合同合并的原则,确定建造合同的成本核算对象。

(4)房地产企业一般按照开发项目、综合开发期数并兼顾产品类型等确定成本核算对象。

(5)采矿企业一般按照所采掘的产品确定成本核算对象。

(6)交通运输企业以运输工具从事货物、旅客运输的,一般按照航线、航次、单船(机)、基层站段等确定成本核算对象;从事货物等装卸业务的,可以按照货物、成本责任部门、作业场所等确定成本核算对象;从事仓储、堆存、港务管理业务的,一般按照码头、仓库、堆场、油罐、筒仓、货棚或主要货物的种类、成本责任部门等确定成本核算对象。

(7)信息传输企业一般按照基础电信业务、电信增值业务和其他信息传输业务等确定成本核算对象。

(8)软件及信息技术服务企业的科研设计与软件开发等人工成本比重较高的,一般按照科研课题、承接的单项合同项目、开发项目、技术服务客户等确定成本核算对象。合同项目规模较大、开发期较长的,可以分段确定成本核算对象。

(9)文化企业一般按照制作产品的种类、批次、印次、刊次等确定成本核算对象。

2. 企业行业参照标准

除《企业产品成本核算制度(试行)》已明确规定的以外,其他行业企业应比照以上类似行业的企业确定产品成本核算对象,进行产品成本核算。企业内部管理有相关要求的,还可以按照现代企业多维度、多层次的管理需要,确定多元化的产品成本核算对象。

多维度,是指以产品的最小生产步骤或作业为基础,按照企业有关部门的生产流程及其相应的成本管理要求,利用现代信息技术,组合出产品维度、工序维度、车间班组维度、生产设备维度、客户订单维度、变动成本维度和固定成本维度等不同的成本核算对象。

多层次,是指根据企业成本管理需要,划分为企业管理部门、工厂、车间和班组等成本管控层次。

项目思考与自测

一、单选题

1. 生产类型和管理要求对成本计算方法的影响主要表现在（   ）上。
   A. 生产组织的特点　　　　　　　　B. 生产管理的要求
   C. 产品成本计算对象的确定　　　　D. 工艺过程的特点

2. 制造企业按其生产工艺过程的特点，可以分为（   ）。
   A. 单步骤生产和多步骤生产　　　　B. 复杂生产和多步骤生产
   C. 简单生产和单步骤生产　　　　　D. 大量大批生产和单件小批生产

3. 在小批单件多步骤生产的情况下，如果管理上不要求分步计算产品成本，应采用的成本计算方法是（   ）。
   A. 品种法　　　B. 分批法　　　C. 分步法　　　D. 分类法

4. 品种法适用的生产组织方式是（   ）。
   A. 大量成批生产　　B. 大量大批生产　　C. 大量小批生产　　D. 单件小批生产

5. 产品成本计算的基本方法不包括（   ）。
   A. 品种法　　　B. 分批法　　　C. 分步法　　　D. 分类法

6. 决定成本计算对象的因素是生产类型和（   ）。
   A. 成本计算实体　　B. 成本计算方法　　C. 成本计算时期　　D. 成本管理要求

7. 在产品品种、规格繁多的工业企业中，为了简化成本计算工作，一般应采用（   ）。
   A. 品种法　　　B. 定额法　　　C. 分批法　　　D. 分类法

8. 不论什么生产类型的企业，不论采用什么成本计算方法，最终都必须按照（   ）算出产品成本。
   A. 生产步骤　　B. 生产批别　　C. 产品类别　　D. 产品品种

9. 在产品品种、规格繁多的工业企业中，为了简化成本计算工作，一般应采用（   ）。
   A. 品种法　　　B. 定额法　　　C. 分批法　　　D. 分类法

10. 各种成本计算基本方法的主要标志是（   ）。
    A. 成本计算对象
    B. 成本计算期
    C. 间接费用的分配方法
    D. 完工产品与在产品之间分配费用的方法

二、多选题

1. 产品成本计算的定额法在实际工作中（   ）。
   A. 不能单独应用
   B. 可以单独应用
   C. 根据需要确定是否与基本方法结合应用
   D. 不受限制
   E. 必须与基本方法结合应用

2. 在品种规格繁多且可按一定标准划分为若干类别的企业或车间中，能够应用分类法计算成本的产品生产类型有（   ）。

A. 大批量单步骤生产 B. 小批量单步骤生产
C. 单件小批量多步骤生产 D. 任何情况
E. 大批量多步骤生产

3. 下列生产一般情况下较宜采用分步法计算产品成本的有(　　)。
A. 发电　　　B. 采矿　　　C. 纺织　　　D. 冶金
E. 水泥

4. 产品成本计算品种法的适用范围是(　　)。
A. 单步骤生产
B. 管理上不要求分步骤计算成本的多步骤生产
C. 大量生产
D. 大批生产
E. 单件生产

5. 将品种法、分批法和分步法概括为产品成本计算的基本方法，是因为这些方法(　　)。
A. 与生产类型的特点有直接联系 B. 有利于加强成本管理
C. 成本计算工作简化 D. 是计算产品实际成本必不可少的方法
E. 与生产类型的特点没有直接联系

三、判断题

1. 如果企业产品品种、规格繁多，为了简化成本计算工作，可采用品种法计算产品成本。(　　)
2. 为配合和加强定额管理，加强成本控制，企业可单独使用定额法计算产品成本。(　　)
3. 产品成本计算的辅助方法可以在成本计算中单独使用，也可以结合使用。(　　)
4. 企业的产品生产按照工艺技术过程可分为简单生产和复杂生产。(　　)
5. 纺织、机械制造等企业属于大量大批的多步骤生产。(　　)
6. 无论采用何种方法计算产品成本，都必须进行在产品的计价。(　　)
7. 生产特点和管理要求对产品成本计算方法的影响主要表现在成本计算对象的确定上。(　　)
8. 成本计算对象的确立，是设置产品成本明细账，归集生产费用，计算产品成本的前提。(　　)
9. 在多步骤生产中，如果企业的规模较小，管理上不要求按照生产步骤考核生产费用、计算产品成本，也可以不按照生产步骤计算成本，而只按照产品品种或批别计算成本。(　　)
10. 发电、采掘企业一般采用分步法计算成本。(　　)
11. 产品成本计算的辅助方法与成本计算对象没有一定关系。(　　)
12. 在一个企业内可以同时采用几种产品成本计算方法，对同一种产品也可以采用几种产品成本计算方法。(　　)
13. 不论什么类型的生产企业，不论采用什么成本计算方法，最终都必须按照产品品种计算出产品成本。(　　)
14. 品种法也适用于大量大批的多步骤生产。(　　)

15. 在小批和单件生产中，如果产品的批量根据购买单位的订单确定，按批、按件计算产品成本，也就是按订单计算产品成本。（　　）

16. 在采用品种法计算产品成本的企业或车间，若只生产一种产品，成本计算对象就是该种产品。（　　）

17. 企业按生产工艺过程可分为简单生产和复杂生产。（　　）

18. 多步骤生产是指产品的生产工艺过程可以间断，可以分散在不同时间、不同地点进行的生产。（　　）

19. 水泥厂一般采用分步法计算产品成本。（　　）

20. 品种法和分批法的成本计算期与产品生产周期一致。（　　）

四、案例分析题

资料：欧克公司是一家新成立的摩托车生产企业，大批量生产各种规格的摩托车。摩托车的所有零部件都由本企业生产。本企业所生产的零部件大多供自己使用，也有部分发动机和轮胎对外销售。各零部件生产完工后都先移交半成品仓库，组装车间从半成品仓库领取组装成产品后对外销售。

要求：根据该企业的生产特点，为欧克公司选用一种或几种成本计算方法。

项目二　产品成本计算的基本方法

📌 项目认知目标
◈ 理解产品成本计算方法的特点及适用范围
◈ 掌握品种法的核算程序和核算要点
◈ 掌握分批法的核算程序和核算要点
◈ 掌握分步法的核算程序和核算要点

📌 项目技能目标
◈ 培养学生准确选择合适的成本计算方法归集与分配制造企业生产费用业务的操作能力
◈ 培养学生运用品种法、分批法、分步法计算各种产成品的总成本及单位成本的业务操作能力

📌 项目情感目标
◈ 引导学生坚持准则，能够根据业务情境科学客观选择成本计算的最优方法，培养学生客观公正、坚持准则的会计职业品德
◈ 引导学生树立柔性化生产意识，培育学生精益求精的工匠精神和爱岗敬业、尽职尽责的"钉子"精神

案例导入

　　大学应届毕业生小张应聘到飞天航空制造有限责任公司财务部门进行成本核算工作。请帮忙小张梳理一下，他该从哪些方面快速了解一个企业的成本核算及成本核算基本方法，快速适应成本核算岗位工作的要求呢？

任务一　品种法

品种法，是指以产品品种为成本计算对象，按产品品种设明细账，归集生产费用、计算产品成本的成本计算方法。品种法一般适用于大量、大批、单步骤生产的企业（如采掘、供水、发电等企业），以及管理上不要求分步骤计算产品成本的大量、大批、多步骤生产的企业（如小型水泥厂、小型砖瓦厂等企业）。

一、品种法概述

（一）品种法的分类

品种法可以分为简单品种法和标准品种法。

1. 简单品种法

品种法介绍

简单品种法是指将生产过程中发生的应计入产品成本的各种生产费用，直接根据有关凭证计入产品成本明细账（或成本计算单），据以计算产品成本的方法，如大量、大批、单步骤生产，且生产产品单一的企业，生产过程中发生的各种生产费用都属于直接费用，可以根据有关凭证直接计入产品成本的明细账（或成本计算单）；期末，由于没有或极少有在产品存在，本月发生的生产费用全部由完工产品负担。简单品种法适用于产品品种单一、生产周期较短的大量、大批、单步骤生产的企业及品种单一的辅助生产车间的成本计算，如发电、采掘业及供水、供电、供气等辅助生产车间的成本核算。

2. 标准品种法

标准品种法是指按各种产品设明细账，分品种归集生产费用计算产品成本的方法。标准品种法是最基本的品种法。在标准品种法下，发生的生产费用需要区分直接费用和间接费用。期末如果有一定数量的在产品，需要将本月所归集的生产费用在完工产品和月末在产品之间按一定标准分配。标准品种法适用于同时大量、大批、单步骤生产多种产品的企业或管理上不要求分步骤计算成本的大量、大批、多步骤生产的企业，如小型水泥厂、小型造纸厂、小型砖瓦厂等。

（二）品种法的特点

1. 以产品的品种为成本计算对象

品种法以产品的品种为成本计算对象。采用品种法计算产品成本的企业，如果只生产一种产品（如采掘、发电等），则只需要按产品设置产品成本明细账（或成本计算单），账内按成本项目设置专栏，本期所发生的全部费用都是直接费用，应直接计入该产品的成本明细账，不存在将生产费用在各种产品之间分配的问题。如果企业同时生产两种或两种以上的产品，则需要按品种设明细账。发生的直接费用，归属对象明确的，可以直接计入各产品明细账；归属对象不明确的（如共耗的直接材料），应分配计入各产品明细账。发生的间接费用，如折旧，先计入制造费用，期末采用适当的方法在各种产品之间分配，然后转入各产品的明细账。

2. 成本计算期与会计报告期一致，与生产周期不一致

品种法适用于大量大批单步骤生产的企业。这类企业的生产一般处于连续不间断的重复生产状态，不便于及时计算和提供完工产品的成本信息，不能满足企业管理的需要。为及时计算、提供相关的成本信息，满足管理的需要和减少会计核算的工作量，成本核算期一般选择与会计年度一致，分期计算成本，即按年分月计算产品成本、提供信息。因此，品种法的成本计算期与会计报告期一致，与产品的生产周期不一致。

3. 期末生产费用一般不需要在完工产品和在产品之间分配

品种法适用于大量大批单步骤生产的企业。这类企业的月末在产品一般很少，占有生产费用也很小，根据重要性原则，一般不需要计算、分配在产品成本，而是将本期所归集的所有生产费用全部转由当期的完工产品负担。但如果月末在产品数量较多，占用费用较大，则需要采用适当的分配方法将所归集的生产费用在完工产品和在产品之间进行分配。

(三) 品种法的核算程序

品种法的核算程序分为以下几步。

(1) 准备工作。按产品品种设置生产成本明细账(或成本计算单)，并按成本项目设置专栏。

(2) 平时记账。按照原始凭证和记账凭证编制各种费用分配表，登记各生产成本明细账或成本计算单。

(3) 月末结账。月末汇总生产成本，分别计算出完工产品和在产品成本。

二、简单品种法的应用

【例 3-1】飞天火力发电厂 2021 年 12 月发电 1 000 万度。当月发生的相关成本费用已编凭证登记到基本生产成本明细账中。试计算该厂 12 月的电力成本。基本生产成本明细账如表 3-2 所示，电力成本计算单如表 3-3 所示。

表 3-2 基本生产成本明细账

车间名称：基本生产车间　　　　　产品：电力　　　　　　　　　金额单位：元

2021 年		凭证字号	摘要	直接材料	直接人工	制造费用	合计
月	日						
12	31	略	本月耗用燃料	2 500 000			2 500 000
	31		本月耗用辅助材料	100 000			2 600 000
	31		本月发生水费			10 000	2 610 000
	31		本月发生人工费		100 000		2 710 000
	31		本月计提折旧费			30 000	2 740 000
	31		本月发生修理费			10 000	2 750 000
	31		本月办公费合计			5 000	2 755 000
	31		本月费用合计	2 600 000	100 000	55 000	2 755 000
	31		本月完工转出	2 600 000	100 000	100 000	0

表 3-3　电力成本计算单

产量：1 000 万度　　　　　　　　　　2021 年 12 月　　　　　　　　　　金额单位：元

成本项目	直接材料	直接人工	制造费用	合计
本月费用合计	2 600 000	100 000	55 000	2 755 000
单位成本	0.26	0.01	0.005 5	0.275 5

三、标准品种法的应用

【例 3-2】假设蓝天航空制造有限责任公司设有一个基本生产车间和供水、供电两个辅助车间。基本生产车间大量生产 L 电机和 T 电机两种产品，根据生产特点和管理要求，公司采用品种法核算产品成本。

原材料于生产开始时一次性投入。L 电机和 T 电机共同耗用的 B 材料，按 L 电机和 T 电机耗用 A 材料比例分配。基本生产车间生产工人薪酬、制造费用均按生产工时比例分配。辅助生产费用采用交互分配法分配。L 电机和 T 电机两种产品均采用约当产量法计算完工产品和月末在产品成本（在产品的直接人工和制造费用的完工程度均为 50%）。

(一) 准备数据资料

该公司 2021 年 12 月准备数据资料如表 3-4 所示。

表 3-4　月初在产品成本

2021 年 12 月 1 日　　　　　　　　　　　　　　　　　　　　金额单位：元

产品品种	直接材料	直接人工	制造费用	合计
L 产品	4 000.00	1 000.00	1 748.09	6 748.09
T 产品	4 800.00	2 000.00	1 654.33	8 454.33

(二) 生产过程中收集的数据资料

该公司 2021 年 12 月生产过程中收集的数据资料如表 3-5 所示。

表 3-5　产量资料

2021 年 12 月　　　　　　　　　　　　　　　　　　　　　　　　单位：件

项目	期初在产品	本月投产	本月完工	期末在产品
L 产品	100	700	600	200
T 产品	100	400	300	200

表 3-6　本月工时资料

2021 年 12 月　　　　　　　　　　　　　　　　　　　　　　　　单位：小时

项目	L 产品	T 产品	合计
生产工时	2 600	2 200	4 800

表 3-7　本月发生的材料费

2021 年 12 月　　　　　　　　　　　　　　　　　　　　　　金额单位：元

用途	直接耗用 (A 材料)	共同耗用 (B 材料)	合计
L 产品	55 000.00		55 000.00

续表

用途	直接耗用（A 材料）	共同耗用（B 材料）	合计
T 产品	65 000.00		65 000.00
小计	120 000.00	4 800.00	124 800.00
基本车间耗用		5 000.00	5 000.00
供水车间耗用	12 000.00		12 000.00
供电车间耗用		3 000.00	3 000.00
合计	132 000.00	12 800.00	144 800.00

表 3-8　本月发生的人工费用

2021 年 12 月　　　　　　　　　　　　　　　　　　　金额单位：元

用途	应付工资	应付福利费等	合计
生产人员工资	20 000.00	4 000.00	24 000.00
车间管理人员工资	7 000.00	1 000.00	8 000.00
小计	27 000.00	5 000.00	32 000.00
供水车间耗用	8 000.00	1 300.00	9 300.00
供电车间耗用	5 000.00	700.00	5 700.00
合计	40 000.00	7 000.00	47 000.00

表 3-9　本月发生的折旧费

2021 年 12 月　　　　　　　　　　　　　　　　　　　金额单位：元

车间	金额
基本生产车间	10 000.00
供水车间	6 000.00
供电车间	4 000.00
合计	20 000.00

表 3-10　本月发生的其他费用

2021 年 12 月　　　　　　　　　　　　　　　　　　　金额单位：元

项目	办公费	差旅费	保险费	其他	合计
基本车间	500.00	3 000.00	2 400.00	400.00	6 300.00
供水车间	200.00	1 000.00	500.00	500.00	2 200.00
供电车间	400.00	1 500.00	1 200.00	500.00	3 600.00
合计	1 100.00	5 500.00	4 100.00	1 400.00	12 100.00

表 3-11　本月辅助生产车间劳务量汇总表

2021 年 12 月

部门		供水车间/吨	供电车间/度
基本车间	L 产品	48 000	70 000
	T 产品	29 000	66 000
	一般耗用	1 000	4 000
辅助车间	供水		5 000
	供电	1 000	
	专设销售机构	500	1 500
	厂部管理部门	500	1750
	合计	80 000	148 250

另，本月供电车间外购电力费用为 43 000 元。

(三) 核算准备：开设账户

蓝天航空制造有限责任公司应开设的明细账包括以下几个。

(1) 按照产品品种分别开设 L 产品和 T 产品两种产品的基本生产成本明细账，登记期初余额。

(2) 设立基本生产车间的制造费用明细账。

(3) 开设供水、供电车间的辅助生产成本明细账。

(四) 核算过程：归集和分配生产费用，计算完工产品成本

1. 要素费用的归集和分配

(1) 分配材料费用。根据领料凭证编制产品共同耗用材料分配表和材料费用分配汇总表，填制记账凭证，登记有关账簿，如表 3-12 和表 3-13 所示。

表 3-12　产品共同耗用材料分配表

2021 年 12 月　　　　　　　　　　　　　　　　　　金额单位：元

产品名称	分配标准	分配率	金额
L 产品	55 000.00		2 200.00
T 产品	65 000.00		2 600.00
合计	120 000.00	0.04	4 800.00

表 3-13　材料费用分配汇总表

2021 年 12 月　　　　　　　　　　　　　　　　　　金额单位：元

项目		A 材料	B 材料	合计
基本生产成本	L 产品	55 000.00	2 200.00	57 200.00
	T 产品	65 000.00	2 600.00	67 600.00
	小计	120 000.00	4 800.00	124 800.00

续表

项目		A材料	B材料	合计
辅助生产成本	供水车间	12 000.00		12 000.00
	供电车间		3 000.00	3 000.00
	小计	12 000.00	3 000.00	15 000.00
制造费用	基本车间		5 000.00	5 000.00
合计		132 000.00	12 800.00	144 800.00

根据表3-13，编制会计分录如下：

借：基本生产成本——L产品　　　　　　　　　57 200.00
　　　　　　　　——T产品　　　　　　　　　67 600.00
　　辅助生产成本——供水车间　　　　　　　　12 000.00
　　　　　　　　——供电车间　　　　　　　　 3 000.00
　　制造费用　　　　　　　　　　　　　　　　 5 000.00
　贷：原材料——A材料　　　　　　　　　　　132 000.00
　　　　　　——B材料　　　　　　　　　　　 12 800.00

(2) 分配人工费用。根据工资结算汇总表编制人工费用分配汇总表，如表3-14所示，并填制记账凭证，登记有关账簿。

表3-14　人工费用分配汇总表
2021年12月

应贷科目		应借科目						
		基本生产成本			辅助生产成本		制造费用	合计
		L产品	T产品	合计	供水车间	供电车间	基本车间	
应付职工薪酬	实际工时/小时	2 600	2 200	4 800				
	分配率			5				
	金额/元	13 000.00	11 000.00	24 000.00	9 300.00	5 700.00	8 000.00	47 000.00

根据表3-14，编制会计分录如下：

借：基本生产成本——L产品　　　　　　　　　13 000.00
　　　　　　　　——T产品　　　　　　　　　11 000.00
　　辅助生产成本——供水车间　　　　　　　　 9 300.00
　　　　　　　　——供电车间　　　　　　　　 5 700.00
　　制造费用　　　　　　　　　　　　　　　　 8 000.00
　贷：应付职工薪酬　　　　　　　　　　　　　47 000.00

(3) 分配折旧费。根据有关原始凭证编制固定资产折旧计算表，如表3-15所示，并填制记账凭证，登记有关账簿。

表 3-15　固定资产折旧计算表

2021 年 12 月　　　　　　　　　　　　　　　　　　　　　　金额单位：元

车间/部门	上月折旧额	上月增加资产折旧额	上月减少资产折旧额	本月折旧额	应借科目
基本生产车间	10 000.00	0	0	10 000.00	制造费用
供水车间	6 000.00	0	0	6 000.00	辅助生产成本
供电车间	4 000.00	0	0	4 000.00	辅助生产成本
合计	20 000.00	0	0	20 000.00	

根据表 3-15，编制会计分录如下：

借：辅助生产成本——供水车间　　　　　　　　　　6 000.00
　　　　　　　　——供电车间　　　　　　　　　　4 000.00
　　制造费用　　　　　　　　　　　　　　　　　　10 000.00
　贷：累计折旧　　　　　　　　　　　　　　　　　20 000.00

（4）分配其他费用。根据有关原始凭证编制其他费用分配表，如表 3-16 所示，并填制记账凭证，登记有关账簿。

表 3-16　其他费用分配表

2021 年 12 月　　　　　　　　　　　　　　　　　　　　　　金额单位：元

项目		办公费	差旅费	保险费	其他	合计
制造费用	基本车间	500.00	3 000.00	2 400.00	400.00	6 300.00
辅助生产成本	供水车间	200.00	1 000.00	500.00	500.00	2 200.00
	供电车间	400.00	1 500.00	1 200.00	500.00	3 600.00
	小计	600.00	2 500.00	1 700.00	1 000.00	5 800.00
合计		1 100.00	5 500.00	4 100.00	1 400.00	12 100.00

根据表 3-16，编制会计分录如下：

借：辅助生产成本——供水车间　　　　　　　　　　2 200.00
　　　　　　　　——供电车间　　　　　　　　　　3 600.00
　　制造费用　　　　　　　　　　　　　　　　　　6 300.00
　贷：银行存款　　　　　　　　　　　　　　　　　12 100.00

2. 辅助生产费用的归集和分配

根据如表 3-17、表 3-18 所示的辅助生产成本明细账归集的供电车间和供水车间费用总额，以及本月辅助生产车间劳务量汇总表归集的供电车间和供水车间劳务数量，编制辅助生产成本分配表，如表 3-19 所示。然后根据辅助生产成本分配表编制相关记账凭证，并登记相关账簿。登记完毕后辅助生产成本明细账结转完毕，没有余额。

根据会计分录，登记供水车间和供电车间的辅助生产成本明细账，如表 3-17、表 3-18 所示。

表 3-17　辅助生产成本明细账

车间名称：供水车间　　　　　　　　2021 年 12 月　　　　　　　　金额单位：元

2021 年		摘要	直接材料	直接人工	制造费用	合计
12	31	分配材料费用	12 000.00			12 000.00
	31	分配人工费用		9 300.00		21 300.00
	31	计提折旧费用			6 000.00	27 300.00
	31	其他费用			2 200.00	29 500.00
	31	交互分配转入			2 000.00	2 000.00
	31	交互分配转出			368.75	368.75
	31	生产费用合计	12 000.00	9 300.00	9 831.25	31 131.25
	31	月末对外分配转出	12 000.00	9 300.00	9 831.25	31 131.25

> **小提示**
> 会计上负数用红字表示，由于教材印刷问题，本教材中的负数或者红字都用 ☐ 表示。

表 3-18　辅助生产成本明细账

车间名称：供电车间　　　　　　　　2021 年 12 月　　　　　　　　金额单位：元

2021 年		摘要	直接材料	直接人工	制造费用	合计
12	31	分配材料费用	3 000.00			3 000.00
	31	分配人工费用		5 700.00		8 700.00
	31	计提折旧费用			4 000.00	12 700.00
	31	外购动力			43 000.00	55 700.00
	31	其他费用			3 600.00	59 300.00
	31	交互分配转入			368.75	368.75
	31	交互分配转出			2 000.00	2 000.00
	31	生产费用合计	3 000.00	5 700.00	48 968.75	57 668.75
	31	月末对外分配转出	3 000.00	5 700.00	48 968.75	57 668.75

> **小提示**
> 会计上负数用红字表示，由于教材印刷问题，本教材中的负数或者红字都用 ☐ 表示。

表 3-19 辅助生产成本分配表

2021 年 12 月

项目	交互分配				对外分配				合计/元
	供水车间		供电车间		供水车间		供电车间		
	数量/吨	金额/元	数量/度	金额/元	数量/吨	金额/元	数量/度	金额/元	
待分配 费用		29 500.00		59 300.00		31 131.25		57 668.75	88 800.00
劳务量	80 000		148 250		79 000		143 250		
费用分配率		0.368 75		0.40		0.394 066 455 7		0.402 574 171 0	
供电车间	1 000	368.75							368.75
供水车间			5 000	2 000.00					2 000.00
对外分配									
L 产品					48 000	18 915.19	70 000	28 180.19	47 095.38
T 产品					29 000	11 427.93	66 000	26 569.90	37 997.82
车间一般耗用					1 000	394.07	4 000	1 610.30	2 004.36
专设销售机构					500	197.03	1 500	603.86	800.89
厂部管理部门					500	197.03	1 750	704.50	901.54
合计	1 000	368.75	5 000	2 000.00	79 000	31 131.25	143 250	57 668.75	88 800.00

> **小提示**
>
> 为更精确计算，分配率取后 10 位小数，成本数额取后两位小数。

根据表 3-19，编制会计分录(记账凭证)如下：

(1) 交互分配。

借：辅助生产成本——供水车间　　　　　　　　　　2 000.00
　　　　　　　　　——供电车间　　　　　　　　　　368.75
　　贷：辅助生产成本——供水车间　　　　　　　　　368.75
　　　　　　　　　　——供电车间　　　　　　　　　2 000.00

(2) 对外分配。

借：基本生产成本——L 产品　　　　　　　　　　　47 095.38
　　　　　　　　——T 产品　　　　　　　　　　　37 997.82
　　制造费用　　　　　　　　　　　　　　　　　　2 004.36
　　销售费用　　　　　　　　　　　　　　　　　　800.89
　　管理费用　　　　　　　　　　　　　　　　　　901.54
　　贷：辅助生产成本——供水车间　　　　　　　　　31 131.25
　　　　　　　　　　——供电车间　　　　　　　　　57 668.75

3. 制造费用的归集和分配

根据如表 3-20 所示的制造费用明细账归集的费用总额，根据本月工时资料(表 3-6)，编制制造费用分配表，如表 3-21 所示。然后根据表 3-21 制造费用分配表编制相关记账凭证,并登记相关账簿。登记完毕后制造费用明细账结转完毕,没有余额。

表 3-20 制造费用明细账

车间名称:基本生产车间　　　　　2021 年 12 月　　　　　金额单位:元

2021 年 月	2021 年 日	摘要	机物料	人工费	折旧费	办公费	差旅费	保险费	水电费	其他	合计
12	31	材料费	5 000.00								5 000.00
	31	人工费		8 000.00							13 000.00
	31	折旧费			10 000.00						23 000.00
	31	办公费				500.00					23 500.00
	31	差旅费					3 000.00				26 500.00
	31	保险费						2 400.00			28 900.00
	31	其他								400.00	29 300.00
	31	水费							394.07		29 694.07
	31	电费							1 610.30		31 304.37
	31	合计	5 000.00	8 000.00	10 000.00	500.00	3 000.00	2 400.00	2 004.37	400.00	31 304.37
	31	转出	|5 000.00| |8 000.00| |10 000.00| |500.00| |3 000.00| |2 400.00| |2 004.37| |400.00| |31 304.37|

表 3-21 制造费用分配表

车间名称:基本生产车间　　　　　2021 年 12 月

受益部门		分配标准(生产工时)/小时	分配率/(元/小时)	分配金额/元
基本生产成本	L 产品	2 600		16 956.53
	T 产品	2 200		14 347.84
	合计	4 800	6.521 743 750 0	31 304.37

根据表 3-21 编制会计分录:

借:基本生产成本——L 产品　　　　　　　16 956.53
　　　　　　　　——T 产品　　　　　　　14 347.84
　　贷:制造费用　　　　　　　　　　　　31 304.37

> **小提示**
> 会计上负数用红字表示,由于教材印刷问题,本教材中的负数或者红字都用 |　| 表示。

4. 完工产品成本的计算

(1)编制成本计算单。根据如表 3-22、表 3-23 所示的基本生产成本明细账归集的生产费用总额,编制成本计算单,如表 3-24、表 3-25 所示,同时编制完工产品成本汇总计算单。

表 3-22 基本生产成本明细账

产品名称：L产品　　　　　　　　　　2021年12月　　　　　　　　　　金额单位：元
本月完工：600台　　　　　　　　　　　　　　　　　　　　　　　　本月在产：200台

2021年 月	日	摘要	直接材料	直接人工	制造费用	合计
12	31	月初在产品成本	4 000.00	1 000.00	1 948.09	6 948.09
	31	分配材料费用	57 200.00			57 200.00
	31	分配人工费用		13 000.00		13 000.00
	31	耗用供水车间水费			18 915.19	18 915.19
	31	耗用供电车间电费			28 180.19	28 180.19
	31	负担的制造费用			16 956.53	16 956.53
	31	生产费用合计	61 200.00	14 000.00	66 000.00	141 200.00
	31	转出完工产品成本	45 900.00	12 000.00	56 400.00	114 300.00
	31	月末在产品成本	15 300.00	2 000.00	9 400.00	26 700.00

> **小提示**
> 会计上负数用红字表示，由于教材印刷问题，本教材中的负数或者红字都用 ☐ 表示。

表 3-23 基本生产成本明细账

产品名称：T产品　　　　　　　　　　2021年12月　　　　　　　　　　金额单位：元
本月完工：300台　　　　　　　　　　　　　　　　　　　　　　　　本月在产：200台

2021年 月	日	摘要	直接材料	直接人工	制造费用	合计
12	31	月初在产品成本	4 800.00	2 000.00	1 654.33	8 454.33
	31	分配材料费用	67 000.00			67 000.00
	31	分配人工费用		11 000.00		11 000.00
	31	耗用供水车间水费			11 427.93	11 427.93
	31	耗用供电车间电费			26 569.90	26 569.90
	31	负担的制造费用			14 347.84	14 347.84
	31	生产费用合计	71 800.00	13 000.00	54 000.00	138 800.00
	31	转出完工产品成本	43 080.00	9 750.00	40 500.00	93 330.00
	31	月末在产品成本	28 720.00	3 250.00	13 500.00	45 470.00

> **小提示**
> 会计上负数用红字表示,由于教材印刷问题,本教材中的负数或者红字都用 □ 表示。

表3-24 成本计算单

产品名称:L产品　　　　　　　2021年12月　　　　　　　　　　　　金额单位:元

成本项目	直接材料	直接人工	制造费用	合计
月初在产品成本	4 000.00	1 000.00	1 748.09	6 748.09
本月生产费用	57 200.00	13 000.00	64 051.91	134 251.91
生产费用合计	61 200.00	14 000.00	65 800.00	141 000.00
完工产品数量/件	600	600	600	—
在产品约当产量/件	200	100	100	—
分配率	76.50	20.00	94.00	190.50
完工产品总成本	45 900.00	12 000.00	56 400.00	114 300.00
完工产品单位成本	76.50	20.00	94.00	190.50
月末在产品成本	15 300.00	2 000.00	9 400.00	26 700.00

表3-25 成本计算单

产品名称:T产品　　　　　　　2021年12月　　　　　　　　　　　　金额单位:元

成本项目	直接材料	直接人工	制造费用	合计
月初在产品成本	4 800.00	2 000.00	1 654.33	8 454.33
本月生产费用	67 000.00	11 000.00	52 345.67	130 345.67
生产费用合计	71 800.00	13 000.00	54 000.00	138 800.00
完工产品数量/件	300	300	300	—
在产品约当产量/件	200	100	100	—
分配率	143.60	32.50	135.00	311.10
完工产品总成本	43 080.00	9 750.00	40 500.00	93 330.00
完工产品单位成本	143.60	32.50	135.00	311.10
月末在产品成本	28 720.00	3 250.00	13 500.00	45 470.00

(2)编制完工产品成本汇总表。根据成本计算单填制完工产品成本汇总表,如表3-26所示,然后入库保管,编制相关会计分录(即编制记账凭证)。

表 3-26 完工产品成本汇总表

2021 年 12 月 金额单位：元

项目		直接材料	直接人工	制造费用	合计
L 产品	总成本	45 900.00	12 000.00	56 400.00	114 300.00
	单位成本	76.50	20.00	94.00	190.50
T 产品	总成本	43 080.00	9 750.00	40 500.00	93 330.00
	单位成本	143.60	32.50	135.00	311.10

借：库存商品——L 产品　　　　　　　　　114 300.00
　　　　　　——T 产品　　　　　　　　　 93 330.00
　贷：基本生产成本——L 产品　　　　　　　114 300.00
　　　　　　　　——T 产品　　　　　　　　93 330.00

(3) 登记基本生产成本明细账。然后根据表 3-26 编制的记账凭证，登记基本生产成本明细账（表 3-22、表 3-23）。

知识拓展与阅读

企业成本管理势在必行

一个企业的经营管理离不开两件事：提升营业额和降低成本。企业要发展，离不开销售，一般来说，销售得越好，营业额越高，企业的发展就越好。但是销售得好、营业额高的企业，还需重视一个重要的因素，那就是成本控制。

企业在日益激烈的市场竞争中谋求经济利益，以取得持续性的竞争优势，就要努力提升自己的竞争优势，加强成本管理控制，精打细算，努力寻求各种降低成本的有效途径和方法。

一般情况下，成本降低的幅度，要比利润增加的幅度大，即成本降低10%，利润可能增加20%甚至更多。所以说进行成本管理是势在必行的工作，它影响着产品的设计成本、采购成本、质量成本、销售成本、工作流程、资金占用、减少库存等各个方面。

良好的成本控制管理可以降低产品成本，提高企业生产能力和资源利用率，提高市场竞争能力，促进企业改善经营管理，有利于企业的持续发展和改进，最终提高企业盈利能力。

成本控制的过程是运用系统工程的原理对企业在生产经营过程中发生的各种耗费进行计算、调节和监督的过程，同时也是一个发现薄弱环节，挖掘内部潜力，寻找一切可能降低成本途径的过程。降低产品成本，企业可以从财务控制领域、策略管理领域、采购领域、生产领域和销售领域等方面着手。

摘自微信公众号标杆精益2020-10-07 20：49 文章《制造业提效降本，从这5大领域着手！》

任务思考与自测

一、单选题

1. 某企业只生产和销售甲产品,6月1日期初在产品成本为0。6月份发生如下费用:领用材料6万元,生产工人工资2万元,制造费用1万元,行政管理部门物料消耗1.5万元,专设销售机构固定资产折旧费0.8万元。月末在产品成本3万元。该企业6月份完工甲产品的生产成本为( )万元。

A. 9　　　　　　B. 6　　　　　　C. 8.3　　　　　　D. 11.8

2. 适用于大量大批单步骤生产的企业的产品成本计算方法是( )。

A. 分类法　　　　B. 品种法　　　　C. 分步法　　　　D. 分批法

3. 下列各项中,关于产品成本计算品种法的表述正确的是( )。

A. 成本计算期与财务报告期不一致　　B. 以产品品种作为成本计算对象
C. 以产品批别作为成本计算对象　　　D. 广泛适用于小批或单件生产的企业

4. 成本计算的最基本方法是( )。

A. 分批法　　　　B. 品种法　　　　C. 分步法　　　　D. 分类法

5. 品种法的成本计算对象是( )。

A. 产品类别　　　B. 产品步骤　　　C. 产品批别　　　D. 产品品种

二、多选题

1. 下列关于产品成本计算品种法特点的表述中,正确的有( )。

A. 不定期计算产品成本
B. 适用于单步骤、大量生产的企业
C. 期末在产品数量较多时,完工产品与在产品之间需分配生产费用
D. 以产品品种作为成本核算的对象

2. 企业产品成本计算的基本方法包括( )。

A. 品种法　　　　B. 分批法　　　　C. 定额法　　　　D. 分类法

3. 下列关于成本计算品种法的表述中,正确的有( )。

A. 以产品品种作为成本计算对象归集和分配生产费用,计算产品成本
B. 适用于多步骤生产但管理上不要求分步计算成本的企业
C. 适用于冶金、纺织、机械制造等企业
D. 一般定期(每月月末)计算产品成本

4. 品种法的特点包括( )。

A. 成本计算的对象是产品品种
B. 成本计算期与报告期一致
C. 成本计算期与生产周期不一致
D. 如果期末在产品所占费用不多,可以不计算在产品成本
E. 品种法需要按步骤计算在产品成本

5. 下列企业中,适合用品种法计算产品成本的是( )。

A. 自来水厂　　　B. 小造纸厂　　　C. 拖拉机厂　　　D. 采掘类企业
E. 按订单生产企业

三、判断题

1. 产品成本计算的品种法主要适用于大批大量单步骤生产或管理上不要求提供有关生产步骤成本信息的多步骤生产。（ ）
2. 企业在按照客户订单组织产品生产的情况下，应当采用品种法计算产品成本。（ ）
3. 根据企业生产经营特点和管理要求，单步骤、大量生产的产品一般采用品种法计算产品成本。（ ）
4. 品种法的成本的计算期一般与报告期和生产周期都一致。（ ）
5. 品种法下，不存在生产费用在各种产品之间分配的问题。（ ）

四、会计实务题

某企业生产甲、乙两种产品，采用品种法计算产品成本。有关成本计算资料如下。

(1) 产量记录如题表 3-1 所示。

题表 3-1　产量记录

产品品种	月初在产品/件	本月投入/件	月末在产品/件	在产品完工程度/%
甲	20	100	40	50
乙	30	120	50	60

(2) 月初在产品成本如生产成本明细账所列。

(3) 本月发生的费用(均为间接费用)包括：直接材料 9 600 元，直接人工 2 400 元，制造费用 3 600 元。

(4) 本月费用分配方法：直接材料费用按甲、乙两种产品完工产品产量的定额费用比例分配，甲、乙两种产品的材料费用定额分别为 40 元和 48 元。人工费用和制造费用按甲、乙两种产品完工产量的定额工时比例分配，甲、乙两种产品的工时定额分别为 6.25 小时和 7 小时。

(5) 甲、乙两种产品的直接材料费用均在开工时一次投入。

要求：根据上述资料按约当产量法计算甲、乙产品完工产品成本和月末在产品成本，将计算结果填入基本生产成本明细账，格式如题表 3-2 和题表 3-3 所示。

题表 3-2　基本生产成本明细账

产品品种：甲产品　　　　　　　　　　　　　　　　　　　　　　　　　　金额单位：元

摘要	直接材料	直接人工	制造费用	合计
月初在产品成本	1 040.00	400.00	300.00	1 740.00
本月费用				
产品费用合计				
分配率				
完工产品成本				
单位成本				
月末在产品成本				

题表 3-3　基本生产成本明细账

产品品种：乙产品　　　　　　　　　　　　　　　　　　　　　　　　　　金额单位：元

摘要	直接材料	直接人工	制造费用	合计
月初在产品成本	1 040.00	400.00	300.00	1 740.00
本月费用				
产品费用合计				
分配率				
完工产品成本				
单位成本				
月末在产品成本				

任务二　分批法

分批法是指以产品的批别为成本计算对象，按批别设置明细账(或成本计算单)，分批别归集生产费用、计算产品成本的一种方法。分批法主要适用于小批、单件、管理上不要求分步计算成本的生产企业，如服装、印刷、普通饰品、玩具制造等行业。这类企业由于多是根据购货单位的订单组织安排生产的，因而按照产品批别计算产品成本，往往就是按照订单计算产品成本，所以分批法也称订单法。

一、分批法概述

(一) 分批法的分类

因企业生产工艺、成本计算繁简程度不同，分批法可分为一般分批法和简化分批法。

1. 一般分批法

一般分批法是指以产品的批别为成本计算对象，按批别设置明细账(或成本计算单)，分批别归集生产费用、计算产品成本的方法。一般分批法是最基本、最常用的分批法，主要适用于小批、单件以及管理上不要求分步计算成本的企业产品成本核算。

2. 简化分批法

简化分批法就是分批别设置基本生产成本明细账，分别归集各批别发生的直接计入费用，另设基本生产成本二级账，用于归集各项间接计入费用及其分配标准，待某批产品完工时，再将各项间接计入费用按一定的标准分配，据以计算本期完工批别产品的单位成本和总成本的分批法。

分批法介绍

(二)分批法的特点

1. 成本计算对象是批别

成本计算对象为批别，按批别设置明细账、归集生产费用、计算产品成本分批法的成本计算对象就是产品的批别。在按以销定产方式组织生产经营管理的企业，在批量适中的情况下，一般会按订单组织生产，因此会计核算上往往也按批别设置明细账、归集生产费用，按批别(订单)计算产品成本。

2. 成本计算期一般与生产周期一致，与会计期间不一致

分批法下，一般于每批产品完工后才核算成本，因此，分批法的成本核算期与每批的生产周期一致，而与会计期间不一致。但分批法下，各批产品的费用归集仍是按月进行的。

3. 月末，所归集的生产费用一般不需要在完工产品与在产品之间分配

采用分批法核算产品成本时，一般于各批次产品全部完工后才核算该批产品的单位成本和总成本，所以不需要在完工产品与在产品之间分配生产费用。但现实工作中，会计一般需要按期、分月编制报表，提供成本信息。为了满足这方面的需要，即使是采用分批法，企业有时也要分期、按月核算成本，提供信息，如，在产品批量较大、批内产品有跨月陆续完工交货的情况下，为了提高成本计算的正确性、及时提供成本信息，就需要将本期本批次明细账上所归集的生产费用在本期完工产品和月末在产品之间进行分配，以便计算出本期完工先期交货产品的成本。但为简化核算，通常做法是先对完工产品按计划单位成本或定额单位成本，或最近一批相同产品的实际单位成本计价，从该批产品的成本明细账中转出，余额即为在产品成本。待该批产品全部完工后，再计算该批产品的实际总成本和单位成本。对前期已经转账的完工产品成本，不再作账面调整。这种分配方法的优点是核算工作简单，但分配结果不太准确。

此外，在批内产品跨月陆续完工情况较多、月末完工产品数量占批量比重较大时，也应采用适当的方法，在完工产品与月末在产品之间分配费用，计算完工产品成本和月末在产品成本。

在实际工作中，为了使同一批产品尽量同时完工，避免跨月陆续完工的情况，减少在完工产品与月末在产品之间分配费用的工作，成本核算部门应与生产部门协调，在符合生产组织要求和经济效益原则的前提下，适当调整每批产品的投放量，尽量使每批产品的生产周期与会计期间一致，以减轻会计核算的工作量。

4. 批别一般按照自然订单确定，也可以进行适当合并和分拆

(1)订单分拆。通常分为以下三种情况。

①如果在一张订单中有好几种产品，且各种产品的生产工艺相差较大，这时应将订单按照产品品种划分为不同的批别，分别组织生产，分批别计算成本。

②虽然订单中只有一种产品，但数量较大，又要求分批交货，这时应将订单按经济合理原则划分成数批，分别组织生产，分批别核算成本。

③如果在一张订单中只有一件产品，但该产品是大型复杂产品，价值较大，生产周期较长，如大型船舶制造，也可以按照产品组成部分分批组织生产，分别核算成本。

(2)订单合并。如果在同一时期，不同订单中有相同的产品，且各订单的件数不多，

为了经济合理地组织生产，也可以将不同订单上的相同产品合为一批，组织生产，计算成本。在此情况下，分批法的成本计算对象就不再是购货单位的订单，而是企业生产计划部门签发下达的生产任务通知单。企业应对各批生产任务进行编号，即产品批号或生产令号。会计部门应根据产品批号开设产品成本明细账，按产品批别归集生产费用，核算各批别的产品成本。

(三) 分批法的核算程序

采用分批法计算产品成本，可按以下三个步骤进行。

1. 产品投产时

产品投产时，按批号(生产令号)设置成本计算单。如服装、玩具等生产企业，在产品投产时，生产计划部门会向生产部门下达生产任务通知单，并通知财会部门。会计部门根据产品的生产批号，设置成本计算单，按成本项目归集生产费用。

2. 平时

平时则按批别汇集和分配生产费用，编制各种费用汇总分配表，登记基本生产成本明细账(或成本计算单)。

3. 产品完工月份

产品完工月份，计算该批产品自开工之日起所发生的总成本和单位成本，并结转产成品成本。

二、一般分批法的应用

一般分批法就是通常所说的分批法，是指以产品的批别为成本计算对象，按批别设立明细账(或成本计算单)，分批别归集生产费用、计算产品成本的方法。

【例3-3】 飞达航空制造有限责任公司根据客户的订单，小批量生产F部件和D部件两种小型飞机部件，采用分批法核算产品成本。2021年10月份的生产情况和生产费用支出情况的资料如下。

1. 本月份生产产品的批号

0910号F部件5台，9月份投产，本月全部完工。
1011号F部件10台，10月份投产，计划11月份完工，本月完工6台，未完工4台。
1012号D部件10台，本月投产，计划11月份完工，本月完工2台。
1013号D部件10台，本月投产，本月尚未完工。

2. 本月份的成本资料

(1) 各批产品的月初在产品费用如表3-27所示。

表3-27 月初在产品费用

2021年10月　　　　　　　　　　　　　　　　　　　金额单位：元

批号	直接材料	直接人工	制造费用	合计
0910	70 000.00	40 000.00	20 000.00	130 000.00

(2) 根据各种费用分配表，汇集各批产品本月发生的生产费用，如表3-28所示。

表 3-28 本月发生生产费用

2021 年 10 月　　　　　　　　　　　　　　　　　　　金额单位：元

批号	直接材料	直接人工	制造费用	合计
0910		30 000.00	2 000.00	32 000.00
1011	150 000.00	50 000.00	40 000.00	240 000.00
1012	120 000.00	40 000.00	20 000.00	180 000.00
1013	20 000.00	10 000.00	5 000.00	35 000.00

3. 在完工产品与在产品之间分配费用的方法

1011 批号 F 部件，原材料在生产开始时一次投入。月末，生产费用采用约当产量法在完工产品与在产品之间分配，在产品完工程度为 50%。

1012 批号 D 部件，本月完工产品数量为 2 台。为简化核算，完工产品按计划成本转出，每台计划成本为：直接材料 15 000 元，直接人工 12 000 元，制造费用 3 000 元，合计 30 000 元。

根据上述各项资料，填制各批产品成本计算单，如表 3-29 至表 3-33 所示。

表 3-29 成本计算单

产品批号：0910　　　　　　金额单位：元　　　　　　投产日期：2021 年 9 月
产品名称：F 部件　　　　　批量：5 台　　　完工：5 台　　完工日期：2021 年 10 月

项目	直接材料	直接人工	制造费用	合计
月初在产品成本	70 000.00	40 000.00	20 000.00	130 000.00
本月生产费用		30 000.00	2 000.00	32 000.00
生产费用合计	70 000.00	70 000.00	22 000.00	162 000.00
完工产品成本	70 000.00	70 000.00	22 000.00	162 000.00
完工产品单位成本	14 000.00	14 000.00	4 400.00	32 400.00

表 3-30 成本计算单

产品批号：1011　　　　　　金额单位：元　　　　　　投产日期：2021 年 10 月
产品名称：F 部件　　　　　批量：10 台　　　完工：6 台　　完工日期：2021 年 11 月

项目	直接材料	直接人工	制造费用	合计
本月生产费用	150 000.00	50 000.00	40 000.00	240 000.00
生产费用合计	150 000.00	50 000.00	40 000.00	240 000.00
完工产品产量/台	6	6	6	—
在产品约当产量/台	4	2	2	—
约当总产量/台	10	8	8	—
分配率	15 000	6 250	5 000	26 250
完工产品成本	90 000.00	37 500.00	30 000.00	157 500.00

续表

项目	直接材料	直接人工	制造费用	合计
完工产品单位成本	15 000.00	6 250.00	5 000.00	26 250.00
在产品成本	60 000.00	12 500.00	10 000.00	82 500.00

表3-31 成本计算单

产品批号：1012　　　　　　　　金额单位：元　　　　　　　　投产日期：2021年10月
产品名称：D部件　　　　　　　批量：10台　　　完工：2台　　完工日期：2021年11月

项目	直接材料	直接人工	制造费用	合计
本月生产费用	120 000.00	40 000.00	20 000.00	180 000.00
生产费用合计	120 000.00	40 000.00	20 000.00	180 000.00
单台计划成本	15 000.00	12 000.00	3 000.00	30 000.00
完工产品成本	30 000.00	24 000.00	6 000.00	60 000.00
在产品成本	90 000.00	16 000.00	14 000.00	120 000.00

表3-32 成本计算单

产品批号：1013　　　　　　　　金额单位：元　　　　　　　　投产日期：2021年10月
产品名称：D部件　　　　　　　批量：10台　　　完工：0台　　完工日期：2021年　月

项目	直接材料	直接人工	制造费用	合计
本月生产费用	20 000.00	10 000.00	5 000.00	35 000.00

表3-33 完工批别产品成本汇总表
2021年10月　　　　　　　　　　　　　　　　　　　　　　　　　金额单位：元

项目	直接材料	直接人工	制造费用	合计
0910批产品成本	70 000.00	70 000.00	22 000.00	162 000.00
0910批产品单位成本	14 000.00	14 000.00	4 400.00	32 400.00
1011批完工产品成本	90 000.00	37 500.00	30 000.00	157 500.00
1011批完工单位成本	15 000.00	6 250.00	5 000.00	26 250.00
1012批完工产品成本	30 000.00	24 000.00	6 000.00	60 000.00
1012批完工单位成本	15 000.00	12 000.00	3 000.00	30 000.00

根据表3-33，编制会计分录如下：

借：库存商品——0910批F部件　　　　　　　　162 000.00
　　　　　　——1011批F部件　　　　　　　　157 500.00
　　　　　　——1012批D部件　　　　　　　　 60 000.00
　　贷：基本生产成本——0910批F部件　　　　　　　　162 000.00
　　　　　　　　　——1011批F部件　　　　　　　　157 500.00
　　　　　　　　　——1012批D部件　　　　　　　　 60 000.00

> **小提示**
> 基本生产成本明细账略。

三、简化分批法的应用

(一)简化分批法概述

1. 简化分批法概念

所谓简化分批法,就是分批别分别设立基本生产成本明细账,归集各批别发生的直接计入费用;另设基本生产成本二级账,用于归集各项间接计入费用及其分配标准。待某批次完工时,再将各项间接计入费用按一定的标准分配,据以计算完工批别产品的单位成本和总成本的分批法。所以简化分批法也被称为累计间接计入费用分配法。

一般分批法下,在小批、单件生产的企业或车间中,各产品成本明细账中不仅归集了各批产品所耗用的直接费用(直接材料),而且当月发生的间接费用(除直接材料以外的费用)也全部计入了各受益对象的产品成本明细账,而不管产品成本明细账中的产品是否已经全部完工,只要有在产品,就要计算出各批未完工的在产品成本。如果同一月份投产的产品批数很多,有几十批甚至上百批,且月末未完工的批数也较多,在这种情况下,各项间接费用如果仍采用当月分配法(即将当月发生的间接费用全部分配给各批产品),费用分配的核算工作将非常繁重。为了简化核算工作,在这类企业或车间中可采用一种简化的分批法,即累计间接计入费用分配法。每月发生的各项间接费用,不是按月在各批产品之间进行分配,而是将其先分别累计起来,待到产品完工时,再按照产品累计工时的比例,在各批完工产品之间进行分配。

2. 简化分批法的适用条件

(1)月末未完工产品的批数较多。

(2)各月份的间接费用相差不大。

3. 简化分批法的账簿设置与登记方法

采用简化的分批法核算产品成本,企业除按照产品批别设置产品成本明细账外,必须另设基本生产二级账,用于归集企业或车间全部产品的累计生产费用和累计工时(实用工时或定额工时)。在各批产品完工之前,各批别的明细账只登记直接计入费用(如原材料)和生产工时,其他各项间接计入费用全部计入基本生产成本二级账;待有某批别产品完工时,才按适当的标准计算基本生产成本二级账中各项间接计入费用的分配率,结转、登记到各完工批别的基本生产成本明细账,计算完工批别产品的单位成本和总成本,而其他未完工产品的所有间接费用仍以总数的形式反映在基本生产二级账中。

4. 与一般分批法相比,简化分批法的特点

(1)账户设置。一般分批法一般只需要按批别设置基本生产成本明细账和制造费用明细账即可;简化分批法除要按批别设置基本生产成本明细账外,不再设置制造费用明细账,而增设基本生产成本二级账。

(2)费用的归集和登记。一般分批法下,各项费用都是按部门和用途以及谁受益谁负责原则分类归集、编凭证登账的;而简化分批法下,除了归属对象很明确的直接费用(如直接材料)直接计入各批别的明细账外,其他各项费用均归集到基本生产成本二级账中,待以后按适当的标准分配。

(3)完工产品成本的结转。一般分批法下,一般在该批别产品完工时才计算、结转该批产品的单位成本和总成本;而简化分批法下,只要有一批产品完工,一般就要按适当的标准计算基本生产成本二级账中各项间接计入费用的分配率,分配、结转完工批别产品应负担的各项间接计入费用,计算完工批别产品的单位成本和总成本。

5. 简化分批法的核算程序

(1)日常核算。平时,各项直接计入费用(如直接材料)和生产工时,按谁受益谁负责原则分别计入各批别产品的基本生产成本明细账,同时也将其计入基本生产成本二级账中的相应栏目;各项间接计入费用(包括直接人工、制造费用)和生产工时,均分别累计计入基本生产成本二级账中的相应栏目。

(2)完工核算。待某批产品完工后,再按一定的标准(如生产工时等)计算基本生产成本二级账中各项间接计入费用的分配率,分配、结转基本生产成本二级账中各项间接计入费用和生产工时至各完工批次的产品明细账中,据以计算出本期完工批别产品的单位成本和总成本。

6. 简化分批法下间接计入费用的分配方法

每月发生的各项间接计入费用,不是按月在各批产品之间进行分配,而是先将其分别累计起来,计入基本生产成本二级账,待某批产品完工时,再按照产品累计生产工时比例等标准,计算分配率,结转完工批次应负担的各项费用。其计算公式为:

$$全部产品累计间接计入费用分配率 = \frac{全部产品某成本项目累计间接计入费用}{全部产品该成本项目的分配标准累计}$$

某批次完工产品应负担某成本项目费用额 = 该批次完工产品的分配标准累计 × 全部产品累计间接计入费用分配率

(二)简化分批法应用

【例3-4】飞翼航空模型制造厂小批量生产多种飞机模型。为了简化成本计算工作,企业决定采用简化分批法核算产品成本。该企业2021年10月份各批产品的生产情况如下。

1. 本月份生产产品的批号

0812批号A模型8件,8月投产,本月全部完工。

0910批号B模型10件,9月投产,本月完工5件(5件完工产品定额工时为13 000小时,投料程度为60%)。

0920批号A模型15件,9月投产,尚未完工。

1001批号C模型10件,10月投产,尚未完工。

2. 本月份的成本资料

(1)各批产品的月初在产品费用及累计工时如表3-34所示。

表 3-34　月初在产品费用及累计工时表

2021 年 10 月　　　　　　　　　　　　　　　　　　金额单位：元

批号	直接材料	直接人工	制造费用	累计工时/小时
0812（A 模型）	102 000.00			15 500
0910（B 模型）	75 000.00			7 500
0920（A 模型）	45 000.00			8 000
合计	222 000.00	47 100.00	54 800.00	31 000

（2）根据各种费用分配表，汇集各批产品本月发生的生产费用及工时资料，如表3-35所示。

表 3-35　本月发生生产费用及工时资料

2021 年 10 月　　　　　　　　　　　　　　　　　　金额单位：元

批号	直接材料	直接人工	制造费用	累计工时/小时
0812（A 模型）	32 000.00			10 200
0910（B 模型）	7 000.00			9 200
0920（A 模型）	90 000.00			4 500
0812（C 模型）	42 000.00			6 500
合计	171 000.00	45 000.00	68 000.00	30 400

3. 计算累计分配率

根据期初和本期资料，计算累计分配率，编制基本生产成本二级账，如表3-36所示。

表 3-36　基本生产成本二级账

2021 年 10 月　　　　　　　　　　　　　　　　　　金额单位：元

2021 年		摘要	直接材料	分配标准（工时）	直接人工	制造费用	合计
月	日						
10	1	期初余额	222 000.00	31 000	47 100.00	54 800.00	323 900.00
	31	本月发生费用	171 000.00	30 400	45 000.00	68 000.00	284 000.00
	31	累计生产费用	393 000.00	61 400	92 100.00	122 800.00	607 900.00
	31	累计间接计入费用分配率			1.5	2	
	31	完工转出	175 000.00	38 700	58 050.00	84 800.00	317 850.00
	31	月末余额	218 000.00	22 700	34 050.00	38 000.00	290 050.00

> **小提示**
> 　　会计上负数用红字表示，由于教材印刷问题，本教材中的负数或者红字都用□表示。本表格最后两行可根据各批产品的基本生产明细账来登记。

4. 编制各批产品成本计算单

编制各批产品成本计算单，计算完工产品成本，如表3-37、表3-38所示。

表 3-37　成本计算单

产品批号：0812　　　　　　　　　金额单位：元　　　　　　　　　投产日期：2021 年 8 月
产品名称：A 模型　　　　　　　　批量：8 台　　　　完工：8 台　　完工日期：2021 年 10 月

项目	直接材料	累计工时	直接人工	制造费用	合计
期初余额	102 000.00	15 500			
本月生产费用	32 000.00	10 200			
生产费用合计	134 000.00	25 700			
分配率			1.5	2	
完工产品成本	134 000.00	25 700	38 550.00	51 400.00	223 950.00
完工单位成本	16750.00		4 818.75	6 425.00	27 993.75

表 3-38　成本计算单

产品批号：0910　　　　　　　　　金额单位：元　　　　　　　　　投产日期：2021 年 9 月
产品名称：B 模型　　　　　　　　批量：10 台　　　完工：5 台　　完工日期：2021 年　月

项目	直接材料	累计工时/小时	直接人工	制造费用	合计
期初余额	75 000.00	7 500			
本月生产费用	7 000.00	9 200			
生产费用合计	82 000.00	16 700			
完工数量/工时	5	13 000			
在产品约当产量/台	3	3 700			
分配率	10 250		1.5	2	
完工产品成本	51 250.00		19 500.00	33 400.00	104 150.00
完工单位成本	10 250.00		3 900.00	6 680.00	20 830.00
月末在产品	30 750.00	3 700			

由于 0920 批和 1001 批本月没有完工，则可以不单设成本计算单计算完工产品的成本。

5. 编制完工批别产品成本计算汇总表

编制完工批别产品成本计算汇总表，如表 3-39 所示，并编制入库分录。

表 3-39　完工批别产品成本汇总表

2021 年 10 月　　　　　　　　　　　　　　　　　　　　　　　　　金额单位：元

项目	直接材料	直接人工	制造费用	合计
0812 批完工产品成本	134 000.00	38 550.00	51 400.00	223 950.00
0812 批完工单位成本	16 750.00	4 818.75	6 425.00	27 993.75
0910 批完工产品成本	51 250.00	19 500.00	33 400.00	104 150.00
0910 批完工单位成本	10 250.00	3 900.00	6 680.00	20 830.00
完工产品总成本合计	185 250.00	58 050.00	84 800.00	328 400.00

根据表 3-39，编制会计分录如下：

借：库存商品——0812 批 A 模型　　　　　　　　　　223 950.00
　　　　　　　——0910 批 B 部件　　　　　　　　　　104 150.00
　　贷：基本生产成本——0812 批 A 模型　　　　　　　　223 950.00
　　　　　　　　　　　——0910 批 B 部件　　　　　　　　104 150.00

6. 根据成本计算单和会计分录(记账凭证)登记基本生产成本明细账

根据成本计算单和会计分录(记账凭证)登记基本生产成本明细账，如表 3-40 至表 3-43 所示。

表 3-40　基本生产成本明细账

产品批号：0812　　　　金额单位：元　　　　投产日期：2021 年 8 月
产品名称：A 模型　　　　批量：8 台　　　　完工：8 台　　　　完工日期：2021 年 10 月

2021 年		摘要	直接材料	累计工时/小时	直接人工	制造费用	合计
月	日						
8	31	本月发生费用	65 000.00	9 500			
9	30	本月发生费用	37 000.00	6 000			
10	31	本月发生费用	32 000.00	10 200			
	31	累计生产费用及分配率	134 000.00	25 700	1.5	2	
	31	完工转出生产费用	134 000.00	25 700	38 550.00	51 400.00	223 950.00

> **小提示**
> 会计上负数用红字表示，由于教材印刷问题，本教材中的负数或者红字都用 ☐ 表示。

表 3-41　基本生产成本明细账

产品批号：0910　　　　金额单位：元　　　　投产日期：2021 年 9 月
产品名称：B 模型　　　　批量：10 台　　　　完工：5 台　　　　完工日期：2021 年 10 月

2021 年		摘要	直接材料	累计工时/小时	直接人工	制造费用	合计
月	日						
9	30	本月发生费用	75 000.00	7 500			
10	31	本月发生费用	7 000.00	9 200			
	31	累计生产费用及分配率	82 000.00	16 700	1.5	2	
	31	完工转出生产费用	51 250.00	13 000	19 500.00	33 400.00	104 150.00
		月末在产品	30 750.00	3 700			

> **小提示**
>
> 会计上负数用红字表示,由于教材印刷问题,本教材中的负数或者红字都用□表示。

表 3-42　基本生产成本明细账

产品批号:0920　　　　　　　金额单位:元　　　　　　　投产日期:2021 年 9 月
产品名称:A 模型　　　　　　 批量:15 台　　　　　　　 完工:0 台　　　　　　　完工日期:2021 年 10 月

2021 年		摘要	直接材料	累计工时/小时	直接人工	制造费用	合计
月	日						
9	30	本月发生费用	45 000.00	8 000			
10	31	本月发生费用	90 000.00	4 500			

表 3-43　基本生产成本明细账

产品批号:1001　　　　　　　金额单位:元　　　　　　　投产日期:2021 年 10 月
产品名称:C 模型　　　　　　 批量:10 台　　　　　　　 完工:0 台　　　　　　　完工日期:2021 年　月

2021 年		摘要	直接材料	累计工时/小时	直接人工	制造费用	合计
月	日						
10	31	本月发生费用	42 000.00	6 500			

7. 根据各批次基本生产成本明细账登记基本生产二级账

根据各批次基本生产成本明细账登记基本生产二级账,具体参见表 3-36"基本生产成本二级账"最后两行。

(三)简化分批法优缺点

简化分批法的优点是,在同时开工批次比较多的情况下,可以简化费用的登记和分配核算的工作。缺点是,在各月间接计入费用水平悬殊的情况下会影响各月成本的正确性。例如,前几个月的间接计入费用水平高,本月间接计入费用水平低,而某批产品本月投产,当月完工,在这种情况下,按累计间接计入费用分配率计算的该批完工产品的成本就会发生不应有的偏高。另外,如果月末未完工产品的批数不多,也不宜采用这种方法。因为在这种情况下,月末大多数产品已经完工,绝大多数产品的批号仍然要分配登记各项间接计入费用,核算的工作量减少并不多。

知识拓展与阅读

企业成本管理势在必行:财务领域控制+策略管理领域控制

一、财务领域控制

企业降低产品成本,从财务控制领域企业应注意以下几点。

1. 提高资金运作水平。首先要开源节流,增收节支;其次要对资金实施跟踪管理,加强资金调度与使用;最后要降低存货比例,加强存货管理。通过以上措施减少资金占用,优化资金结构,合理分配资金,加速资金周转,降低筹资成本。

2. 抓好成本事前、事中、事后控制工作。财务人员事前要抓好成本预测、决策和成本计划工作,事中要抓好成本控制和核算工作,事后要抓好成本的考核和分析工作。应从管理的高度去挖掘成本降低和获取效益的潜力。

3. 严格遵守财务制度,控制节约费用开支。企业应遵守财务管理制度,坚持勤俭办厂,反对铺张浪费,尽量降低制造费用,节约生产费用,严格控制期间费用,压缩非生产费用。可以控制的费用应尽量少开支,节约开支,如材料费、差旅费等。

二、策略管理领域控制

企业降低产品成本,从策略管理领域企业应注意以下几点。

1. 技术创新,寻求新出路。在成本降低到一定阶段后,企业只有从创新着手来降低成本,从技术创新上来降低原料用量或寻找新的、价格便宜的材料替代原有老的、价格较高的材料,从工艺创新上来提高材料利用率、降低材料的损耗量、提高商品率或一级品率,从工作流程和管理方式创新上来提高劳动生产率、设备利用率以降低单位产品的人工成本与固定成本含量,从营销方式创新上来增加销量、降低单位产品营销成本。不断创新,用有效的激励方式来激励创新,从创新方面着手,才是企业不断降低成本的根本出路。

2. 以销定产,避免盲目生产不适销对路的产品而造成积压。一个企业的决策者应该进行比较准确的销售预测,确定企业所生产的产品究竟有多少能够在近期内销售出去。错误的销售预测是生产经营管理中的一个共同弱点,是一种代价很高的浪费。

摘自微信公众号标杆精益2020-10-07 20:49文章《制造业提效降本,从这5大领域着手!》

任务思考与自测

一、单选题

1. 产品成本计算的分批法,适用的生产组织特点是( )。
   A. 大量大批生产　　B. 大量小批生产　　C. 单件大批生产　　D. 单件小批生产
2. 下列关于产品成本核算分批法的特点表述中,正确的是( )。
   A. 一般不需要在完工产品和在产品之间分配成本
   B. 需要按步骤结转产品成本
   C. 每月需要计算完工产品的成本
   D. 产品成本计算期与产品生产周期完全不一致
3. 下列各项中,适用于单件、小批生产企业的产品成本计算方法是( )。
   A. 分批法　　　B. 逐步结转分步法　　C. 品种法　　　D. 平行结转分步法
4. 分批法的成本计算对象是产品的( )。
   A. 批别　　　　B. 品种　　　　　　　C. 步骤　　　　D. 订单
5. 简化分批法适用于( )的企业。
   A. 各月间接计入费用水平相差不大　　　B. 月末未完工产品批数多
   C. 同一月份投产批数多　　　　　　　　D. 同时具备上述三点

二、多选题

1. 采用分批法计算产品成本时，如果批内产品跨月陆续完工的情况不多，完工产品数量占全部批量的比重很小，完工产品成本的计价可采用(   )。

   A. 实际单位成本
   B. 计划单位成本
   C. 近期相同产品的实际单位成本
   D. 定额单位成本
   E. 联合成本

2. 分批法下产品的批别，可以按(   )确定。

   A. 不同订单中的不同产品
   B. 不同订单中的同种产品
   C. 同一订单中同种产品的组成部分
   D. 同一订单中的多种产品
   E. 不同订单中的多种产品

3. 分批法的特点有(   )。

   A. 以生产批次作为成本计算对象
   B. 产品成本计算期不固定，与会计报告期不一致
   C. 一般不需要进行完工产品和在产品之间的分配
   D. 不需要计算月末在产品成本
   E. 需要按系数计算产品成本

4. 简化分批法也被称为(   )。

   A. 间接费用分配法
   B. 不分批计算在产品成本分批法
   C. 累计间接费用分配法
   D. 累计分配法
   E. 联合成本法

5. 简化分批法下，产品成本明细账中应登记的内容是(   )。

   A. 月末在产品的直接计入费用
   B. 完工产品的生产工时
   C. 完工产品的间接计入费用
   D. 月末在产品的生产工时
   E. 月末在产品的制造费用

6. 简化分批法下，基本生产二级账中应登记的内容是(   )。

   A. 月末在产品的间接计入费用
   B. 本月发生的各项间接计入费用
   C. 月末在产品的原材料费用
   D. 本月发生的原材料费用
   E. 月末在产品的累计工时

三、判断题

1. 在小批和单件生产中，如果产品的批量根据购买单位的订单确定，则按批、按件计算产品成本，也就是按订单计算产品成本。(   )

2. 分批法由于按批组织生产，因此在任何情况下都不存在在产品的计价问题。(   )

3. 分批法下的成本计算期与核算报告期一致，与产品生产周期不一致。(   )

4. 采用简化分批法时，各月间接费用水平悬殊的情况下，不会影响产品成本计算的正确性。(   )

5. 采用简化的分批法计算产品成本，必须设置"基本生产成本"二级账。(   )

四、实务计算题

1. 飞翔公司某批产品6月投产，批量为10台。采用分批法计算成本。本月(8月)完工6台。原材料在生产开始时一次投入，原材料费用可以按照完工产品和月末在产品实际

数量比例分配；其他费用采用约当产量比例法在完工产品与月末在产品之间进行分配，在产品完工程度为60%。产品成本明细账及有关费用的资料如题表3-4所示。

要求：（1）将费用在完工产品和在产品之间进行分配。

（2）计算完工6台产品总成本和单位成本，将计算结果填入题表3-4内。

题表3-4 产品成本明细账

产品批号：060×　　　　　　　　金额单位：元　　　　　　　　投产日期：2021年6月
产品名称：×模型　　　　　　　批量：10台　　　　　完工：6台　　完工日期：2021年8月

项目	原材料	燃料及动力	工资及福利费	制造费用	合计
月初在产品费用	12 860.00	10 280.00	5 870.00	3 890.00	32 900.00
本月生产费用	3 820.00	6 120.00	2 730.00	12 670.00	
生产费用累计					
完工6台产品总成本					
完工产品单位成本					
月末在产品费用					

2. 某企业采用简化分批法计算甲产品各批产品成本。3月份各批产品成本明细账中有关资料如下。

（1）批号期初信息。

1023批号：1月份投产22件。本月全部完工，累计原材料费用79 750元，累计耗用工时8 750小时。

2011批号：2月份投产30件。本月完工20件，累计原材料费用108 750元，累计耗用工时12 152小时；原材料在生产开始时一次投入；月末在产品完工程度为80%，采用约当产量法分配所耗工时。

3015批号：本月投产15件。全部未完工，累计原材料费用18 125元，累计耗用工时2 028小时。

（2）二级账相关信息。

基本生产成本二级账归集的累计间接计入费用为：工资及福利费36 688元，制造费用55 032元。

要求：根据以上资料计算累计间接计入费用分配率和甲产品各批完工产品成本。

任务三　分步法

分步法是以产品生产步骤和产品品种为成本计算对象，来归集和分配生产费用、计算产品成本的一种方法。分步法适用于连续、大量、多步骤生产的工业企业，如冶金、水泥、纺织、酿酒、砖瓦等企业。这些企业从原材料投入到产品完工，要经过若干连续的生产步骤，除最后一个步骤生产的是产成品外，其他步骤生产的都是完工程度不同的半成品。这些半成

分步法介绍

品,除少数可能出售外,都是下一步骤加工的对象。因此,应按步骤、产品品种设置产品成本明细账,分别按成本项目归集生产费用。

一、分步法概述

(一)分步法下要明确区分的几个概念

1. 在产品

在产品是指期末存放在各车间,仍处于加工状态或本步骤虽已加工完成但未向下一步结转的产品。只相对于某生产步骤而言的在产品,一般称为狭义在产品。相对于全厂所有车间而言的在产品,一般称为广义在产品。广义在产品是各步骤狭义在产品的统称,具体包括以下三类。

(1)本步骤正在加工的在产品(亦称狭义在产品)。

(2)本步骤完工转入以后各步骤尚未最终产成的在产品。

(3)本步骤完工转入半成品库的半成品。

2. 完工半成品

完工半成品也称自制半成品,可以单设"自制半成品"科目进行核算,是指只完成企业既定加工工序中的一道或若干道(非全部),而验收合格、交接转出的产品。

3. 产成品

产成品是指完成企业既定的全部加工工序,验收合格、交接入库的产品,即最终完工产品。

4. 完工产品

完工产品是指完成企业既定的某道加工工序或全部加工工序,验收合格、已办理交接的产品。完工产品是各步骤完工半成品和产成品的统称。

(二)分步法核算的特点

1. 明细账的设置

分步法按生产步骤和品种设置明细账,按成本项目归集各步骤的生产费用。以某制造企业为例,假设企业大约要经过铸造、加工和组装三道工序加工,分别生成A、B两种铸件半成品,C、D两种加工半成品和E产成品,则基本生产成本明细账的设置应为以下方式。

(1)铸造车间明细账设:①"基本生产成本——铸造——A半成品"明细账和②"基本生产成本——铸造——B半成品"明细账。

(2)加工车间明细账设:①"基本生产成本——加工——C半成品"明细账和②"基本生产成本——加工——D半成品"明细账。

(3)组装车间明细账设:"基本生产成本——组装——E产品"明细账。

2. 费用要素的分配原则

各步骤发生的直接计入费用,应分别直接计入该步骤该产品明细账中的相应成本项目;各步骤、各产品发生的间接计入费用(如共耗的材料),应采用一定的标准,分配计入各步骤、各产品明细账中的相应成本项目。

3. 月末，生产费用在各步骤完工和在产之间的分配

月末需分步骤计算各步骤完工产品成本(或计入产成品成本份额)和在产品成本。月末一般需将各生产步骤成本计算单上汇集的全部生产费用，在各完工产品和在产品之间进行分配，计算出各步骤的完工产品成本和在产品成本。

4. 月末，完工产品成本的汇总和计算

各步骤完工半成品成本需依次向下一步结转。月末应采用适当的方法，按品种、分步骤依次向后结转各步骤完工产品成本，最终计算出每种产品的总成本和单位成本。

(三)分步法的适用范围

分步法广泛适用于大量大批、多步骤生产企业的成本核算。如机械制造企业(加工步骤一般可分为铸造、加工、装配等)、造纸企业(加工步骤一般可分为制浆、制纸、包装等)、纺织企业(加工步骤一般可分为纺纱、织布、印染等)，其产品一般要经过多个步骤加工才能变为产成品。为了加强对各生产步骤的成本管理，往往不仅要求按照产品的品种核算成本，还要求按照生产步骤计算成本，以便更好地考核和分析成本计划的执行情况。

(四)分步法的分类

在实际工作中，由于企业管理要求不同，以及各生产步骤的成本计算和结转方式不同，根据各生产步骤是否需要计算半成品成本分为逐步结转分步法和平行结转分步法。

二、逐步结转分步法

(一)逐步结转分步法概述

逐步结转分步法也称顺序结转分步法，它是按照产品连续加工的先后顺序，根据生产步骤所汇集的成本、费用和产量记录计量自制半成品成本，自制半成品成本随着半成品在各加工步骤之间移动而顺序结转的一种方法。逐步结转分步法也称计算半成品成本法，因为它的计算对象是各种产成品及其所经过的各步骤的半成品成本。在分步骤加工的企业中，各步骤所生产完工的半成品，既可以作为本企业下一个步骤继续加工的对象，

逐步结转分步法介绍

也可以对外销售。为了解对外销售的半成品成本和计算以后生产步骤的产品成本，会计人员需要分步骤、分品种核算各步骤完工半成品成本，提供各步骤半成品的成本信息。

1. 逐步结转分步法的特点

(1)成本计算对象是各种产成品成本及各步骤半成品的成本。

(2)各步骤半成品成本随半成品实物转移而结转。各步骤所耗用上一步骤半成品的成本，要随着半成品实物的转移，从上一步骤的产品成本明细账转入下一步骤相同的产品成本明细账。

(3)依次进行成本结转核算。计算程序按照生产步骤的顺序计算，下一步骤的成本核算以上一步骤的成本核算为基础。只有上一步骤成本核算完成，才能进行下一步骤的成本核算，依次逐步计算出各步骤完工半成品成本和最后步骤的产成品成本。前面步骤期末需计算分配完工半成品成本和狭义在产品成本，最后一个步骤需计算分配完工产品和狭义在产品成本。

2. 逐步结转分步法的分类

对于耗用自制半成品的成本,在各步骤成本计算单中的反映方式,可分为综合结转分步法和分项结转分步法两种。

(1)综合结转分步法。综合结转分步法就是将上一生产步骤的完工半成品成本,以一个合计数的形式,综合结转到下一步骤产品成本计算单(或明细账)的"半成品"或"原材料"成本项目中的逐步结转分步法。

(2)分项结转分步法。分项结转分步法就是将上一生产步骤的完工半成品成本,分成本项目分别结转到下一步骤产品成本计算单(或明细账)中对应成本项目的逐步结转分步法。

3. 逐步结转分步法的适用范围

逐步结转分步法适用于大量大批、多步骤生产,管理上又要求分步骤核算成本、提供成本信息企业的成本核算。比如机械制造、造纸、纺织等行业。在逐步结转分步法下,大量大批多步骤连续式生产企业中,各步骤的半成品既可以结转至下一步继续生产,也可以直接对外出售,或者供各种产品共同耗用,或者进行同行业成本的评比。

(二)综合结转分步法应用

综合结转分步法就是将各步骤完工半成品的成本,以一个合计数的形式转到下一生产步骤产品成本计算单"半成品"或"原材料"成本项目中的分步法。

【例3-5】飞翼航空模型制造厂生产波音飞机模型,经过三个生产步骤顺序加工,第一步骤生产A零件,半成品交半成品库;第二步骤生产加工B部件,半成品直接被第三步骤领用;第三步骤为总装车间组装成C模型,交产成品库。原材料在开始生产时一次投入。半成品领用采用一次加权平均法计价。该企业用约当产量法计算完工产品成本。2021年12月份相关的产量、成本资料如表3-44和表3-45所示。

表3-44 各步骤产量记录

2021年12月 单位:件

项目	第一步	第二步	第三步
月初在产品	100	150	100
本月投产(转入)	1 000	850	900
本月完工	800	900	900
月末在产品	300	100	100
在产品完工程度/%	50	50	50

表3-45 各步骤费用记录

2021年12月 金额单位:元

	成本项目	直接材料	直接人工	制造费用	合计
第一步骤	月初在产品成本	8 000.00	6 050.00	4 650.00	18 700.00
	本月发生费用	80 000.00	50 000.00	40 000.00	170 000.00

续表

	成本项目	直接材料	直接人工	制造费用	合计
第二步骤	月初在产品成本	22 050.00	7 250.00	6 550.00	35 850.00
	本月发生费用		45 000.00	40 000.00	
第三步骤	月初在产品成本	23 500.00	6 750.00	3 700.00	33 950.00
	本月发生费用		55 000.00	40 000.00	

1. 编制第一步骤生产成本计算单

编制第一步骤生产成本计算单,计算自制半成品成本。

根据以上资料,采用综合结转分步法计算产品成本,编制"第一步骤成本计算单",如表 3-46 所示。

表 3-46 第一步骤成本计算单

2021 年 12 月 金额单位:元

项目	直接材料	直接人工	制造费用	合计
月初在产品成本	8 000.00	6 050.00	4 650.00	18 700.00
本月发生费用	80 000.00	50 000.00	40 000.00	170 000.00
费用合计	88 000.00	56 050.00	44 650.00	188 700.00
完工产品数量/件	800	800	800	
在产品约当产量/件	300	150	150	
约当产量合计/件	1 100	950	950	
费用分配率	80	59	47	186
完工半成品成本	64 000.00	47 200.00	37 600.00	148 800.00
月末在产品成本	24 000.00	8 850.00	7 050.00	39 900.00

2. 自制半成品验收入库

由于 A 零件交半成品库,故应该验收入库,此处入库单略。根据入库单编制记账凭证,并登记生产成本明细账,如表 3-47 所示。

借:自制半成品——A 零件 148 800.00
  贷:基本生产成本——第一步骤——A 零件 148 800.00

表 3-47 生产成本明细账

生产步骤:第一步骤   产品名称:A 零件   金额单位:元

2021 年		摘要	直接材料	直接人工	制造费用	合计
月	日					
12	1	月初在产品成本	8 000.00	6 050.00	4 650.00	18 700.00
12	31	分配材料	80 000.00			98 700.00
	31	分配人工		50 000.00		148 700.00
	31	分配制造费用			40 000.00	188 700.00

197

续表

2021年		摘要	直接材料	直接人工	制造费用	合计
月	日					
	31	本月合计	88 000.00	56 050.00	44 650.00	188 700.00
	31	完工产品转出	64 000.00	47 200.00	37 600.00	148 800.00
	31	月末在产品	24 000.00	8 850.00	7 050.00	39 900.00

> **小提示**
> 会计上负数用红字表示，由于教材印刷问题，本教材中的负数或者红字都用 ☐ 表示。

3. 第二步骤领用库存自制半成品

第二步骤领用自制半成品A零件，应编制领料单，此处领料单略。根据领料单编制记账凭证，然后根据记账凭证登记自制半成品明细账，如表3-48所示。

借：基本生产成本——第二步骤——B部件　　　158 950.00
　　贷：自制半成品——A零件　　　　　　　　　　　158 950.00

表3-48 自制半成品生产成本明细账

产品名称：A零件　　　　　　　　　　　　　　　金额单位：元

2021年		收入			支出			结存		
月	日	数量/件	单价	金额	数量/件	单价	金额	数量/件	单价	金额
12	1							100	195.00	19 500.00
	31	800	186.00	148 800.00						
	31				850	187.00	158 950.00	50	187.00	9 350.00

4. 编制第二步骤生产成本计算单

编制第二步骤生产成本计算单，计算自制半成品成本，如表3-49所示。

表3-49 第二步骤成本计算单

2021年12月　　　　　　　　　　　　　　　　金额单位：元

项目	半成品	直接人工	制造费用	合计
月初在产品成本	22 050.00	7 250.00	6 550.00	35 850.00
本月发生费用	158 950.00	45 000.00	40 000.00	243 950.00
费用合计	181 000.00	52 250.00	46 550.00	279 800.00
完工产品数量/件	900	900	900	
在产品约当产量/件	100	50	50	
约当产量合计/件	1 000	950	950	
费用分配率	181	55	49	285

续表

项目	半成品	直接人工	制造费用	合计
完工半成品成本	162 900.00	49 500.00	44 100.00	256 500.00
月末在产品成本	18 100.00	2 750.00	2 450.00	23 300.00

5. 第二步骤自制半成品未入半成品库，直接全部被第三步骤领用

第二步骤自制半成品未入半成品库，直接全部被第三步骤领用，则根据领料单（此处略）编制记账凭证，并登记生产成本明细账，如表3-50所示。

借：基本生产成本——第三步骤——C模型　　　　　　256 500
　　贷：基本生产成本——第二步骤——B部件　　　　　256 500

表3-50　生产成本明细账

生产步骤：第二步骤　　　　　　　产品名称：B部件　　　　　　　金额单位：元

2021年		摘要	半成品	直接人工	制造费用	合计
月	日					
12	1	月初在产品成本	22 050.00	7 250.00	6 550.00	35 850.00
	31	领用半成品	158 950.00			194 800.00
	31	分配人工		45 000.00		239 800.00
	31				40 000.00	279 800.00
	31	本月合计	181 000.00	52 250.00	46 550.00	279 800.00
	31	完工转出	162 900.00	49 500.00	44 100.00	256 500.00
	31	月末在产	18 100.00	2 750.00	2 450.00	23 300.00

> **小提示**
> 会计上负数用红字表示，由于教材印刷问题，本教材中的负数或者红字都用 □ 表示。

6. 编制第三步骤成本计算单

编制第三步骤成本计算单，如表3-51所示。

表3-51　第三步骤成本计算单

2021年12月　　　　　　　　　　　　　　　　　　金额单位：元

项目	半成品	直接人工	制造费用	合计
月初在产品成本	23 500.00	6 750.00	3 700.00	33 950.00
本月发生费用	256 500.00	55 000.00	40 000.00	351 500.00
费用合计	280 000.00	61 750.00	43 700.00	385 450.00
完工产品数量/件	900	900	900	
在产品约当产量/件	100	50	50	

续表

项目	半成品	直接人工	制造费用	合计
约当产总产量/件	1 000	950	950	
费用分配率	280	65	46	391
完工半成品成本	252 000.00	58 500.00	41 400.00	351 900.00
月末在产品成本	28 000.00	3 250.00	2 300.00	33 550.00

7. 根据成本计算单编制 C 模型的验收入库单

根据成本计算单编制 C 模型的验收入库单(此处略),编制记账凭证,并登记生产成本明细账,如表 3-52 所示。

借:库存商品——C 模型　　　　　　　　　　　　　351 900.00
　　贷:基本生产成本——第三步骤——C 模型　　　　351 900.00

表 3-52　生产成本明细账

生产步骤:第三步骤　　　　　产品名称:C 模型　　　　　　金额单位:元

2021 年		项目	半成品	直接人工	制造费用	合计
月	日					
12	1	月初在产品成本	23 500.00	6 750.00	3 700.00	33 950.00
	31	领用半成品	256 500.00			290 450.00
	31	分配人工		55 000.00		345 450.00
	31	分配制造费用			40 000.00	385 450.00
	31	本月合计	280 000.00	61 750.00	43 700.00	385 450.00
	31	完工转出产成品成本	252 000.00	58 500.00	41 400.00	351 900.00
	31	月末在产品成本	28 000.00	3 250.00	2 300.00	33 550.00

> **小提示**
> 会计上负数用红字表示,由于教材印刷问题,本教材中的负数或者红字都用 ▭ 表示。

从上例可以看出,综合结转分步法下,各步骤耗用上一步骤半成品成本,可以直接从成本计算单中反映出来,这对加强对各步骤耗用半成品情况的监督、分析、考核及提高成本管理水平,都有重要作用。但它不能直接提供按原始成本项目反映的成本资料。因此,在管理上要求考核和分析产品成本构成时,还要将按逐步综合结转法计算出的产成品成本还原,工作量较大。

(三)综合结转分步法的成本还原

1. 成本还原的原因

成本核算的主要目的就是满足企业管理的需要,而按综合逐步结转分步法核算和提供的成本信息,不能满足企业管理的需要,因此需要进行成本还原。

成本还原的目的就是要把产成品中的综合成本逐步分解还原为"直接材料""直接人工"和"制造费用",为企业管理部门提供产成品成本构成的信息。

2. 成本还原的方法

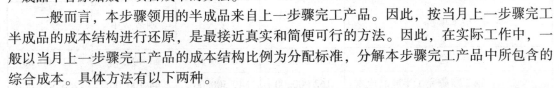
综合结转法的成本还原

所谓成本还原就是用倒退的方法,从最后一个生产步骤开始,将其所耗用上一生产步骤的完工半成品综合成本,按照当月上一步骤完工半成品的成本结构比例分解,依次逐步还原,直至到第一个生产步骤,然后再据以汇总,计算出产成品中各原始成本项目成本的方法。

一般而言,本步骤领用的半成品来自上一步骤完工产品。因此,按当月上一步骤完工半成品的成本结构进行还原,是最接近真实和简便可行的方法。因此,在实际工作中,一般以当月上一步骤完工产品的成本结构比例为分配标准,分解本步骤完工产品中所包含的综合成本。具体方法有以下两种。

(1) 按当月上一步骤完工半成品各成本项目占其全部总成本的比重还原。本方法是将本月产成品中所包含的上一步骤完工半成品的综合成本,按照当月上一步骤完工半成品各成本项目占当月上一步骤完工半成品全部总成本的比重分解、还原,其计算公式为:

当月上一步骤完工半成品各成本项目比重 = 上一步骤完工半成品各成本项目金额 / 上一步骤完工半成品成本合计

还原额 = 完工产品中的综合成本 × 当月上一步骤完工半成品各成本项目比重

【例3-6】以【例3-5】资料进行成本还原,如表3-53所示。

表3-53 成本还原计算表

2021年12月   金额单位:元

成本项目		直接材料(半成品)	直接人工	制造费用	合计
还原前总成本		252 000.00	58 500.00	41 400.00	351 900.00
第一次成本还原	第二步骤完工半成品成本	162 900.00	49 500.00	44 100.00	256 500.00
	还原率(成本比重)	63.51%	19.30%	17.19%	100%
	还原额	160 045.20	48 636.00	43 318.80	252 000.00
第二次成本还原	第一步骤完工半成品成本	64 000.00	47 200.00	37 600.00	148 800.00
	还原率(成本比重)	43.01%	31.72%	25.27%	100%
	还原额	68 835.44	50 766.34	40 443.42	160 045.20
还原后总成本		68 835.44	157 902.34	125 162.22	351 900.00

通过上述计算可以看出,利用当月上一步骤完工半成品的成本结构比例,可以逐步将第三步骤产成品中所包含的半成品综合成本252 000元,逐步分解为"直接材料""直接人工"和"制造费用"三项。经过连续还原后,总成本351 900元被分解为含直接材料68 835.44元、直接人工157 902.34元和制造费用125 162.22元。它可以为企业管理者提供按成本项目反映的,更为真实、可靠的考核成本计划执行情况的资料。

(2) 按当月产成品中所包含的半成品综合成本占当月上一步骤完工半成品总成本的比

重(比例)还原。采用该方法进行成本还原,首先要计算还原分配率。还原分配率即为产成品中所包含的半成品综合成本占当月上一步骤完工半成品总成本的比重,其计算公式为:

$$成本还原率 = \frac{本期产成品中包含的半成品综合成本}{本期上一生产步骤完工半成品成本}$$

还原额=本期上一生产步骤完工半成品各成本项目金额×成本还原率

【例3-7】以【例3-5】资料进行成本还原,如表3-54所示。

表3-54 成本还原计算表

2021年12月   金额单位:元

成本项目		直接材料(半成品)	直接人工	制造费用	合计
还原前总成本		252 000.00	58 500.00	41 400.00	351 900.00
第一次成本还原	第二步骤完工半成品成本	162 900.00	49 500.00	44 100.00	256 500.00
	还原率(成本比重)	98.25%			
	还原额	160 049.25	48 633.75	43317.00	252 000.00
第二次成本还原	第一步骤完工半成品成本	64 000.00	47 200.00	37 600.00	148 800.00
	还原率(成本比重)	107.56%			
	还原额	68 838.40	50 768.32	40 442.53	160 049.25
还原后总成本		68 838.40	157 902.07	125 159.53	351 900.00

通过成本还原虽然也能提供按成本项目反映的成本信息,但该信息不够准确,而且还原的核算工作量也较大,由此引出了分项逐步结转法。

三、分项结转分步法应用

所谓分项结转分步法,就是将上一生产步骤的完工半成品成本,分成本项目分别转到下一生产步骤产品基本生产成本明细账(或成本计算单)中对应成本项目栏的逐步结转分步法。

【例3-8】为便于比较,仍沿用【例3-5】资料,用分项结转分步法计算、结转各步骤完工半成品成本和最后步骤的产成品成本。

飞翼航空模型制造厂生产波音飞机模型,经过三个生产步骤顺序加工,第一步骤生产A零件,半成品交半成品库。第二步骤生产加工B部件,半成品直接被第三步骤领用,第三步骤为总装车间组装成C模型,交产成品库。原材料在开始生产时一次投入。半成品领用采用一次加权平均法计价。该企业用约当产量法计算完工产品成本。2021年12月份相关的产量、成本资料如表3-55和表3-56所示。

表3-55 各步骤产量记录

2021年12月   单位:件

项目	第一步	第二步	第三步
月初在产品	100	150	100
本月投产(转入)	1 000	850	900
本月完工	800	900	900

续表

项目	第一步	第二步	第三步
月末在产品	300	100	100
在产品完工程度/%	50	50	50

表3-56　各步骤费用记录

2021年12月　　　　　　　　　　　　　　　　　　　　　　金额单位：元

成本项目		直接材料	直接人工	制造费用	合计
第一步骤	月初在产品成本	8 000.00	6 050.00	4 650.00	18 700.00
	本月发生费用	80 000.00	50 000.00	40 000.00	170 000.00
第二步骤	月初在产品成本	22 050.00	7250.00	6 550.00	35 850.00
	本月发生费用		45 000.00	40 000.00	
第三步骤	月初在产品成本	23 500.00	6 750.00	3 700.00	33 950.00
	本月发生费用		55 000.00	40 000.00	

1. 编制第一步骤生产成本计算单

编制第一步骤生产成本计算单，计算自制半成品成本。

根据以上资料，采用综合结转分步法计算产品成本，编制第一步骤成本计算单，如表3-57所示。

表3-57　第一步骤成本计算单

2021年12月　　　　　　　　　　　　　　　　　　　　　　金额单位：元

项目	直接材料	直接人工	制造费用	合计
月初在产品成本	8 000.00	6 050.00	4 650.00	18700.00
本月发生费用	80 000.00	50 000.00	40 000.00	170 000.00
费用合计	88 000.00	56 050.00	44 650.00	188 700.00
完工产品数量/件	800	800	800	
在产品约当产量/件	300	150	150	
约当产量合计/件	1 100	950	950	
费用分配率	80	59	47	186
完工半成品成本	64 000.00	47 200.00	37 600.00	148 800.00
月末在产品成本	24 000.00	8 850.00	7 050.00	39 900.00

2. 自制半成品验收入库

由于A零件交半成品库，故应该验收入库，此处入库单略。根据入库单编制记账凭证，并登记生产成本明细账，如表3-58所示。

借：自制半成品——A零件　　　　　　　　　　　　148 800.00

　　贷：基本生产成本——第一步骤——A零件　　　　　　148 800.00

表 3-58　生产成本明细账

生产步骤：第一步骤　　　　　　　　产品名称：A 零件　　　　　　　　金额单位：元

2021年		摘要	直接材料	直接人工	制造费用	合计
月	日					
12	1	月初在产品成本	8 000.00	6 050.00	4 650.00	18 700.00
12	31	分配材料	80 000.00			98 700.00
	31	分配人工		50 000.00		148 700.00
	31	分配制造费用			40 000.00	188 700.00
	31	本月合计	88 000.00	56 050.00	44 650.00	188 700.00
	31	完工产品转出	64 000.00	47 200.00	37 600.00	148 800.00
	31	月末在产品	24 000.00	8 850.00	7 050.00	39 900.00

> **小提示**
>
> 会计上负数用红字表示，由于教材印刷问题，本教材中的负数或者红字都用 □ 表示。

3. 第二步骤领用库存自制半成品

第二步骤领用自制半成品 A 零件，应编制领料单，此处领料单略。根据领料单编制记账凭证，然后根据记账凭证登记自制半成品明细账，如表 3-59 所示。

借：基本生产成本——第二步骤——B 部件　　158 950.00
　　贷：自制半成品——A 零件　　　　　　　　　158 950.00

表 3-59　自制半成品明细账

产品名称：A 零件　　　　　　　　　　　　　　　　　　　金额单位：元

2021		摘要	数量/件	直接材料		直接人工		制造费用		合计	
月	日			单价	金额	单价	金额	单价	金额	单价	金额
12	1	期初	100	90.00	9 000.00	60.00	6 000.00	45.00	4 500.00	195.00	19 500.00
	31	收入	800	80.00	64 000.00	59.00	47 200.00	47.00	37 600.00	186.00	148 800.00
	31	发出	850	81.11	68 944.44	59.11	50 244.44	46.78	39 761.12	187.00	158 950.00
	31	余额	50	81.11	4 055.56	59.11	2 955.56	46.78	2 338.89	187.00	9 350.00

4. 编制第二步骤生产成本计算单

编制第二步骤生产成本计算单，计算自制半成品成本，如表 3-60 所示。

表 3-60　第二步骤生产成本计算单

2021 年 12 月　　　　　　　　　　　　　　　　　　　　　金额单位：元

项目	半成品	直接人工	制造费用	合计
月初在产品成本	22 050.00	7 250.00	6 550.00	35 850.00

续表

项目	半成品	直接人工	制造费用	合计
本月领用半成品	68 944.44	50 244.44	39 761.12	158 950.00
本月发生费用		45 000.00	40 000.00	85 000.00
费用合计	90 994.44	102 494.44	86 311.12	279 800.00
完工产品数量/件	900	900	900	
在产品约当产量/件	100	50	50	
约当产量合计/件	1 000	950	950	
费用分配率	91	107.89	90.85	289.74
完工半成品成本	81 900	97 101	81 765	26 0766
月末在产品成本	9 094.44	5 393.44	4 546.12	19 034

5. 第二步骤自制半成品未入半成品库

第二步骤自制半成品未入半成品库，直接全部被第三步骤领用，则根据领料单（此处略）编制记账凭证，并登记生产成本明细账，如表3-61所示。

借：基本生产成本——第三步骤——C模型　　260 761.00
　　贷：基本生产成本——第二步骤——B部件　　260 761.00

表3-61　生产成本明细账

生产步骤：第二步骤　　　　　　　产品名称：B部件　　　　　　　金额单位：元

项目	半成品	直接人工	制造费用	合计
月初在产品成本	22 050.00	7 250.00	6 550.00	35 850.00
本月领用半成品	68 944.44	50 244.44	39 761.12	158 950.00
本月发生费用		45 000.00	40 000.00	85 000.00
费用合计	90 994.44	102 494.44	86 311.12	279 800.00
完工产品数量/件	900	900	900	
在产品约当产量/件	100	50	50	
约当产量合计/件	1 000	950	950	
费用分配率	90.994 44	107.89	90.85	289.74
完工半成品成本	81 895.00	97 101.00	81 765.00	260 761.00
月末在产品成本	9 099.44	5 393.44	4 546.12	19 039.00

> **小提示**
> 会计上负数用红字表示，由于教材印刷问题，本教材中的负数或者红字都用□表示。

6. 编制第三步骤成本计算单

根据上述计算，编制第三步骤成本计算单，如表3-62所示。

表3-62 第三步骤成本计算单

2021年12月　　　　　　　　　　　　　　　　　　　　　金额单位：元

项目	半成品	直接人工	制造费用	合计
月初在产品成本	23 500.00	6 750.00	3 700.00	33 950.00
领用半成品	81 895.00	97 101.00	81 765.00	260 761.00
本月发生费用		55 000.00	40 000.00	95 000.00
费用合计	105 395.00	158 851.00	125 465.00	389 711.00
完工产品数量/件	900	900	900	
在产品约当产量/件	100	50	50	
约当产总产量/件	1 000	950	950	
费用分配率	105.395	167.21	132.07	404.675
完工产品成本	94 855.50	150 489.00	118 863.00	364 207.50
月末在产品成本	10 539.50	8 362.00	6 602.00	25 503.50

7. 根据成本计算单编制C模型的验收入库单

根据成本计算单编制C模型的验收入库单（此处略），编制记账凭证，并登记生产成本明细账，如表3-63所示。

借：库存商品——C模型　　　　　　　　　　　　364 207.50
　　贷：基本生产成本——第三步骤——C模型　　　　364 207.50

表3-63 生产成本明细账

生产步骤：第三步骤　　　　　　　产品名称：C模型　　　　　　　金额单位：元

2021年		项目	半成品	直接人工	制造费用	合计
月	日					
12	1	月初在产品成本	23 500.00	6 750.00	3 700.00	33 950.00
	31	领用半成品	81 895.00	97 101.00	81 765.00	260 761.00
	31	分配人工		55 000.00		55 000.00
	31	分配制造费用			40 000.00	40 000.00
	31	本月合计	105 395.00	158 851.00	125 465.00	389 711.00
	31	完工转出产成品成本	94 855.50	150 489.00	118 863.00	364 207.50
	31	月末在产品成本	10 539.50	8 362.00	6 602.00	25 503.50

> **小提示**
>
> 会计上负数用红字表示，由于教材印刷问题，本教材中的负数或者红字都用 ☐ 表示。

分项逐步结转分步法，能够准确地按原始成本项目反映企业的产品成本构成情况，不需要进行成本还原。但采用这种方法，不能提供各步骤耗用上一步骤的完工半成品情况及各步骤的费用发生情况，不便于企业管理者加强对各步骤成本发生情况的控制，所以，分项逐步结转分步法一般适用于管理上不要求考核各步骤所耗上一步骤半成品成本及本步骤加工费用情况的企业。

四、平行结转分步法

(一) 平行结转分步法概述

1. 平行结转分步法的含义

平行结转分步法也称不计算半成品成本法，就是在期末按适当的分配标准计算出本期各步骤应计入产成品的"份额"，然后将其同时结转到产成品成本计算单，据以计算出当期产成品的单位成本和总成本的分步法。

2. 平行结转分步法的适用范围

平行结转分步法主要适用于多步骤装配式生产企业。在多步骤装配式生产企业，各步骤生产的半成品种类一般较多，若各步骤生产的半成品主要用于本企业的生产耗用，在管理上不要求提供各步骤完工半成品的成本信息的情况下，为了减轻成本核算的工作量，平时各步骤可只归集本步骤所发生的费用，等到期末再计算、结转各步骤应该计入当期产成品的"份额"，然后将各步骤应计入同一产品成本的"份额"平行结转、汇总，借以计算出当期各产成品的单位成本和总成本。所以，平行结转分步法主要运用于多步骤装配式生产企业的成本核算。

3. 平行结转分步法的核算程序

(1) 平时，各步骤只归集本步骤发生的材料费、人工费及制造费用，不归集耗用上一步骤的完工半成品成本。

(2) 期末，将各步骤所归集的本步骤发生的材料费、人工费及制造费用，分别采用适当的标准和方法，计算出各步骤各项费用应计入产成品的"份额"，从各步骤基本生产成本明细账转到产成品成本计算单，最终计算出本期完工产品的单位成本和总成本，再结转入"库存商品"账户。平行结转分步法的成本核算流程如图3-1所示。

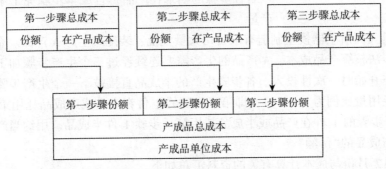

图3-1 平行结转分步法的成本核算流程

4. 平行结转分步法的特点

(1) 平时,各生产步骤只归集本步骤发生的材料费、人工费和制造费用,各步骤之间不结转半成品成本。在平行结转分步法下,各生产步骤不计算也不逐步结转半成品成本,只是在企业产成品入库时,才将各步骤费用中应计入产成品的"份额",从各步骤产品成本明细账中转出,核算出产成品的单位成本和总成本,从"基本生产成本"账户的贷方转入"库存商品"账户的借方。

(2) 平行结转分步法下,车间基本生产成本明细账的账实一般不相符。在平行结转分步法下,各步骤的完工半成品可能已流转到下一步骤或已验收入半成品库,但其成本仍保留在原先对其加工的步骤的明细账上,即完工半成品成本不随实物的转移而结转,直到变成产成品,才计算结转其成本。所以,在平行结转分步法下,车间基本生产成本明细账的账实一般不相符。在平行结转分步法下,不论完工半成品是在各生产步骤之间直接转移,还是通过半成品库收发,都不通过"自制半成品"科目进行总分类核算。

(3) 期末,需将各步骤明细账上归集的生产费用,选择适当的标准和方法在广义在产品和产成品之间分配,据以计算各步骤费用中应计入产成品的"份额"。

(4) 期末,将各步骤中应计入产成品的"份额"平行汇总,据以计算出当期各产成品的单位成本和总成本。

(二) 平行结转分步法的应用

1. 平行结转分步法"份额"的计算

平行结转分步法下,本期产成品的总成本等于各步骤应计入产成品成本的"份额"之和。其计算公式如下:

某步骤应计入产成品的"份额"=本期产成品产量×单位产成品耗用某步骤半成品的数量×该步骤各成本项目的费用分配率

其中,该步骤各成本项目的费用分配率可用约当产量法、定额比例法或定额成本法等方法求得。

2. 广义在产品约当产量的确定

运用平行结转分步法的关键在于正确确定各生产步骤的期末广义在产品数量。

某步骤在产品的约当产量=本步骤期末在产品折合成本步骤完工半成品的约当产量+以后各步骤的期末在产品折合成本步骤完工半成品的约当产量

【例3-9】飞翼航空器模型制造有限公司大量大批、装配式生产A产品。企业决定采用平行结转分步法核算产品成本。A产品的生产需要连续经过三个生产步骤加工。原材料在第一步骤生产开始时一次性投入。各步骤生产的半成品直接被下一个生产步骤耗用。各步骤产品间的耗用量比例为1:1:1,即第三步骤的1件在产品或产成品耗用第二步骤1件半成品;第二步骤的1件在产品或半成品耗用第一步骤1件半成品。用约当产量法计算各步骤应计入产成品的"份额"。

2021年12月份与成本计算有关的资料汇总如下。

本月A产品产量资料如表3-64所示。

表 3-64　A 产品产量表

2021 年 12 月　　　　　　　　　　　　　　　　　　　　　　　　　　　　单位：件

项目	第一步骤	第二步骤	第三步骤
月初在产品数量	400	200	100
本月投产数量	800	1 000	900
本月完工产品数量	1 000	900	800
月末在产品数量	200	300	200
在产品完工程度/%	50	50	50

月初及本月 A 产品各步骤费用资料如表 3-65 所示。

表 3-65　A 产品各步骤费用资料

2021 年 12 月　　　　　　　　　　　　　　　　　　　　　　　　　金额单位：元

	成本项目	直接材料	直接人工	制造费用	合计
月初在产品	第一生产步骤	40 000.00	1 700.00	3 800.00	45 500.00
	第二生产步骤		1 400.00	1 900.00	3 300.00
	第三生产步骤		800.00	700.00	1 500.00
	合计	40 000.00	3 900.00	6 400.00	50 300.00
本月发生费用	第一生产步骤	80 000.00	2 500.00	6 000.00	88 500.00
	第二生产步骤		3 200.00	5 000.00	8 200.00
	第三生产步骤		1 000.00	2 000.00	3 000.00
	合计	80 000.00	6 700.00	13 000.00	99 700.00

根据上述资料，按平行结转分步法计算 A 产品成本。

1. 计算各步骤的约当产量

计算各步骤的约当产量，如表 3-66 所示。

表 3-66　约当产量计算表　　　　　　　　　　　　　　　　　　　　　单位：件

步骤	计算过程	直接材料约当产量	计算过程	直接人工及制造费用的约当产量
第一步骤	200+300+200	700	200×50%+300+200	600
第二步骤	—	—	300×50%+200	350
第三步骤	—	—	200×50%	100

2. 第一步骤的成本计算单

根据上述资料编制第一步骤的成本计算单，如表 3-67 至表 3-69 所示。

表 3-67　第一步骤成本计算单

产品名称：A 产品　　　　　　　日期：2021 年 12 月　　　　　　　　金额单位：元

项目	直接材料	直接人工	制造费用	合计
月初在产品成本	40 000.00	1 700.00	3 800.00	45 500.00

续表

项目	直接材料	直接人工	制造费用	合计
本月生产费用	80 000.00	2 500.00	6 000.00	88 500.00
生产费用合计	120 000.00	4 200.00	9 800.00	134 000.00
完工产品产量/件	800	800	800	
在产品约当产量/件	700	600	600	
约当总产量/件	1 500	1 400	1 400	
费用分配率	80	3	7	90
计入完工产成品份额（800 件）	64 000.00	2 400.00	5 600.00	72 000.00
月末在产品成本	56 000.00	1 800.00	4 200.00	62 000.00

表 3-68　第二步骤成本计算单

产品名称：A 产品　　　　　　　　　日期：2021 年 12 月　　　　　　　　　金额单位：元

项目	直接材料	直接人工	制造费用	合计
月初在产品成本		1 400.00	1 900.00	3 300.00
本月生产费用		3 200.00	5 000.00	8 200.00
生产费用合计		4 600.00	6 900.00	11 500.00
完工产品产量/件		800	800	
在产品约当产量/件		350	350	
约当总产量/件		1 150	1 150	
费用分配率		4	6	
计入完工产成品份额（800 件）		3 200.00	4 800.00	8 000.00
月末在产品成本		1 400.00	2 100.00	3 500.00

表 3-69　第三步骤成本计算单

产品名称：A 产品　　　　　　　　　日期：2021 年 12 月　　　　　　　　　金额单位：元

项目	直接材料	直接人工	制造费用	合计
月初在产品成本		800.00	700.00	1 500.00
本月生产费用		1 000.00	2 000.00	3 000.00
生产费用合计		1 800.00	2 700.00	4 500.00
完工产品产量/件		800	800	
在产品约当产量/件		100	100	
约当总产量/件		900	900	
费用分配率		2	3	
计入完工产成品份额（800 件）		1 600.00	2 400.00	4 000.00
月末在产品成本		200.00	300.00	500.00

3. 成本计算单

根据成本计算单，编制产品成本汇总表，如表3-70所示。

表3-70　产品成本汇总表

产品名称：A产品　　　　　　　　　日期：2021年12月　　　　完工产量：800件　　金额单位：元

成本项目	直接材料	直接人工	制造费用	合计
第一步骤转入份额	64 000.00	2 400.00	5 600.00	72 000.00
第二步骤转入份额		3 200.00	4 800.00	8 000.00
第三步骤转入份额		1 600.00	2 400.00	4 000.00
总成本	64 000.00	7 200.00	12 800.00	84 000.00
单位成本	80.00	9.00	16.00	105.00

4. 根据产品成本汇总表，编制记账凭证

根据产品成本汇总表，编制如下会计分录：

借：库存商品——A产品　　　　　　　　　　　　84 000
　　贷：基本生产成本——第一步骤　　　　　　　　72 000.00
　　　　　　　　　　——第二步骤　　　　　　　　 8 000.00
　　　　　　　　　　——第三步骤　　　　　　　　 4 000.00

（三）平行结转分步法与逐步结转分步法的比较

1. 平行结转分步法的优缺点

（1）平行结转分步法的优点。不需要逐步计算结转完工半成品成本，不需要进行成本还原，简化了成本核算工作。平行结转分步法下，各步骤各成本项目只在期末分别计算应计入产成品的"份额"，并同时分成本项目分别转入产成品成本计算单中的对应成本项目栏，因此不需要逐步计算结转完工半成品成本，也不需要进行成本还原，大大减轻了成本核算的工作量。

（2）平行结转分步法的缺点，主要有以下两点。

①由于各步骤间不结转半成品成本，即实物结转、成本不结转，造成账实不符，因而不能全面反映各步骤的生产情况，不便于管理者加强车间的成本管理。

②由于平行结转分步法下不计算半成品成本，因此不能为分析半成品成本计划的完成情况和计算半成品的销售成本提供所需的信息。

因此，平行结转分步法只适合在半成品种类较多、逐步结转半成品成本的工作量较大、管理上又不要求提供半成品成本资料的情况下采用。

2. 平行结转分步法与逐步结转分步法的比较

平行结转分步法与逐步结转分步法的比较如表3-71所示。

表3-71　平行结转分步法与逐步结转分步法的比较

项目	平行结转分步法	逐步结转分步法
费用归集	各步骤明细账只归集本步骤所发生的生产费用	各步骤明细账既包括本步骤所发生的生产费用，又包括上步骤转入的半成品成本

续表

项目	平行结转分步法	逐步结转分步法
各步骤间的费用结转关系	各步骤间相互不结转费用	上一步骤完工半成品成本要随着实物的转移结转到下一步
账实关系	成本不随实物而转移,账实不符	成本随实物而转移,账实相符
完工产品概念	指产成品	指完工的半成品或产成品
在产品概念	指广义的在产品	指狭义的在产品
"份额"的计算及产成品成本	各步骤只计算本步骤应计入产品成本的"份额",然后将各步骤应计入产品成本的"份额"汇总,最后计算出完工产品成本	按产品生产过程逐步计算并结转半成品成本,最后计算出完工产品成本
成本信息	不能提供各步骤的成本信息,但能提供按原始成本项目反映的成本信息,不需要进行成本还原	能提供各步骤的成本信息,但若采用综合结转分步法,则需要进行成本还原

知识拓展与阅读

企业成本管理势在必行：采购领域控制+销售领域控制

一、采购领域控制

一般来说,采购部门要根据企业生产计划来编制,而企业生产计划是根据销售计划来制订的,这样环环相扣,只要销售计划不出现大的偏差,采购计划就大体上是合理的。要实现采购管理就要做到:

(1)利用科学的决策分析方法,合理决定经济订货量或经济批量、决定采购项目、选择供应单位、决定采购时间。

(2)进一步推进集中采购制,建立原材料等对外服务的统一采购平台,实现价格、供应商等资源共享。

(3)推进直供制,逐步取消中间供应商;建立采购责任制,强化采购人员、审计人员的责任意识。

(4)整顿辅料、零星物资采购价格,采购价格要在前一次采购销售价格的基础上逐步下降。

(5)探索建立采购奖罚制度,奖罚要与领导、个人挂钩;加强技术攻关力量,降低采购成本。

二、销售领域控制

(1)控制销售成本,销售部门在扩大销售成果、提高市场占有率的同时,要强化销售费用的使用效率,相对降低成本。首先,销售部门要研究、推进销售、服务的营销体系,以规模经营降低成本;其次,销售部门要认真研究国家、各地方的税收政策,合理进行分公司的税收策划;再次,销售部门要利用经济决策方法,降低运输成本;最后,销售部门要利用成本最优决策,提高广告费的使用效率。

2. 降低物流成本，通过效率化的配送来降低物流成本。企业实现效率化的配送，减少运输次数，提高装载率及合理安排配车计划，选择最佳的运送手段，从而降低配送成本。

摘自微信公众号标杆精益2020-10-07 20：49文章《制造业提效降本，从这5大领域着手！》

任务思考与自测

一、单选题

1. 下列关于逐步结转分步法特点的表述中，不正确的是（　　）。
   A. 适用于大量大批连续式复杂性生产的企业
   B. 成本计算期与产品的生产周期一致
   C. 月末生产费用要在各步骤完工产品和在产品之间进行分配
   D. 成本核算对象是各种产品的生产步骤

2. 逐步结转分步法下，在完工产品与在产品之间分配费用是指在（　　）之间分配费用
   A. 产成品与月末在产品
   B. 完工半成品与月末加工中的在产品
   C. 产成品与广义的在产品
   D. 本步骤完工半成品或产成品与本步骤在产品

3. 逐步结转分步法下，按照半成品成本在下一步骤成本明细账中的反映方法不同，可分为（　　）。
   A. 实际成本结转法和计划成本结转法　　B. 综合结转分步法和分项分步结转法
   C. 平行结转分步法和分项结转分步法　　D. 平行结转分步法和综合分步结转法

4. 逐步结转分步法下，若本步骤的完工半成品通过半成品库收发，入库时应借记的账户是（　　）。
   A. "自制半成品"　　B. "原材料"　　C. "基本生产成本"　　D. "制造费用"

5. 成本还原就是从最后一个步骤起，把当月产成品中所包含的上一步骤完工半成品的综合成本，按照（　　）逐步分解，将当月产成品成本还原成按原始成本项目反映的方法。
   A. 本月所耗半成品成本结构
   B. 本月完工产品成本的结构
   C. 当月上一步骤所产完工半成品的成本结构比例
   D. 上一步骤月末在产品成本的结构

6. 将各步骤所耗半成品费用，按照成本项目分项转入各步骤产品成本明细账的各个成本项目中的分步法是（　　）。
   A. 综合结转分步法　　　　　　B. 分项结转分步法
   C. 平行结转分步法　　　　　　D. 逐步结转分步法

7. 下列方法中需要进行成本还原的是（　　）。

A. 平行结转分步法　　　　　　　　B. 逐步结转分步法
C. 综合结转分步法　　　　　　　　D. 分项结转分步法

8. 下列方法中属于不计算半成品成本的分步法是(　　)。
A. 逐步结转分步法　　　　　　　　B. 综合结转分步法
C. 分项结转分步法　　　　　　　　D. 平行结转分步法

9. 采用平行结转分步法，(　　)。
A. 不能全面反映各个生产步骤产品的生产耗费水平
B. 能够全面反映各个生产步骤产品的生产耗费水平
C. 不能全面反映第一个生产步骤产品的生产耗费水平
D. 能够全面反映最后一个步骤产品的生产耗费水平

10. 在平行结转分步法下，完工产品与在产品之间费用的分配，是指(　　)两者之间的费用分配。
A. 产成品与广义的在产品
B. 产成品与狭义的在产品
C. 各步骤完工半成品与月末加工中的在产品
D. 应计入产成品的"份额"与狭义的在产品

二、多选题

1. 下列各项中，属于综合结转分步法的优点有(　　)。
A. 不需要进行成本还原
B. 能够提供各个生产步骤的半成品成本资料
C. 为各生产步骤的在产品实物管理及资金管理提供资料
D. 能够全面地反映各生产步骤的生产耗费水平

2. 平行结转分步法的特点有(　　)。
A. 计算半成品成本
B. 不计算半成品成本
C. 不能提供各个步骤半成品成本资料
D. 不能全面反映各个步骤产品的生产耗费水平(第一步骤除外)

3. 下列关于分步法特点的表述中，正确的有(　　)。
A. 成本核算的对象是各种产品的生产步骤
B. 月末为计算完工产品成本，需将归集在生产成本明细账中的生产成本在完工产品和在产品之间进行分配
C. 除按品种计算和结转产品成本外，还需要计算和结转产品的各步骤成本
D. 成本计算期是固定的，与产品的生产周期一致

4. 下列关于成本计算逐步结转分步法的表述中，正确的有(　　)。
A. 能提供各个生产步骤的半成品成本资料
B. 能为各生产步骤的在产品实物管理及资金管理提供资料
C. 不必逐步结转半成品成本
D. 能够全面反映各生产步骤的生产耗费水平

5. 广义的在产品是指(　　)
A. 转入各半成品库的半成品　　　　B. 尚在本步骤加工中的在产品

C. 全部加工中的在产品和半成品　　D. 专指完工半成品

E. 已从半成品库转到以后各步骤进一步加工、尚未最后制成的半成品

6. 采用分步法时，作为成本计算对象的生产步骤可以(　　)。

A. 按生产车间设立　　B. 将几个车间合并设立

C. 按实际生产步骤设立　　D. 在一个车间内按不同生产步骤设立

E. 按加工时间设立

7. 采用分步法计算各步骤半成品成本是(　　)

A. 成本控制的需要

B. 对外销售的需要

C. 成本核算的需要

D. 全面考核和分析成本计划执行情况的需要

8. 综合结转分步法下，应将各步骤所耗用的半成品成本，以(　　)项目综合计入其生产成本明细账。

A. 直接材料　　B. 直接人工　　C. 制造费用　　D. 半成品

E. 自制半成品

9. 平行结转分步法适用于(　　)的企业。

A. 大量、大批连续式生产

B. 大量、大批装配式生产

C. 产品种类多，计算和结转半成品工作量大

D. 管理上不要求提供各步骤半成品成本资料

E. 管理上不要求提供原始成本项目反映的产成品成本资料

10. 与逐步结转分步法相比，平行结转分步法的优点是(　　)。

A. 账实相符

B. 减轻成本核算的工作量

C. 各步骤之间不需要结转完工半成品成本

D. 能提供各步骤费用发生情况的成本资料

E. 能为管理者提供各步骤完工半成品的成本信息

三、判断题

1. 平行结转分步法的成本核算对象是各种产成品及其经过的各个生产步骤中的成本份额。(　　)

2. 分步法分为逐步结转分步法和平行结转分步法，采用平行结转分步法不需要进行成本还原。(　　)

3. 分步法实际上就是品种法的连续运用。(　　)

4. 分步法下，一般是分生产车间计算产品成本。(　　)

5. 逐步结转分步法下，若采用分项结转分步法结转半成品成本，则需要进行成本还原。(　　)

6. 成本还原分配率是产成品成本中所包含的半成品成本与当月上步骤完工半成品成本的比率。(　　)

7. 生产车间结转完工半成品的会计分录可能是借记"自制半成品"账户，贷记"基本生产成本"账户。(　　)

8. 产品成本需要进行成本还原的次数与其计算成本的生产步骤数相等。（   ）

9. 平行结转分步法下，各步骤完工产品与在产品之间的费用分配，是指产成品与广义在产品之间的费用分配。（   ）

10. 平行结转分步法下，各基本生产车间的账实是相符的。（   ）

四、业务计算题

1. 练习综合结转分步法

某企业生产甲产品需经过第一、第二车间连续加工完成。第一车间半成品通过"自制半成品"账户核算。第二车间耗用半成品费用按全月一次加权平均单位成本计算。两个车间月末在产品均按定额成本计算，有关资料如题表3-5所示。

题表3-5　一车间和二车间费用记录　　　　　　　　　　金额单位：元

	项目	直接材料	直接人工	制造费用	合计
一车间	期初在产品（定额成本）	12 000.00	4 000.00	5 000.00	21 000.00
	本月费用	28 000.00	6 000.00	10 000.00	44 000.00
	期末在产品（定额成本）	6 000.00	2 000.00	3 000.00	11 000.00
二车间	期初在产品（定额成本）	20 000.00	5 000.00	10 000.00	35 000.00
	本月费用	14 000.00	15 000.00		
	期末在产品（定额成本）	7 500.00	2 000.00	5 000.00	14 500.00

第一车间完工半成品900件，半成品库期初结存100件，实际成本5 500元；第二车间本月领用半成品800件，完工产成品1 000件。

要求：采用综合结转分步法计算第一车间完工半成品成本、第二车间产成品成本，将计算结果填在题表3-6和题表3-7中，并编制相应的会计分录（列示明细科目）。

题表3-6　第一车间成本计算单　　　　　　　　　　金额单位：元

项目	直接材料	直接人工	制造费用	合计
期初在产品（定额成本）				
本月费用				
合计				
完工产品成本				
期末在产品（定额成本）				

题表3-7　第二车间成本计算单　　　　　　　　　　金额单位：元

项目	直接材料	直接人工	制造费用	合计
期初在产品（定额成本）				
本月费用				
合计				
完工产品成本				
期末在产品（定额成本）				

2. 练习综合结转分步法的成本还原

某企业生产甲产品，第一车间完工甲半成品成本和第二车间完工甲产成品成本有关资料如题表 3-8 所示产。

题表 3-8　费用记录　　　　　　　　　　　　　　　金额单位：元

项目	半成品	直接材料	直接人工	制造费用	成本合计
产成品成本	21 600.00	4 400.00	4 000.00	30 000.00	
半成品成本	8 000.00	3 400.00	4 600.00	16 000.00	

要求：进行成本还原，编制产品成本还原计算表，填写题表 3-9。

题表 3-9　产品成本还原计算表　　　　　　　　　　金额单位：元

项目	还原分配率	半成品	直接材料	直接人工	制造费用	成本合计
还原前产成品成本						
本月所产半成品成本						
成本还原						
还原后产成品成本						

3. 练习分项结转分步法

某企业生产甲产品经过两个生产车间，采用逐步结转分步法（分项结转分步法）计算产品成本。原材料在开始生产时一次投入，在产品按定额成本计算。有关资料如题表 3-10、题表 3-11、题表 3-12 所示。

题表 3-10　第一步骤产品成本计算单　　　　　　　　金额单位：元

项目	产量/件	直接材料	直接人工	制造费用	成本合计
在产品成本（定额成本）		40 000.00	30 000.00	28 000.00	98 000.00
本月生产费用		160 000.00	84 000.00	70 000.00	314 000.00
生产费用累计					
半成品成本	400				
半成品单位成本					
在产品成本（定额成本）		64 000.00	44 000.00	36 000.00	144 000.00

表 3-11　自制半成品明细账　　　　　　　　　　　　金额单位：元

月份	项目	数量/件	实际成本			
			直接材料	直接人工	制造费用	成本合计
9	月初余额	1 000	330 200.00	180 600.00	139 600.00	650 400.00
	本月增加					
	累计					
	单位成本					

续表

月份	项目	数量/件	实际成本			
			直接材料	直接人工	制造费用	成本合计
	本月减少	800				
10	月初余额					

题表 3-12　第二步骤产品成本计算单　　　　　　　　　　　　　金额单位：元

项目	产量/件	直接材料	直接人工	制造费用	成本合计
在产品成本(定额成本)		124 000.00	10 800.00	6 400.00	141 200.00
本月本步骤加工费用		—	19 000.00	13 600.00	
本月耗用半成品费用					
生产费用累计					
本月转出产成品成本	640				
产成品单位成本					
在产品成本(定额成本)		176 000.00	51 400.00	40 000.00	267 400.00

要求：分别将计算结果填入题表 3-10、题表 3-11、题表 3-12 中。

4. 练习平行结转分步法

某企业采用平行结转分步法计算产品成本。该企业生产 A 产品顺利经过三个生产步骤(不经过半成品库)，原材料在开始生产时一次投入，在产品成本按约当产量法计算。各步骤月末在产品的完工程度为 50%。

(1) 产量资料如题表 3-13 所示。

题表 3-13　产量资料　　　　　　　　　　　　　　　　　　　单位：件

项目	一步骤	二步骤	三步骤
月初在产品数量	80	40	120
本月投产数量	120	140	160
本月完工数量	140	160	200
月末在产品数量	60	20	80

(2) 成本资料如题表 3-14 所示。

题表 3-14　成本资料　　　　　　　　　　　　　　　　　　金额单位：元

项目	一步骤		二步骤	三步骤
	直接材料	加工费用		
月初在产品成本	6 240.00	1 000.00	980.00	120.00
本月生产费用	3 120.00	650.00	1 050.00	360.00
合计	9 360.00	1 650.00	2 030.00	480.00

要求：(1) 计算各步骤应计入 A 产品成本的"份额"，将计算结果直接填入各步骤生产成本计算单内，如题表 3-15、题表 3-16、题表 3-17 所示。

(2) 将各步骤应计入 A 产品成本的"份额"平行结转、汇总，编制 A 产品成本汇总表，如题表 3-18 所示。

题表 3-15　第一步骤产品成本计算单　　　　　　　　　　　金额单位：元

项目	直接材料	加工费用	合计
月初在产品成本			
本月本步生产费用			
合计			
计入产成品成本份额			
月末在产品成本			

题表 3-16　第二步骤产品成本计算单　　　　　　　　　　　金额单位：元

项目	直接材料	加工费用	合计
月初在产品成本			
本月本步生产费用			
合计			
计入产成品成本份额			
月末在产品成本			

题表 3-17　第三步骤产品成本计算单　　　　　　　　　　　金额单位：元

项目	直接材料	加工费用	合计
月初在产品成本			
本月本步生产费用			
合计			
计入产成品成本份额			
月末在产品成本			

题表 3-18　产成品成本汇总表
产品种类：A 产品　　　　　　　　　　　　　　　　　　　金额单位：元

项目	直接材料	加工费用	合计
第一步骤转入份额			
第二步骤转入份额			
第三步骤转入份额			
完工产成品总成本			
完工产成品单位成本			

项目三 产品成本计算的辅助方法

🎯 项目认知目标

- ❈ 理解分类法和定额法的特点及适用范围
- ❈ 掌握分类法的核算要点及实操要求
- ❈ 掌握联产品、副产品和等级品的核算要点及实操要求
- ❈ 掌握定额法的核算要点及实操要求

🎯 项目技能目标

- ❈ 培养学生运用分类法、定额法计算各种产成品的总成本及单位成本的业务操作能力
- ❈ 培养学生根据经济业务的特点适时运用合适的基本成本计算方法和辅助计算方法的能力
- ❈ 培养学生处理联产品、副产品和等级品的甄别能力和会计核算实操能力

🎯 项目情感目标

❈ 引导学生坚持准则,能够根据业务情境科学客观选择成本计算的最优方法,培养学生客观公正、坚持准则的会计职业品德

❈ 引导学生树立柔性化生产意识,培育学生精益求精的工匠精神和爱岗敬业、尽职尽责的"钉子"精神

案例导入

在现实生活中,不同行业、不同企业的加工工艺相差很大,生产组织方式很少雷同,管理要求也各不相同。如果仅用品种法、分批法或分步法核算,有的情况下成本核算会变得很复杂,核算工作量很大。为了能在满足加工工艺、生产组织和管理要求的同时简化成本计算工作量,便产生了分类法和定额法等多种成本核算辅助方法。

2019年12月份,小王毕业后进入某集团下属的一个制鞋公司财务部工作。该制鞋公司根据产品的结构、所用材料和制鞋工艺等条件,将产品分为儿童运动鞋、儿童棉鞋和儿童皮鞋三种,每一大类下又分为A款、B款、C款、D款等。请给小王建议一下,在这种情况下,改制鞋厂适合采用什么样的成本计算方法?该方法又应该如何操作呢?

任务一 分类法

分类法是以产品的类别为成本计算对象,按产品类别归集生产费用的一种方法。期末,先计算各类完工产品的总成本,然后再按一定的标准将各类完工产品的总成本在同类各产品之间分配,计算出各品种或规格产品单位成本和总成本。线材、板材和管材类加工企业,在同时加工同类不同规格的多种产品时,一般采用分类法核算产品成本。

一、分类法概述

(一)分类的标准

在企业同时开工生产多品种、多规格产品的情况下,若按品种法等基本成本核算方法设置账簿、组织核算,成本核算的工作量会很大。为了简化核算,于是便产生了分类法。分类法的起点是对众多规格不同的产品分类。分类的要求是:在满足加工工艺、生产组织和管理要求的基础上,尽量减轻成本计算工作量。因此,分类的标准是:将加工工艺相近、耗材相同但规格不同的产品划为一类,如口径大小相近的钢管等,就可划归一类。

(二)分类法的特点

1. 成本计算对象

分类法以产品的类别和品种为成本计算对象,分两次计算产品成本。分类法要求先按类别设置明细账,归集生产费用,然后再在类内按适当的标准分配生产费用,计算产品成本。因此采用分类法计算产品成本时,首先要根据产品所用原材料及加工工艺技术过程的相似程度,将产品划分为若干类,然后再按照产品的类别开设成本计算单,按类归集产品的生产费用,计算各类完工产品的成本;其次是选择合理的分配标准,在同一类内的各种产品之间分配费用,计算同一类内每种产品的单位成本和总成本。

2. 分类法核算产品成本需要与其他方法结合使用

分类法并不是一种独立的成本计算方法,需要与其他方法结合使用。分类法是在品种法、分批发和分步法基础上,为简化计算多规格产品而采用的一种简化核算方式。成本核算的最终目的是要提供每一种产品的单位成本和总成本。在企业同时生产多种产品的情况下,为了简化核算,可以先按耗材类型及加工工艺的相似度分类,每一类视为一种产品,分别设置明细账,按类别归集生产费用。期末,先计算每类完工产品的总成本,然后再按一定的标准将各类完工产品的总成本在同类各产品之间分配,计算出各品种或规格产品单位成本和总成本。分类的目的是简化核算,但最终目的是计算出每种产品的单位成本和总成本。所以说,分类法并不是一种独立的成本核算方法。

分类法介绍

分类法常与其他方法结合使用,其结合方式主要包括以下几种。

(1)与品种法结合使用时,即把某类产品视为某一种产品。品种法下的分类法,即简单分类法,以产品类别作为成本计算对象。

(2)与分批法结合使用时,即把某类产品视为某一批别产品。分批法下的分类法,即分批分类法,以批内产品类别作为成本计算对象。

(3)与分步法结合使用时,即把某类产品视为某一步骤产品。分步法下的分类法,即分步分类法,以半成品类别作为成本计算对象。

3. 成本计算期取决于分类法与成本计算方法的结合方式

分类法的成本计算期应视与其结合使用的基本成本计算方法而定。如果是与品种法或分步法结合进行成本计算,则一般于每月月末定期计算产品成本,因此成本计算期一般与生产周期一致;如果分类法与分批法结合使用,则一般会在每批产品完工时才进行成本核算,因此产品成本的计算期与生产周期一般一致。

(三)分类法的核算程序

1. 平时

平时,首先根据产品的性质、结构、所用原材料及工艺流程等的相似程度,按经济、高效原则(生产安排上),将产品划分为不同的类别,按类别开设成本计算单,按类归集生产费用。

2. 期末

期末,先将每类产品的费用总额在该类完工产品和在产品之间分配,计算出各类产品中完工产品的成本和在产品成本。

3. 选择合理的分配方法

选择合理的分配方法,在类内完工产品的各品种之间分配生产费用(通常使用系数法),据以计算出每种产品的单位成本和总成本。

(四)分类法的适用范围

分类法主要适用于同时加工多种种类相同、加工工艺相近,但产品品种、规格不同的企业。在这类企业中,如果以每种产品或每一规格产品作为成本核算对象,则核算工作量非常大。为了简化成本核算工作,宜采用分类法核算。

二、分类法的实际应用

(一)分类法的操作原理

1. 分类法的起点是产品的分类

(1)先分类。采用分类法的企业,首先要根据所生产产品的性质、结构和耗用的原材料,以及工艺过程等条件,先把种类相同但品种、规格不同的多个产品划归为一类,作为一个成本核算对象。

(2)按照类别计算大类产品的总成本。在将企业的产品划分为不同的类别后,再按类别设置成本计算单,按照规定的成本项目归集生产费用,并选择一定的方法计算出各类别完工产品的总成本。

2. 分类法的重点是类内各产品之间的费用分配

分类法核算的重点和难点是如何选择适当的标准对类内各种产品的费用进行分配。一一般来说，分配标准应根据各类产品的特点和企业管理上的要求来确定，主要考虑与产品生产耗费高低有关的因素，即应选择与产品各项耗费的高低有密切关系的因素作为分配标准（即折合标准）。现实中，被广泛采用作为折合标准的指标主要有重量、体积、长度等，有时也以产品的计划成本、定额成本、售价等作为类内费用分配的标准。

3. 分类法的关键是标准产品的选择和系数的折合

在确定分配标准之后，一般先按分配标准求出折合系数，再将所有产品折成同一种产品，据以分配生产费用，计算生产成本。不同的成本项目可以采取不同的折合标准，如原材料采用重量为折合标准、工资费用采用工时为折合标准等，也可以采用同一个因素作为共同的折合标准，但其前提条件是既能保证成本计算的正确性，又能使分配简便易行。

（1）系数法概念。为简化核算，通常的做法是在类内选择一种产量大、生产稳定、规格适中的产品作为标准产品，把它的系数定为1，然后将类内其他产品按一定的折合标准，折算成标准产品，即用其他各种产品的分配标准与标准产品的分配标准相比，求出其他产品的分配标准与标准产品的分配标准的比率，即系数（系数一经确定，应相对稳定不变）。按类内每种产品的折合系数（即折合率），将其他产品全部折成标准产品，据以分配生产费用，计算生产成本。

（2）系数法的核算程序。分类法下，类内生产费用分配的"系数法"，实质上就是"约当产量法"。其核算程序如下。

①选择一种产品作为标准产品，系数为1。在类内各产品中，按"简便可行"原则，选择一种产品作为标准产品。

②选择一个折合标准，求出类内其他产品的相对系数。按"客观公平、简便可行"原则，选择一个合适的折合标准，求出其他产品相对于标准产品的折合率，即"系数"。

"系数法"法下，类内生产费用分配的相关计算公式如下（假定以产品的单位售价为折合标准）：

$$折合系数 = \frac{某规格产品的销售单价（折合标准）}{标准产品的销售单价（折合标准）}$$

③求出总系数。按"系数"即其他产品相对于标准产品的折合率，将同一类内所有完工产品折合成标准产品，求得总系数，即"约当总产量"，其计算公式如下：

$$类内产品的总系数（即"约当总产量"）= \sum \left(类内某规格产品的实际产量 \times 该产品的折合系数 \right)$$

④计算各项目的分配率。以折合成的"标准产品"总产量，即"约当总产量"为标准，计算分配率，其计算公式如下：

$$分配率 = 总费用 / "标准产品"总产量（约当总产量）$$

$$分配率 = \frac{该类完工产品本期的实际总成本（即总费用）}{类内产品总系数（即"标准产品"的总产量或约当总产量）}$$

⑤计算完工产品单位成本和总成本。按求得的分配率，在类内各产品间分配生产费用，计算出每种产品的单位成本和总成本，其计算公式如下：

$$类内某种产品的实际成本 = 该种产品总系数 \times 分配率$$

（二）分类法的操作案例

【例3-10】飞翼飞机模型制造有限公司所生产玩具的品种、规格较多，为简化核算，公司决定采用分类法进行成本核算。企业所生产的产品按产品结构和工艺过程不同可分为 A 型战斗机模型、B 型直升机模型和 C 型运输机模型三大类，每类产品的月末在产品均按所耗直接材料定额成本计算，其他费用全部由完工产品负担，其中，A 类产品又包含甲、乙、丙三种飞机模型。A 类产品的相关成本资料如表 3-72、表 3-73 所示。

表 3-72　A 类产品的相关成本资料

2021 年 12 月　　　　　　　　　　　　　　　　　　　金额单位：元

项目	直接材料	直接人工	制造费用	合计
月初在产品	110 000.00	40 000.00	20 000.00	170 000.00
本月发生费用	320 000.00	150 000.00	80 000.00	550 000.00
月末在产品定额	80 000.00	0	0	0

表 3-73　A 类产品本月完工的产量及单位定额

2021 年 12 月

产品名称	甲模型	乙模型	丙模型	合计
产量/件	23 000	20 000	15 000	58 000
材料定额/千克	120	100	80	
工时定额/小时	3.2	2	1.6	

1. 按照类别计算大类产品的总成本

按照类别计算大类产品的总成本，如表 3-74 所示。

表 3-74　A 类产品成本计算表

产品：A 类产品　　　　　　　　2021 年 12 月　　　　　　　　　　金额单位：元

项目	直接材料	直接人工	制造费用	合计
月初在产品	110 000.00	40 000.00	20 000.00	170 000.00
本月发生费用	320 000.00	150 000.00	80 000.00	550 000.00
生产费用合计	430 000.00	190 000.00	100 000.00	720 000.00
A 类完工产品总成本	350 000.00	190 000.00	100 000.00	640 000.00
月末在产品	80 000.00	0	0	0

2. 选择标准产品，计算各产品的系数和总系数

选择标准产品，计算各产品的系数和总系数。

该企业 A 类产品选择以乙模型为标准产品，以甲、乙、丙三种模型的定额消耗量作为折合标准，计算折合率，即系数。A 类产品系数计算表如表 3-75 所示。

表 3-75　A 类产品系数计算表

产品：A 类产品　　　　　　　　2021 年 12 月

项目	甲模型	乙模型	丙模型	合计
产量/件	23 000	20 000	15 000	58 000

续表

项目		甲模型	乙模型	丙模型	合计
材料	折合标准(材料定额)/千克	120	100	80	
	系数(折合率)	1.2	1.0	0.8	
	总系数(约当产量)/件	27 600	20 000	12 000	59 600
工时	折合标准(工时定额)/小时	3.2	2	1.6	
	系数(折合率)	1.6	1.0	0.8	
	总系数(约当产量)/小时	36 800	20 000	12 000	68 800

各产品的材料折合率(系数)及总系数计算如下:

甲模型的折合系数 = 120÷100 = 1.2

甲模型折合成乙模型的系数(约当产量) = 23 000×1.2 = 27 600(件)

乙模型的折合系数 = 100÷100 = 1.0

乙模型折合成乙模型的系数(约当产量) = 20 000×1.0 = 20 000(件)

丙模型的折合系数 = 80÷100 = 0.8

丙模型折合成乙模型的系数(约当产量) = 15 000×0.8 = 12 000(件)

各产品的工时折合率(系数)及总系数计算如下:

甲模型的折合系数 = 3.2÷2 = 1.6

甲模型折合成乙模型的系数(约当产量) = 23 000×1.6 = 36 800(小时)

乙模型的折合系数 = 2÷2 = 1.0

乙模型折合成乙模型的系数(约当产量) = 20 000×1.0 = 20 000(小时)

丙模型的折合系数 = 1.6÷2 = 0.8

丙模型折合成乙模型的系数(约当产量) = 15 000×0.8 = 12 000(小时)

3. 运用系数法

运用系数法,计算类内各种产品的总成本和单位成本,如表3-76所示。

表3-76 类内各产品成本计算表

产品:A类产品　　　　　　　　　　2021年12月

项目	分配率	甲模型	乙模型	丙模型	合计
产量/件		23 000	20 000	15 000	58 000
材料折合率		1.2	1.0	0.8	
材料总系数/件		27 600	20 000	12 000	59 600
材料总成本/元					350 000.00
直接材料分配/元	5.872 5	162 081.00	117 450.00	70 469.00	350 000.00
工时折合率		1.6	1.0	0.8	
工时总系数/小时		36 800	20 000	12 000	68 800
人工总成本/元					190 000.00

续表

项目	分配率	甲模型	乙模型	丙模型	合计
直接人工分配/元	2.761 6	101 626.88	55 232.00	33 141.12	190 000.00
制造费用总成本/元					100 000.00
制造费用分配/元	1.453 5	53 488.80	29 070.00	17 441.20	100 000.00
产成品总成本/元		317 196.68	201 752.00	121 051.32	640 000.00
单位成本/元		13.79	10.09	8.07	31.95

直接材料分配率=350 000÷59 600=5.872 5

甲模型应分摊的材料费=27 600×5.872 5=162 081.00(元)

乙模型应分摊的材料费=20 000×5.872 5=117 450.00(元)

丙模型应分摊的材料费=350 000.00-162 081.00-117 450.00=70 469.00(元)

人工费用分配率=190 000÷68 800=2.761 6

甲模型应分摊的人工费=36 800×2.761 6=101 626.88(元)

乙模型应分摊的人工费=20 000×2.761 6=55 232.00(元)

丙模型应分摊的人工费=190 000.00-101 626.88-55 232.00=33 141.12(元)

制造费用分配率=100 000÷68 800=1.453 5

甲模型应分摊的材料费=36 800×1.453 5=53 488.80(元)

乙模型应分摊的材料费=20 000×1.453 5=29 070.00(元)

丙模型应分摊的材料费=100 000.00-53 488.80-29 070.00=17 441.20(元)

4. 编制记账凭证

根据上述成本计算单，编制会计分录如下：

借：库存商品——甲模型　　　　　　　　　317 196.68
　　　　　　——乙模型　　　　　　　　　201 752.00
　　　　　　——丙模型　　　　　　　　　121 051.32
　　贷：基本生产成本——A类产品　　　　640 000.00

注意：分类法下，为了保证成本计算的准确性，所选用的分类一定要科学、合理，如生产工艺应相近，类内产品的费用也应比较接近，类距不能划得太大，也不能太小。

三、分类法的扩展应用

(一)联产品

1. 联产品概述

(1)联产品的概念。所谓联产品，是指用同样的原材料，经过一道或一系列工序加工，同时生产出的几种经济价值地位相同但用途不同的主要产品，如炼油厂以石油为原料分馏，经过一定的生产工艺过程，一次性同时生成汽油、煤油、柴油等多种产品，这些产品互称为联产品。

联产品与同类产品不同，同类产品是指品种相同但规格不同的一系列产品。把这些产品人为地划归一类，目的是便于采用分类法简化产品成本

联产品及其成本计算

计算工作。而联产品是生产上的自生性联合，其特点是用同一种原材料，经过一道或一系列工序加工，同时生产出几种经济价值地位相同但用途不同的主要产品，其中某个产品的产出，必然伴随着其他联产品同时产出。

(2) 分离点和联合成本。联产品生产时，有的要到生产过程终了时才分离出来，有的可能在生产过程中的某个步骤就先分离出来。有些产品分离出来后，还需经过进一步加工。联产品分离时的那个加工步骤称为分离点。分离点是联产品联合生产程序结束、各种产品可以辨认的生产交界点。分离点发生的联合加工成本，称为联合成本。联合成本应采用适当的标准和方法在各联产品之间分配。因此，确定联产品的"分离点"，是确定费用归集对象、分配生产费用的关键。

2. 联产品成本的核算

(1) 分离点前产生的联合成本的分配方法。联合成本是指联产品在联合生产过程中所发生的总成本。在分离点的联合加工过程中，联产品中任何一种产品的产出，必然会同时生产别的产品，因此，无法直接分别确认、归集每种联产品所发生的生产费用，计算各联产品的生产成本，只能先把在分离点联合生产过程发生的所有费用归集在一起，作为联产品的联合成本，待联产品分离后，再采用适当的分配标准和方法，在各联产品之间分配联合成本，计算出每种联产品的单位成本和总成本。因此，联产品的计算可以采用分类法的相关原理，分离点前的成本先通过联合成本归集，然后分离点后再选择适当的标准进行分配。

(2) 分离点后发生成本的核算。至于有些联产品分离后继续加工所发生的费用，其归属对象很明确，可按分离后各联产品品种分别归集，作为分离后成本。用分离后的成本加上由联合成本分配来的成本，即为该联产品整个生产过程的总成本。

3. 联产品成本核算步骤

计算联产品成本与计算一般产品成本的方法有所不同。计算联产品成本一般要分三个步骤进行，即联产品分离点前的成本计算、分离点的联合成本分配和分离点后的加工成本计算。分离点前的成本计算和分离点后的加工成本计算，都应根据生产类型和管理要求，选用以前章节的成本计算方法，而分离点联产品之间联合成本的分配，则要采用专门的方法，常用的分配方法有系数分配法、实物量分配法和销售收入比例分配法等。

(1) 系数分配法(类似于约当产量法)。系数分配法就是将各种联产品的实际产量乘以事先制定的各联产品的系数，把实际产量换算成相对生产量，然后按各联产品的相对生产量比例来分配联产品的联合成本。系数分配法的关键是系数的确定要合理。实践中，折合系数的确定标准有以下两种。

①联产品的技术特征，如重量、体积、质量、性能、含量和加工难易程度等。

②联产品的经济指标，如定额成本、售价等。

(2) 实物量分配法。实物量分配法是直接按分离点上各种联产品的重量、容积或其他实物量比例来分配联合成本。采用这种方法计算出的各种产品单位成本是一致的，且是平均单位成本，因此简便易行。但由于并非所有的成本发生都与实物量直接相关，容易造成成本计算与实际相脱节的情况。实物量分配法一般适用于成本的发生与实物量关系密切且各联产品销售价值较为均衡的联合成本的分配。

(3) 销售收入比例分配法。销售收入比例分配法是指直接根据各种联产品的销售收入比例分配联合成本。这种分配法强调经济价值，认为既然联合生产过程的联产品是同时产出的,并不是只产出其中一种,因此,从销售中所获得的收益,理应在各种联产品之间按比例进行分配。也就是说,售价较高的联产品应该负担较高份额的联合成本,售价较低的联产品应该负担较低份额的联合成本,其结果是各种联产品的毛利率相同。这种方法克服了实物量分配法的不足,但其本身也存在着缺陷,表现在:一方面,并非所有的成本都与售价有关,价格较高的产品不一定耗用了较高的成本;另一方面,并非所有的联产品都具有同样的获利能力。这种方法一般适用于分离后不再加工,而且价格波动不大的联产品成本分配。

4. 联产品成本核算应用实践

【例3-11】飞翼飞机模型制造有限公司用某种原材料经过同一生产过程同时生产出A、B两种联产品。2021年12月共生产A产品6 000千克、B产品4 000千克,无期初、期末在产品。该月生产发生的联合成本分别为:原材料90 000元,直接人工成本30 000元,制造费用40 000元。A产品每千克的售价为800元,B产品每千克的售价为600元,假设全部产品均已售出。根据资料用实物量分配法计算A、B产品的成本。

(1)计算联合成本(联产品的完工产品成本)。

本例中,由于无期初、期末在产品,因此,联产品的完工产品成本直接给出。

(2)联合成本的分配。

本例中,运用实物量分配法计算联产品的成本,具体如表3-77所示。

表3-77 联产品成本计算表(实物量分配法)

2021年12月

项目		A产品	B产品	合计
联合成本	直接材料/元			90 000.00
	直接人工/元			30 000.00
	制造费用/元			40 000.00
	合计/元			160 000.00
分配标准(产量)/千克		6 000	4 000	10 000
比重/%		60	40	100
应负担成本	直接材料/元	54 000.00	36 000.00	90 000.00
	直接人工/元	18 000.00	12 000.00	30 000.00
	制造费用/元	24 000.00	16 000.00	40 000.00
	合计/元	96 000.00	64 000.00	160 000.00

(3)编制会计分录。应编制的会计分录如下:

借:库存商品——A产品　　　　　　　　　　　　96 000.00
　　　　　　——B产品　　　　　　　　　　　　64 000.00
　　贷:基本生产成本——A产品　　　　　　　　　96 000.00
　　　　　　　　　　——B产品　　　　　　　　　64 000.00

【例3-12】同【例3-11】资料,以售价为折合标准折算系数;选择A产品为标准产品,将其系数定为1。根据资料用系数分配法计算A、B产品的成本,如表3-78所示。

表 3-78 联产品成本计算表(系数分配法)

2021 年 12 月

项目	单价/元	系数(折合率)	产量/千克	标准产品/千克	比重/%	应负担成本/元 直接材料	直接人工	制造费用	合计
A 产品	800	1	6 000	6 000	66.67	60 003.00	20 001.00	26 668.00	106 672.00
B 产品	600	0.75	4 000	3 000	33.33	29 997.00	9 999.00	13 332.00	53 328.00
合计				9 000	100	90 000.00	30 000.00	40 000.00	160 000.00

(1)分配比重的计算。

B 产品的折合率(系数) = 600÷800 = 0.75

A 产品的总系数(标准产量) = 6 000×1 = 6 000(千克)

B 产品的总系数(标准产量) = 4 000×0.75 = 3 000(千克)

A 产品所占的比重 = 6 000÷9 000 = 66.67%

B 产品所占的比重 = 3 000÷9 000 = 33.33%

(2) A 产品应负担的成本。

直接材料成本 = 90 000.00×66.67% = 60 003.00(元)

直接人工成本 = 30 000.00×66.67% = 20 001.00(元)

制造费用 = 40 000.00×66.67% = 26 668.00(元)

(3) B 产品应负担的成本。

直接材料成本 = 90 000.00 - 60 003.00 = 29 997.00(元)

直接人工成本 = 30 000.00 - 20 001.00 = 9 999.00(元)

制造费用 = 40 000.00 - 26 668.00 = 13 332.00(元)

(4)编制会计分录。应编制的会计分录如下:

借:库存商品——A 产品　　　　　　　　　　　106 672.00

　　　　　　——B 产品　　　　　　　　　　　 53 328.00

　　贷:基本生产成本——A 产品　　　　　　　　106 672.00

　　　　　　　　　　——B 产品　　　　　　　　 53 328.00

(二)副产品

1. 副产品概述

(1)副产品的概念。副产品是指用同样的原材料,在生产主要产品的过程中,同时附带生产出的具有一定经济价值的非主要产品,或者是利用生产中的废料进一步加工而成的产品,如酿酒厂酿酒时产生的酒糟、肥皂厂生产附带产出的甘油、炼油厂在炼油过程中产生的渣油、石油焦等。

副产品及其成本计算

副产品是企业在生产主产品时附带生产出的产品。它不是企业生产的主要目的,与主要产品相比,其价值相对较低,但它仍能满足社会的某些方面需要,因此也具有一定的经济价值。客观上,企业在生产副产品时也发生了相应的耗费,因此理论上它也应该负担适当的生产费用。

与副产品的生产伴生的有主产品和垃圾。其中,主产品是指企业生产经营目的所指向的产品,它是企业获取主营业务收入的来源;垃圾是指生产过程中产生的没有经济价值的物品，它不负担成本费用。

（2）副产品与联产品的联系与区别。副产品和联产品都是投入同种原材料，经过同一生产过程同时生产出来的。但联产品全都是主要产品，价值均较高，而副产品虽然是伴随着主要产品生产出来的，但其价值较低。当然，副产品与主要产品只是相对而言的，随着生产技术的发展和综合利用能力的提高，在一定条件下，副产品也可能会转为主要产品；同理，主要产品也可能会转为副产品。

2. 副产品成本的核算方法

由于副产品和主要产品是同一原材料经过同一生产过程生产出来的，所以，其成本与主要产品成本在分离步骤前是共同发生的。但由于副产品的经济价值较小，在企业全部产品中所占的比重也较小，因此在计算、分配成本时，可采用简单的计算方法，即先确定副产品的成本，然后从分离前的联合成本中扣除，剩余的生产费用全部由主要产品负担。副产品成本计算的方法通常有以下几种。

（1）分离后不再加工的副产品，与主要产品相比，若价值不大，可不负担分离前的联合成本，或者根据定额确定其应负担的成本。

（2）对分离后不再加工但价值较高的副产品，往往以其销售价格作为计算其应负担成本的依据，即按销售价格扣除销售税金、销售费用和一定的利润后的余额作为副产品应负担的成本（倒挤成本）。

（3）对于分离后仍需进一步加工才能出售的副产品，如价值较高，则需同时负担分离前联合成本和进一步加工的加工成本，以保证主要产品成本计算的合理性；但如价值较低，则可只负担进一步加工时发生的加工成本。

注意：现实中，一般按照"客观公平、简便可行"原则处理主、副产品的费用分担问题。

3. 副产品成本核算应用实践

【例3-13】假定飞翼有限公司在生产甲产品过程中，附带生产出副产品A产品和B产品，两种副产品无须继续加工，直接对外出售。2021年12月生产该类产品所发生的费用及产量、定额资料如表3-79至表3-82所示。注：副产品只负担定额成本。

表3-79 副产品单位定额成本资料

2021年12月

金额单位：元

项目	直接材料	直接人工	制造费用	合计
A产品	30.00	20.00	20.00	70.00
B产品	45.00	25.00	20.00	90.00

表3-80 本月主、副产品产量资料

2021年12月

单位：千克

项目	甲产品	A产品	B产品	合计
产量	1 000	200	50	1 250

表 3-81　成本费用资料

2021 年 12 月　　　　　　　　　　　　　　　　　　　　金额单位：元

项目	直接材料	直接人工	制造费用	合计
月初在产品成本	2 000.00	1 000.00	1 000.00	4 000.00
本月费用	50 000.00	30 000.00	20 000.00	100 000.00

表 3-82　甲产品及 A、B 副产品的成本计算表

2021 年 12 月　　　　　　　　　　　　　　　　　　　　金额单位：元

项目		直接材料	直接人工	制造费用	合计
总成本	月初在产品成本	2 000.00	1 000.00	1 000.00	4 000.00
	本月费用	50 000.00	30 000.00	20 000.00	100 000.00
	合计	52 000.00	31 000.00	21 000.00	104 000.00
甲产品 (1 000 千克)	总成本	43 750.00	25 750.00	16 000.00	85 500.00
	单位成本	43.75	25.75	16.00	85.50
A 产品 (200 千克)	总成本	6 000.00	4 000.00	4 000.00	14 000.00
	单位定额成本	30.00	20.00	20.00	70.00
B 产品 (50 千克)	总成本	2 250.00	1 250.00	1 000.00	4 500
	单位定额成本	45.00	25.00	20.00	90.00

产品成本计算过程如下：

A 产品应负担的直接材料费用 = 200 × 30 = 6 000.00（元）

A 产品应负担的直接人工费用 = 200 × 20 = 4 000.00（元）

A 产品应负担的制造费用 = 200 × 20 = 4 000.00（元）

B 产品应负担的直接材料费用 = 50 × 45 = 2 250.00（元）

B 产品应负担的直接人工费用 = 50 × 25 = 1 250.00（元）

B 产品应负担的制造费用 = 50 × 20 = 1 000.00（元）

甲产品应负担的直接材料费用 = 52 000.00 − 6 000.00 − 2 250.00 = 43 750.00（元）

甲产品应负担的直接人工费用 = 31 000.00 − 4 000.00 − 1 250.00 = 25 750.00（元）

甲产品应负担的制造费用 = 21 000.00 − 4 000.00 − 1 000.00 = 16 000.00（元）

编制会计分录如下：

借：库存商品——甲产品　　　　　　　　　85 500.00
　　　　　　——A 产品　　　　　　　　　14 000.00
　　　　　　——B 产品　　　　　　　　　 4 500.00
　　贷：基本生产成本——甲产品　　　　　85 500.00
　　　　　　　　　　——A 产品　　　　　14 000.00
　　　　　　　　　　——B 产品　　　　　 4 500.00

（三）等级品

1. 等级品的概念

等级品是指使用同种原材料，经过相同加工过程生产出来的品种相同但质量有所差别的产品。纺织品、搪瓷器皿、瓷器和电子元件的生产过程中就经常有等级品产生，通常称为一等品、二等品、三等品等。

2. 等级品与其他产品概念的区别

（1）等级品与联产品、副产品的区别。等级品与联产品、副产品相同之处在于它们都是使用同种原材料，经过同一生产过程而产生的；不同之处在于联产品、副产品之间性质、用途不同，属于不同种产品，而不同等级的等级品则是性质、用途相同的同种产品，在每种联产品、副产品中，其质量比较一致，因而销售单价较接近，但等级品之间质量存在较大差异，因而销售单价也相应分为不同等级。

（2）等级品与不合格品。等级品与不合格品是两个不同的概念。等级品质量上的差异一般是在允许的设计范围之内的，这些差异一般不影响产品的使用寿命；不合格品则是指等级品以下的产品，其质量标准未达到设计的要求，属于废品范围。

3. 等级品产品成本的计算

各等级品成本的分担，应该遵循"客观公平、简便可行"原则。如果等级品是由于工人操作不当、技术不熟练等主要原因造成的，可以采用实物量分配法，以使各等级品的单位成本相同。因为各产品虽然等级不同，但使用原材料、经过的生产过程都相同，所以各等级品的单位成本理应没有差别。在成本相同的情况下，低等级品由于售价较低而使其毛利低于正品的差额，从而能够比较敏感地反映由于企业产品质量管理不善所导致的经济损失。如果等级品是由于所用原材料的质量或受目前技术水平限制等原因而产生的，即客观原因造成的（如某些电子元件产品，由于目前生产技术水平限制，难以控制其产品质量，生产出售价差别较大的等级品；对原煤进行洗煤加工，由于受原材料质量限制，洗出售价不同的等级煤），那么在这些情况下，一般不能对各等级品确定相同的单位成本，而要采用系数分配法计算各等级品成本。通常以单位售价比例定出系数，再按系数的比例计算出不同等级品应负担的联合成本。这样，不同等级品具有不同的单位成本，等级高、售价高的产品负担的成本多，等级低、售价低的产品负担的成本少。这种做法更符合收入与成本费用配比的要求。

任务二 定额法

一、定额法概述

（一）定额法的含义

产品成本计算的定额法，是以产品品种或类别为成本核算对象，以产品的定额成本为基础，根据产品实际产量核算产品的实际生产费用、定额成本和脱离定额的差异，据以计算完工产品单位成本和总成本实际数的一种成本计算方法。其计算公式如下：

完工产品的实际成本＝定额成本±脱离定额差异±
材料成本差异±定额变动差异

定额法简介

定额成本与计划成本是有区别的。定额成本是企业根据现行消耗定额确定的。随着生产技术的进步和劳动生产率的提高，消耗定额需不断调整，因此，定额成本在本年度内可能会因企业消耗定额的调整而变动；计划成本是企业根据计划期（通常为年度）内的平均消耗定额确定的。在计划期内，计划成本通常是不变的；此外，计划成本是企业计划期年度内的成本控制目标，是考核和分析企业成本计划完成情况的依据。定额成本则是定额法下计算产品实际成本的基础，是生产费用事中控制的依据。

（二）定额法的相关概念

1. 定额成本

定额成本是企业在现有的经济技术条件下，在对现行产品的耗材、耗时及其他耗费进行测算的基础上确定的单位产品材料、人工及其他费用的消耗标准，由此计算的一种成本。它是企业控制成本的一个标准；是企业计算产品实际成本的基础，也是企业对生产费用进行事中控制和事后分析的依据。

2. 脱离定额差异

脱离定额差异是指在产品的生产过程中，各项生产费用的实际发生额与现行定额成本的差额。其计算公式如下：

$$脱离定额差异 = 实际成本 - 定额成本$$

脱离定额差异反映了企业各项生产费用支出的合理程度和执行现行定额的工作质量。从含义上来看，脱离定额差异应当包括材料成本差异。但实际工作中，为了便于产品成本的分析、考核，一般用材料的计划成本代替实际成本核算脱离定额差异，另外再单独核算产品应负担的材料成本差异。

3. 材料成本差异

材料成本差异也是产品生产成本脱离定额差异的一个部分。在定额成本法下，原材料的日常核算采用的是计划成本法，所以原材料项目的脱离定额差异，仅指消耗量变动带来的差异（即量差），不包括材料因价格变动造成的差异，即材料成本差异（价差），因此，应当单独核算产品成本应负担的材料成本差异。其计算公式如下：

$$材料成本差异 = 实际产量 \times 单位产品材料实际耗用量 \times 材料计划单价 \times 材料成本差异率$$

4. 定额变动差异

定额变动差异是指由于重新调整定额而产生的新旧定额之间的差异。它是定额自身变动的结果，与生产费用的收支或节约无关。新定额一般在月初执行。在执行新定额的月份，本月刚投入产品的定额成本是按新定额计算的，而期初在产品的成本是按旧定额计算从上月带下来的，两者之间的口径不一致，因此必须将月初的旧定额成本调整为新定额成本。定额变动差异实际就是将月初在产品的旧定额成本按新定额成本调整后所带来的差异。其计算公式如下：

$$定额变动差异 = 按旧定额计算的定额成本 - 按新定额对其重新核算确定的新定额成本$$

5. 脱离定额差异与定额变动差异的区别

脱离定额差异与定额变动差异的区别如表 3-83 所示。

表 3-83　脱离定额差异与定额变动差异的区别

项目	脱离定额差异	定额变动差异
产生原因	未完全执行定额	修改旧定额
差异额	实际成本与定额成本的差	新、旧定额计算之差
反映的内容	能反映费用本身的节约与超支	与生产费用的节约或超支无关
核算要求	经常存在，要经常、及时核算	只有在修改定额时才会产生，不经常核算

（三）定额法的特点

1. 定额法是将成本管理与成本核算相结合的一种方法

定额法不是成本核算的基本方法，只是一种辅助方法。它的选择一般与企业的生产类型无关，只是为了加强成本控制，及时揭露成本计划执行过程中存在的问题，以便及时采取措施加以改进而采用的一种成本计算与管理相结合的方法。定额法将成本核算与成本分析、成本控制、成本考核有机结合起来，为企业加强成本管理提供了准确可靠的成本信息。

2. 费用归集时就分别核算符合定额的费用和脱离定额的差异

定额法下，在费用发生时就将符合定额的费用和脱离定额的差异分别核算，以便及时揭示实际生产费用脱离定额的差异，加强生产费用和产品成本的日常核算、分析和控制。

3. 完工产品成本是以定额成本为基础，加减各种差异求得

定额成本法下的成本计算与其他方法的成本计算相差较大。定额法下，完工产品的成本是在定额成本的基础上，通过加(减)脱离定额差异、定额变动差异等求得的。其计算公式如下：

完工产品的实际成本＝定额成本±脱离定额差异±材料成本差异±定额变动差异

（四）定额法的核算程序

采用定额法核算产品成本时，企业应当事先分品种和成本项目分别为各事项制定准确、客观定额成本，进而编制各种产品的定额成本表，为核算定额成本和实际成本奠定基础。

1. 平时，计算定额成本、核算脱离定额成本差异

在生产费用发生时，企业就应当将实际发生的生产费用区分为符合定额的费用和脱离定额的差异，并将符合定额的费用和脱离定额的差分别核算、分别汇总。

注意：在有定额变动的月份，应当根据新定额调整月初在产品的定额成本，确定定额变动差异。

2. 期末，在本月完工产品和月末在产品之间分配成本差异

期末，企业应将月初结存的和本月发生的脱离定额差异、材料成本差异和定额变动差异分别汇总，在本月完工产品和月末在产品之间分配。为了简化成本核算工作，材料成本差异和定额变动差异可以全部由当月完工产品负担，月末在产品只负担脱离定额差异。

3. 计算本月完工产品的实际成本

本月完工产品的实际成本是以本月完工产品的定额成本为基础，加减脱离定额差异、材料成本差异和定额变动差异求得的。本月完工产品的实际总成本除以本月完工产品的总产量，即为本月完工产品的实际单位成本。

(五)定额法的适用范围

定额法主要适用于定额管理制度比较健全、定额管理基础工作较好、产品已经定型、产品品种比较稳定、原始记录比较健全的大量大批生产企业。定额法不是成本计算的基本方法。

定额法的选择与企业生产类型没有直接关系，只是为了加强成本管理和成本控制而采取的一种成本计算与管理相结合的方法。定额法把产品的成本核算和成本控制结合了起来。与前面所讲的几种成本核算方法的最大区别是：前面讲的各种方法都是按实际发生的费用进行归集和分配的，而定额法是在费用发生的当时，就把符合定额的各项费用与脱离定额的各项费用的差异数分别核算。这样从成本核算的过程中，就可以反映出哪些费用符合定额，哪些费用脱离定额，脱离了多少，即差异有多大，有利于成本的日常控制。

二、定额成本的确定

(一)定额成本的计算公式

产品的定额成本一般是由企业的财会部门会同计划、技术和生产等部门，以熟练生产工人在正常情况下的生产耗费为基础共同确定的。以机械制造行业为例，机械制造企业的产品一般由很多零件和部件组成，在产品零、部件不多的情况下，可以先计算零件、部件的定额成本，然后汇总计算产品的定额成本；在产品零、部件较多的情况下，为简化成本核算工作，可以先计算零件、部件的定额成本，然后汇总计算产品的定额成本。定额成本一般是以产品现行的消耗定额和计划价格或费用的计划分配率为依据并分成本项目计算的，具体公式如下：

直接材料定额成本＝产品原材料消耗定额×原材料计划单位成本
直接人工定额成本＝产品生产工时定额×计划小时工资率
制造费用定额成本＝产品生产工时定额×计划小时费用率

(二)定额成本表举例

【例3-14】飞翼有限公司生产的甲产品由2021-A和2021-B两种部件构成，2021-A和2021-B两种部件的生产消耗2112-1和2112-2两种型号的零件。2021年12月零件、部件和甲产品的定额资料如表3-84至3-87所示。

1. 零件定额卡

零件定额卡如表3-84、表3-85所示。

表3-84　零件定额卡

零件编号、名称：2112-1　　　　　　　　　　　　　　　　　　　2021年12月

材料名称、编号	计量单位	材料消耗定额
2112-1	千克	5
工序	工时定额/小时	累计定额工时/小时
1	5	5

续表

材料名称、编号	计量单位	材料消耗定额
2	8	13
3	7	20

表 3-85 零件定额卡

零件编号、名称：2112-2　　　　　　　　　　　　　　　　　　　　　2021 年 12 月

材料名称、编号	计量单位	材料消耗定额
2112-2	千克	6
工序	工时定额/小时	累计定额工时/小时
1	4	4
2	8	12
3	8	20

2. 部件定额成本计算表

部件定额成本计算表如表 3-86 所示。

表 3-86 部件定额成本计算表

部件名称：2021-A 部件　　　　　　2021 年 12 月　　　　　　金额单位：元

所用零件编号名称	部件数量	材料定额						合计	工时定额/小时
		2112-1			2112-2				
		数量	计划单价	金额	数量	计划单价	金额		
2112-1	5	25	8	200				200	100
2112-2	6				36	5	180	180	120
装配									5
合计				200			180	380	225
项目成本定额									
直接材料	直接人工		制造费用						定额成本合计
	计划小时工资率	金额	计划费用率	金额					
380	4	900	3	675					1 955

注：经计算，2021-B 部件材料定额为 200 元，工时定额为 60 小时。2021-B 部件定额成本计算表（略）。

3. 产品定额成本计算表

产品定额成本计算表如表 3-87 所示。

表 3-87 产品定额成本计算表

产品名称：甲产品　　　　　　　　2021 年 12 月　　　　　　金额单位：元

所用部件	耗用部件数量	材料定额		工时定额/小时	
		部件定额	产品定额	部件定额	产品定额
2021-A	3	380	1 140	225	675

续表

所用部件	耗用部件数量	材料定额		工时定额/小时	
		部件定额	产品定额	部件定额	产品定额
2021-B	2	200	400	60	120
装配					25
合计			1 540		820

产品定额成本项目					产品定额成本合计
直接材料	直接人工		制造费用		
	计划小时工资率	金额	计划费用率	金额	
1 540	3	2 460	2	1 640	5 640

三、定额法的应用实践

(一) 定额成本的计算公式

产品的定额成本是根据企业事先测定编制好的定额成本资料计算的。以机械制造行业为例，假设企业大量生产甲种产品，决定采用定额法核算产品成本，并已编制了甲产品的零件定额卡和部件定额卡，则根据甲产品的零件定额卡和部件定额卡直接计算甲产品的定额成本即可。

产品各成本项目的定额成本计算公式如下：

材料费用定额＝产品原材料消耗定额×原材料计划单价

人工费用定额＝产品生产的工时定额×计划小时工资率

制造费用定额＝产品生产的工时定额×计划小时费用率

以上各项费用的合计数，就是单位产品的定额成本。

(二) 脱离定额差异的核算

采用定额法核算产品成本的企业，平时在生产费用发生时就将符合定额的费用和脱离定额的差异分别处理(这是定额法的重要特征)，即在生产费用发生时，就将符合定额的费用和脱离定额的差异分别编制定额凭证和脱离定额差异凭证，并在有关费用分配表和基本生产成本明细账(或产品成本计算单)中分别登记。产品定额成本应当按照企业规定的成本项目确定，脱离定额的差异也应该按照成本项目分别核算。

1. 材料定额差异的核算

实际工作中，在领用材料时，属于限额内的部分，应填制限额领料单；超过限额的部分，即脱离定额差异的部分，应填制专设的超限额领料单，分别进行核算。定额法下，材料是按计划成本计价的，因此，材料费用脱离定额差异可用公式表示为：

材料费用脱离定额差异＝$\sum$［(材料实际耗用量－材料定额耗用量)×材料计划单价］

在实际工作中，核算直接材料脱离定额差异的方法主要有限额领料单法、切割法和定期盘存法。

（1）限额领料单法（即差异凭证法）。采用限额领料单法核算直接材料脱离定额差异时，企业应建立限额领料制度。凡是属于限额之内的领料，可直接根据限额领料单向仓库领料；超过限额的部分，应填制专设的超额领料单等差异凭证。如果领用代用材料，则应该按规定比例折算为原材料，可通过限额领料单或填制代用材料领料单领用。对车间已领未用的材料，月末应办理退库手续。如果因增加产量而发生超额领料，应办理追加限额手续，仍可用限额领料单领料。

超额领料单上的材料数额，属于材料脱离定额的超支差异；退料单中所列的材料数额和限额领料单中的材料余额，都属于材料脱离定额的节约差异。月末，通过汇总差异凭证和限额领料单余额，即可求得原材料在本月的脱离定额差异。

注意：采用限额领料单法时，有时领料差异不一定等于耗料差异。这是因为本期投产产品的数量不一定等于规定的产品数量，车间期初、期末也可能有余料，致使本期领料数量不等于本期实际耗料数量。因此，月末有时需要盘点产品的生产情况和材料的结存情况，并据以计算原材料实际消耗量和原材料脱离定额差异。

（2）切割法。现实生活中，有些产品的生产需要对所用材料进行切割，如板材和线材等材料。为了有效控制材料的消耗，企业往往采用切割法进行管控和核算。采用切割法进行管控和核算时，应按照切割材料的批别设置材料切割计算单。单内填明切割材料的名称、数量、消耗定额和应切割成毛坯的数量。在切割完毕后，再填写实际切割成毛坯的数量、退料、废料数量和材料实际消耗量，将实际切割的毛坯量乘以消耗定额即可求得材料定额消耗量。将其与材料实际消耗量相比较，确定材料定额差异，将定额差异填入材料切割单中，并注明发生差异原因。切割单的格式及核算如表3-88所示。

表3-88　飞翼公司材料切割核算单

产品名称：甲产品			图纸号：3001		
材料名称及编号：B211		零件编号：L202	计划单价：10元		
机床编号：405		计量单位：千克	切割人：张开		
切割日期：2021年12月18日			完工日期：2021年12月28日		
发料数量		余料退回量	实际耗用量		废料实际回收量
300		20	280		12
单位产品消耗定额	单位产品废料回收定额	应切割毛坯数量	实际切割毛坯数量	材料定额耗用量	废料定额回收量
5	0.2	56	53	265	10.6
材料脱离定额差异		废料材料脱离定额差异		脱离定额差异原因	责任人
数量	金额	数量	单价	金额	
15	75.00	1.4	2	2.80	未按图纸要求切割，增加了毛边 朱玉明

实际耗用量=300-20=280（千克）
应切割件数=(300-20)÷5=56（件）
实际产量耗用定额=53×5=265（千克）
废料定额回收量=53×0.2=10.6（千克）

材料脱离定额差异=(280-265)×5=75.00(元)
废料脱离定额差异=(12-10.6)×2=2.80(元)

采用材料切割单，可以及时反映和监督材料的耗用，但材料切割的填制工作量较大，只适用于按批别核算定额差异的材料。

(3)定期盘存法。定期盘存法是指通过定期盘存的方法来核算材料脱离定额的差异。采用这种方法时，必须定期(每周、每旬或每月)通过盘点方法核算材料的定额消耗量和脱离定额的差异。

定期盘存法的核算程序分为以下几步。

① 根据产品入库单等凭证记录的完工产品数量和月末在产品盘存(或账面)数量，计算出本期投产产品的数量。计算公式如下：

本期投产产品数量=本期完工产品数量+期末在产品盘存数量-期初在产品盘存数量

② 根据原材料消耗定额计算出产品原材料的定额耗用量。计算公式如下：

原材料的定额耗用量=本期投产产品数量×单位产品材料定额耗用量

③ 根据限额领料单、超额领料单和退料单等材料领、退料凭证和车间余料盘存数，计算出原材料实际耗用数。

④ 将材料实耗用数与定额耗用量进行比较，计算出材料脱离定额的差异。计算公式如下：

材料脱离定额差异=(本期材料实际耗用数-本期投产产品数量×单位产品材料定额耗用量)×材料计划单价

采用定期盘存法，应注意尽量缩短耗料差异的核算期。耗料差异计算期短，能及时发现差异，有利于及时控制用料，查明差异产生的原因，保证材料差异核算的正确性，并能将核算工作分散在平时进行。

在采用定额法时，材料日常核算按计划成本计价，因此，月末计算产品实际成本时，还要按下列公式分配材料成本差异：

某产品应分配的材料成本差异=(该产品的材料定额成本±材料脱离定额差异)×材料成本差异率

此情况下，产品实际成本为：

产品的实际成本=定额成本±脱离定额差异±定额变动差异±材料成本差异

2.直接人工脱离定额差异的核算

采用的工资形式不同，核算直接人工脱离差异的方法也有所不同。

(1)计件工资制下直接人工脱离定额差异的计算。在计件工资制下，直接人工为直接计入费用，在计件单价不变时，按计件单价支付的生产工人薪酬就是定额工资，没有脱离定额的差异。因此，在计件工资制下，脱离定额的差异往往仅指因工作条件变化而在计件单价之外支付的工资、津贴和补贴等。企业应当将符合定额的工资反映在产量记录中，而将脱离定额的差异单设工资补付单等凭证单独反映，并注明产生差异的原因。

(2)计时工资制度下直接人工脱离定额差异的计算。在计时工资制下，工资定额差异只有在月末实际生产工人工资总额确定后才能计算，平时只对工时进行考核。

如果企业只生产一种产品，则生产工人的工资属于直接计入费用，可直接计入某种产品成本，其定额差异可按下列公式计算：

某产品生产工人工资定额差异=该产品实际生产工人工资-该产品实际产量×单位产品定额工资

在企业同时生产多种产品时,生产工人的工资属于间接计入费用,一般是按实际工时比例分配计入产品成本,此时其定额差异应按下列公式计算:

某产品生产工人工资定额差异=(该产品实际产量的实际生产工时×实际单位小时工资率)-(该产品实际产量定额工时×计划单位小时工资率)

实际小时工资率=实际直接人工费用总额÷实际生产总工时

计划小时工资率=计划产量的定额直接人工费用÷计划产量的定额生产工时

【例3-15】飞翼有限公司本月 A、B、C 三种产品。本月三种产品定额工时为 20 000 小时,其中,A 产品 7 000 小时,B 产品 10 000 小时,C 产品 3 000 小时;本月实际发生的产工时为 22 000 小时,其中,A 产品 8 000 小时,B 产品 10 000 小时,C 产品 4 000 小时;本月实际发生生产工人薪酬为 100 000 元;本月计划小时工资率为 4 元/小时。

根据上述资料,计算直接人工费用定额和脱离定额差异,如表3-89 所示。

表3-89 飞翼公司直接人工费用定额和脱离定额差异汇总表

日期: 2021 年 12 月

产品名称	定额人工费用			实际人工费用			脱离定额差异/元
	定额工时/小时	计划小时工资率	定额工资/元	实际工时/小时	实际小时工资率	实际工资	
A 产品	7 000		28 000.00	8 000		40 000.00	12 000.00
B 产品	10 000		40 000.00	10 000		50 000.00	10 000.00
C 产品	3 000		12 000.00	4 000		20 000.00	8 000.00
合计	20 000	4	80 000.00	22 000	5	110 000.00	30 000.00

实际小时工资率=110 000÷22 000=5(元/小时)。

无论采用哪种工资形式,都应根据相关核算资料,按照产品成本计算对象汇编定额工资和定额差异工资汇总表。表内汇总登记定额工资、实际工资、工资差异及差异原因等资料,据以登记基本生产明细账和有关产品成本计算单,考核和分析各种产品生产工资定额的执行情况。

3. 制造费用脱离定额差异的核算

制造费用是生产单位为生产产品和提供劳务所发生的间接费用。它的日常管理,主要通过制定费用预算,按照费用项目的性质,下达给有关部门、车间,由有关部门、车间负责管理,并采用一定的方式核算,如制定费用限额标准对各单位费用支出项目进行管理和核算。制造费用既属于间接费用,又属于间接计入费用(在生产多种产品的企业),因此其脱离定额的差异不能在平时分产品、分定额和超支节约情况分别计算,只有在期末确定实际制造费用总额后,才能比照计时工资制下直接人工费用的计算公式确定。其计算公式(按生产工时分配)为:

某产品制造费用脱离定额的差异=该产品实际制造费用-该产品实际产量的定额工时×计划小时制造费用率

【例3-16】飞翼有限公司本月A、B、C三种产品。本月三种产品定额工时为20 000小时,其中,A产品7 000小时,B产品10 000小时,C产品3 000小时;本月实际发生的产工时为22 000小时,其中,A产品7 500小时,B产品10 000小时,C产品3 500小时;本月实际制造费用总额为120 000元;本月制造费用的计划分配率为每小时5元。

根据上述资料,计算直接人工费用定额和脱离定额差异,如表3-90所示。

表3-90 飞翼公司制造费用定额和脱离定额差异汇总表

日期: 2021年12月

产品名称	定额人工费用			实际人工费用			脱离定额差异/元
	定额工时/小时	计划小时费用率	定额费用/元	实际工时/小时	实际小时费用率	实际费用/元	
A产品	7 000		35 000.00	7 500		42 857.25	7 857.25
B产品	10 000		50 000.00	10 000		57 143.00	7 143.00
C产品	3 000		15 000.00	3 500		19 999.75	4 999.75
合计	20 000	5	100 000.00	21 000	5.714 3	120 000.00	20 000.00

实际工时费用率=120 000÷21 000=5.7143(元/小时)。

此外,对企业发生的废品损失,应当采用废品通知单和废品损失计算表单独反映,其中不可修复废品成本可按定额成本计算。由于定额成本中不包括废品损失和停工损失,所以通常全部作为定额差异处理。

制造费用定额差异计算出来后,应根据不同情况分别处理。

(1)如果企业各月月末的在产品变动不大,脱离定额的差异可全部由当月完工产品负担。月末在产品只按定额成本计价,不负担定额差异。

(2)如果企业各月月末的在产品数量变动较大,则月末的在产品成本也应当负担一部分脱离定额差异。通常做法是按完工产品和在产品的定额成本比例进行分配。其计算公式为:

$$脱离定额差异分配率 = \frac{脱离定额差异合计}{完工产品在和产品的定额合计}$$

在产品应负担的脱离定额差异=在产品定额成本×脱离定额差异分配率

完工产品应负担的脱离定额差异=脱离定额差异合计−在产品应负担的脱离定额差异

(三)定额变动差异的核算

定额变动差异,是指由于修改消耗定额而产生的新、旧定额之间的差额。在采用新技术、新方法、新工艺的情况下,为了有效地控制成本,企业需要修改旧定额或重新确定新定额。定额变动差异表明企业在新技术运用及生产管理等方面的能力提高程度。其计算公式为:

$$定额变动差异 = 旧定额成本 - 新定额成本$$

定额变动差异是定额本身变动的结果,它与生产费用的超支或节约无关。定额变动差异与脱离定额差异不仅经济内容和作用不同,而且在核算方法上也不尽相同。定额变动差异不经常发生,不需要经常核算,只有在定额发生改变时才进行核算;而脱离定额差异则是经常发生的,必须经常、及时核算。同时,定额变动差异是与某一种产品相联系的,一一般可以直接计入该产品成本;而脱离定额差异则不一定是由某种产品引起的,也可能是由人工过失造成的。

一般情况下,为简化核算,新定额往往在年初或月初付诸实施。在新定额实施的月份,当月投产产品的定额成本都是按新定额计算的,而月初在产品的成本则是按上个月的原定额计算结转下来的。月初在产品和当月投产产品的定额口径不一致,不能直接相加减,必须将月初在产品的旧定额成本按新定额调整后,才能与本月投产产品的定额成本相加减。因此,必须按成本项目分别计算定额变动差异。由于定额变动差异是人为增减的,调整各成本项目的定额变动差异时,一方面要调整月初在产品定额成本,另一方面要调整本月产品成本。这两方面调整金额应该相等,但方向相反,以保持完工产品和月末在产品的成本总额不变。月末,对计算出的定额成本、脱离定额差异、材料变动差异及定额变动差异,应在完工产品和月末在产品之间按照定额比例分配。如果各种差异数额不大,或虽然差异额较大,但各月在产品数量比较均衡,这种情况下,月末在产品可按定额成本计价,即不负担差异,差异额全部由产成品负担。定额变动差异分配率的计算公式如下:

$$定额变动差异分配率 = \frac{月初、月末定额变动差异合计}{完工产品和在产品的定额成本合计}$$

在产品应负担的定额变动差异 = 在产品的定额变动 × 定额变动差异分配率

完工产品应负担定额的定额变动差异 = 定额变动差异合计 - 在产品应负担的定额变动异合计。

注意:定额变动差异本质上也是脱离定额差异。在定额变动差异数额不大的情况下,为简化核算工作量,可将其直接并入脱离定额差异核算。

(四)定额法应用实践举例

【例3-17】飞翼有限公司月初在产品400件,材料定额成本按上月原定额每件为45元,共计为18 000元。月初在产品负担的脱离定额成本差异为零。从本月初起,每件材料定额成本降为42元。本月投产1 000件,实际发生材料费用44 800元,本月产品1 000件全部完工。本月完工产品的实际材料成本计算如表3-91所示。

表3-91 飞翼公司完工产品实际材料成本计算表

2021年12月

项目	计算过程及结果
月初在产品材料定额成本	400×45=18 000.00(元)
减:月初在产品材料定额成本降低额	(45-42)×400=1 200.00(元)
加:本月投产产品的材料定额成本	42×1 000=42 000.00(元)
定额成本合计	58 800.00(元)
加:本月完工产品应负担的脱离定额差异	(44 800-42 000)+0=2 800.00(元)
加:材料定额变动差异	1 200.00(元)
完工产品材料实际成本	62 800.00(元)

【例3-18】飞翼有限公司生产甲产品,设有两个基本生产车间。该厂定额资料齐全,产品成本采用定额法计算。本月基本生产成本明细账中甲产品的成本资料如表3-92至表3-95所示。

表 3-92　甲产品月初在产品成本及本月发生费用资料

2021 年 12 月　　　　　　　　　　　　　　　　　　　　金额单位：元

成本项目		直接材料	直接人工	制造费用	合计
月初在产品成本	定额成本	25 000.00	7 000.00	14 000.00	46 000.00
	定额差异	−500.00	50.00	600.00	150.00
	定额变动	1 000.00	700.00	2 000.00	3 700.00
本月发生	定额成本	150 000.00	40 000.00	80 000.00	270 000.00
	定额差异	−2 000.00	−1 000.00	1 200.00	−1 800.00

表 3-93　甲产品月初定额变动计算表

2021 年 12 月　　　　　　　　　　　　　　　　　　　　金额单位：元

成本项目	直接材料	直接人工	制造费用	合计
变动前	25 000.00	7 000.00	14 000.00	46 000.00
变动后	24 000.00	6 500.00	13 500.00	44 000.00
定额变动	1 000.00	500.00	500.00	2 000.00

表 3-94　甲产品产成品定额成本计算表

2021 年 12 月　　　　　　　　　　　　　　　　　　　　金额单位：元

成本项目	直接材料	直接人工	制造费用	合计
完工产品定额成本	125 000.00	37 000.00	67 000.00	229 000.00

表 3-95　甲产品成本计算单

2021 年 12 月　　　　　　　　　　　　　　　　　　　　金额单位：元

成本项目		栏目	直接材料	直接人工	制造费用	合计
月初在产品（旧定额）	定额成本	1	25 000.00	7 000.00	14 000.00	46 000.00
	定额差异	2	−500.00	50.00	600.00	150.00
	定额变动	3	1 000.00	700.00	2 000.00	3 700.00
月初在产品定额成本调整	新定额成本	4	24 000.00	6 500.00	13 500.00	44 000.00
	定额变动	5=1−4	1 000.00	500.00	500.00	2 000.00
本月发生费用	定额成本	6	150 000.00	40 000.00	80 000.00	270 000.00
	定额差异	7	−2 000.00	−1 000.00	1 200.00	−1 800.00
本月合计	定额成本	8=4+6	174 000.00	46 500.00	93 500.00	314 000.00
	定额差异	9=2+7	−2 500.00	−950.00	1 800.00	−1 650.00
	定额变动	10=3+5	2 000.00	1 200.00	2 500.00	5 700.00
分配率	定额差异	11=9÷8	−0.014 4	−0.020 4	0.019 3	
	定额变动	12=10÷8	0.011 5	0.025 8	0.026 7	
产成品成本	定额成本	13	125 000.00	37 000.00	67 000.00	229 000.00
	定额差异	14=13×11	−1 800.00	−754.80	1 293.10	−1 261.70
	定额变动	15=13×12	1 437.50	954.60	1 788.90	4 181.00
	实际成本	16=13±14±15	124 637.50	37 199.80	70 082.00	231 919.30

续表

成本项目		栏目	直接材料	直接人工	制造费用	合计
在产品成本	定额成本	17=8-13	49 000.00	9 500.00	26 500.00	85 000.00
	定额差异	18=9-14	-700.00	-195.20	506.90	-388.30
	定额变动	19=10-15	562.50	245.40	711.10	1 519.00

> **小提示**
> 定额变动差异本质上也是脱离定额差异，因此两者也可以合并。

知识拓展与阅读

企业成本管理势在必行：生产领域控制

一般来说，生产部门要做到成本管控主要从下列几个方面进行。

1. 提高设备的利用程度。合理组织安排生产，避免设备忙闲不均；加强设备的维修保养，提高设备的完好率。合理安排班次，增加设备实际工作时间，实行专业化协作等，这样可以减少单位产品的固定资产折旧费用。

2. 优化工作流程。从原材料采购开始，到最终产品或服务为止，合理制定原材料、燃料、辅助材料等物资费用的定额；严格健全计量、检验和物资收发领退制度；健全产品、产量、品种、质量、原材料消耗、工时考勤和设备使用等原始记录，为财务统计部门提供有效、系统、准确的信息。

3. 尽量减少库存。库存不会产生任何附加价值，它不仅占用空间、占用资金，产生搬运和储存需求，吞食了财务资产，而且随着时间的推移，一方面库存的腐蚀、变质，会产生浪费；另一方面，技术进步、竞争对手产品的改进可能导致产品一夜之间变成废品。降低库存需要从降低库存数量、降低单位价格方面着手。因此，应正确计算取得成本、储存成本、缺货成本，把存货量和库存金额控制在最佳的范围之内。

4. 控制人员成本。精减人员、合理定岗定编，控制劳动力的投入。精减人员、合理定岗定编是加强用人管理的基础，也是节约劳动、降低人工成本的基础工作。

5. 充分调动员工的积极性。确保成本控制有效进行全面提高企业素质，将责任落实到部门或个人，完善收入分配制度，加强组织激励，加强个人激励，实行奖惩兑现，调动全体员工的积极性。

6. 控制质量成本。要打破提高质量增加成本、降低成本损害质量的旧观念，控制质量，事实上会带动成本的降低。改进质量成本，要加强工作过程中的质量管理，才能减少废品损失、减少工作、减少返工时间、减少资源耗用，因而才能降低运营总成本。

摘自微信公众号标杆精益2020-10-07 20：49文章《制造业提效降本，从这5大领域着手！》

项目思考与自测

一、单选题

1. 某公司生产联产品 A 和 B，5 月份发生加工费 20 万元，A 和 B 在分离点上的销售价格总额为 50 万元，其中，A 产品的销售价格总额为 32 万元，B 产品的销售价格总额为 18 万元。采用相对销售价格分配法分配，A 产品应承担的联合成本为(　　)万元。

   A. 12.8　　　　　B. 7.2　　　　　C. 32　　　　　D. 18

2. 甲公司在生产主产品的同时，还生产出了某种副产品。该种副产品可直接对外出售，公司规定的售价为 30 元/千克。2021 年 10 月份主要产品和副产品发生的生产成本总额为 15 000 元，副产品的产量为 150 千克。甲公司按预先规定的副产品售价确定副产品成本，该公司 2021 年 10 月份副产品成本为(　　)元。

   A. 3 000　　　　B. 10 500　　　C. 4 500　　　D. 7 500

3. 实际工作中，采用分类法核算产品成本的条件是(　　)。

   A. 企业产品的品种、规格繁多
   B. 企业生产的产品可按一定标准分类
   C. 大量大批单步骤生产的企业生产的多种产品
   D. 产品品种、规格繁多，但可以按照一定标准分类

4. 采用分类法的目的是(　　)。

   A. 分类计算产品成本　　　　　　B. 分品种计算产品成本
   C. 准确计算各种产品的成本　　　D. 简化各种产品成本的计算工作

5. 系数分配法本质上是(　　)。

   A. 分类法　　　B. 分批法　　　C. 定额法　　　D. 约当产量法

6. 定额法下，当消耗定额提高时，月初在产品的定额成本调整和定额变动差异数(　　)。

   A. 都是正数　　　　　　　　　　B. 前者是正数，后者是负数
   C. 都是负数　　　　　　　　　　D. 前者是负数，后者是正数

7. 在生产过程中，企业实际发生的生产成本与定额成本之间的差异是(　　)。

   A. 定额变动差异　　　　　　　　B. 材料成本差异
   C. 脱离定额差异　　　　　　　　D. 定额差异

8. 定额成本是按(　　)制定的成本。

   A. 现行消耗额　　　　　　　　　B. 实际消耗定额
   C. 标准消耗定额　　　　　　　　D. 计划期平均消耗定额

9. 采用定额法计算产品成本时，月初在产品定额变动差异是正数，说明(　　)。

   A. 定额降低了　　　　　　　　　B. 定额成本增加了
   C. 累计的实际生产成本增加了　　D. 累计实际发生的生产成本降低了

10. 用同种原材料，经过同一道或同一系列工序加工，同时生产出几种经济地位相同但用途不同的主要产品互称为(　　)。

    A. 产成品　　　B. 联产品　　　C. 副产品　　　D. 等级品

二、多选题

1. 联产品的联合成本在分离点后，应按照一定的方法在各联产品之间分配，适用的

分配方法有( )。
   A. 相对销售价格分配法　　　　　　B. 工时分配法
   C. 分类法　　　　　　　　　　　　D. 实物量分配法
2. 分类法下，类内各产品可以按照( )分配成本。
   A. 定额消耗量　　B. 定额费用　　C. 标准产品产量　　D. 总系数
   E. 生产步骤
3. 采用系数法时，被选择标准产品的条件是( )。
   A. 产销量小　　　　　　　　　　　B. 产销量大
   C. 生产正常、售价稳定　　　　　　D. 规格适中
   E. 按计划成本计价的产品
4. 确定类内各产品系数的折合标准有( )等。
   A. 定额费用　　B. 产品售价　　C. 定额耗用量　　D. 生产工时
   E. 体积、面积、重量、长度等
5. 分类法计算产品成本的关键是( )的确定是否恰当。
   A. 产品的分类　　B. 产品的售价　　C. 类内分配标准　　D. 总系数
   E. 半成品成本

三、判断题

1. 企业将生产成本在主产品和副产品之间进行分配时，通常先确定副产品生产成本，然后确定主产品生产成本。( )
2. 分类法计算出的类内各种产品的成本具有一定的假定性。( )
3. 只要产品的品种、规格繁多，就可以采用分类法计算产品成本。( )
4. 采用系数法核算类内各产品成本时，应在同类产品中选择一种产量大、规格适中、价格稳定的产品作为标准产品，将其系数固定为1。( )
5. 在限额法下只有符合定额的原材料，才能根据定额凭证领发。( )
6. 定额法是一种计算产品成本的简易方法。( )
7. 在计算月初在产品定额变动差异时，如果定额降低，则定额变动差异为正数。( )
8. 原材料脱离定额的差异，是按实际单位成本反映的数量差异。( )
9. 月初在产品定额成本调整的数额，与计入产品成本的定额变动差异之和，应为零。( )
10. 定额变动差异反映了费用本身的节约或超支。( )

四、业务分析题

1. 系数法的核算

资料：某企业对甲产品进行分离加工，生产出A、B、C三种产品。其产量为：A产品100千克，B产品600千克，C产品400千克。本月生产费用合计为：直接材料5 090.40元，直接人工1 696.80元，制造费用3 393.60元。产品全部完工。单位销售单价：A产品10元，B产品8元，C产品5元。

要求：以A产品为标准产品，按售价折算系数采用系数分配法计算三种产品成本(写出计算过程)。

2. 联产品成本的计算

资料：某公司生产E产品和F产品，E产品和F产品为联产品。3月发生加工成

本 1 200 万元。E 产品和 F 产品在分离点上的销售价格总额为 1 500 万元，其中 E 产品的销售价格总额为 900 万元，F 产品的销售价格总额为 600 万元。假定 E 产品为 700 个，F 产品为 300 个。

要求：(1) 采用相对销售价格分配法分配联合成本。

(2) 采用实物数量法分配联合成本。

3. 副产品成本的计算

资料：某公司在生产主要产品——甲产品的同时，附带生产出 P 产品，P 产品分离后需进一步加工后才能出售。2021 年 10 月共发生联合成本 160 000 元，其中：直接材料 80 000 元、直接人工 40 000 元、制造费用 40 000 元。P 产品进一步加工发生直接人工费 2 000 元、制造费用 3 000 元。当月生产甲产品 1 000 千克并全部完工，P 产品 200 千克，P 产品的市场售价 150 元/千克，单位税金和利润 50 元。假定甲产品 10 月无月初在产品。

要求：根据资料，按 P 产品既要负担进一步加工成本，又要负担分离前联合成本的方法计算甲产品成本和 P 产品成本。

4. 定额法的核算

资料：某厂甲产品采用定额法计算成本。本月份有关甲产品直接材料费用的资料如下：

(1) 月初在产品定额费用为 1 400 元，月初在产品脱离定额的差异为节约 20 元，月初在产品定额费用调整为降低 20 元。定额变动差异全部由完工产品负担。

(2) 本月定额费用为 5 600 元，本月脱离定额的差异为节约 400 元。

(3) 本月材料成本差异为节约 2%，材料成本差异全部由完工产品负担。

(4) 本月完工产品的定额费用为 6 000 元。

要求：(1) 计算月末在产品直接材料定额费用。

(2) 分配直接材料脱离定额差异。

(3) 计算本月直接材料费用应分配的材料成本差异。

(4) 计算本月完工产品和月末在产品应负担的直接材料实际费用。

5. 定额法的核算

资料：某企业生产 A 产品，采用定额成本法对完工产品和月末在产品的材料费用进行分配。已知：月初在产品定额成本 1 000 元，脱离定额差异 −10 元；本月发生定额成本 9 000 元，脱离定额差异 +110 元；本月产成品 85 件，每件定额成本 100 元，材料成本差异率为 +2%。

要求：计算产成品实际成本。

6. 定额法的核算

资料：某企业生产 A 产品，按定额成本计算产品成本。材料在生产开始时一次投入。已知：月初在产品材料定额成本为 1 100 元；上月单位产品材料消耗定额成本 55 元；本月新修订单位产品材料消耗定额成本 49.5 元。

要求：计算月初在产品修订后的材料定额成本和定额变动差异。

🎯 情境学习目标

◈ 熟悉成本报表的内容和作用
◈ 掌握各成本报表的编制程序和方法
◈ 掌握成本报表的分析方法

🎯 情境工作任务

根据企业的实际情况，完成以下工作任务：
◈ 培养学生根据相关资料编制商品产品成本表、主要产品单位成本表、制造费用明细表等成本报表的能力
◈ 培养学生利用会计报表资料进行成本分析，及时准确地提供相关的成本信息的能力
◈ 通过成本报表的编制培养学生认真、谨慎的工作态度
◈ 通过成本的分析培养学生提供与经营管理相关成本信息的工作理念

🎯 情境结构图

认知情境四 成本报表及报表分析
- 项目一 成本报表的编制
  - 任务一 成本报表概述
  - 任务二 成本报表的编制
- 项目二 成本报表的分析
  - 任务一 成本报表分析的程序和方法
  - 任务二 商品产品成本计划完成情况分析
  - 任务三 主要产品单位成本分析

项目一 成本报表的编制

项目认知目标
- 了解成本报表的作用和特点
- 理解成本报表的种类
- 掌握各种成本报表和各种费用报表的编制方法

项目技能目标
- 熟悉成本报表的种类和结构
- 结合具体情境编制各类成本报表和各种费用报表

项目情感目标
- 引导学生认识成本管理和成本报表分析的前沿发展，培养学生与时俱进、终身学习的能力
- 培养学生结合具体情境编制企业成本报表和精益成本管理的意识，培养学生的沟通协调能力，培养学生的团队协作精神和精益求精的工匠意识

案例导入

应届毕业生小李入职某大型国有企业成本会计部门。在入职之前，小李结合大学期间成本会计的学习，并通过查阅资料认识到财务报表和成本报表之间的区别。

财务报表亦称对外会计报表，是会计主体对外提供的反映会计主体财务状况和经营的会计报表，包括资产负债表、损益表、现金流量表或财务状况变动表、附表和附注。财务报表是财务报告的主要部分，不包括董事报告、管理分析及财务情况说明书等列入财务报告或年度报告的资料。

成本报表是用以反映企业生产费用与产品成本的构成及其升降变动情况，以考核各项费用与生产成本计划执行结果的会计报表，是会计报表体系的重要组成部分。成本报表反映资金耗费和产品成本及其升降变动情况，用以考核成本计划执行结果。产品成本作为反映企业生产经营活动情况的综合性指标，是评价企业经营管理水平的重要尺度。

要求：请你进一步解释成本报表的内容、编制程序和编制方法。

任务一　成本报表概述

　　会计报表是企业依据日常核算资料归集、汇总、整理加工而成的一系列报告。会计报表客观反映企业一定时期的财务状况信息和经营成果，可以满足企业内外各方了解、分析、考核企业经济效益的需要。企业的会计报表可分为两大类：一类是向企业外部报送的会计报表，如资产负债表、损益表、现金流量表，其具体格式和编制方法由企业会计制度规定；另一类是为满足企业内部管理需要而编制的报表，如成本报表等，其种类和格式由企业自行确定。成本报表是企业内部报表中的主要报表之一。

一、成本报表的概念

　　成本报表是根据日常成本核算资料定期编制的，用以反映企业一定时期产品成本水平、考核产品成本计划和生产费用预算执行情况的书面报告。成本报表是向企业经营管理者提供成本信息的内部管理会计报表。通过编制和分析成本报表，可以考核企业成本计划和费用预算的执行情况，为企业决策管理提供成本信息资料。编制和分析成本报表是成本会计工作的重要内容。

二、成本报表的种类

　　成本报表作为企业内部的报表，其格式、编报时间、报送对象等，都由企业根据自身的生产经营特点和企业管理要求而定。

（一）成本报表按其所反映的经济内容不同分类

1. 反映生产经营情况的报表

　　反映生产经营情况的报表主要有生产情况表、材料耗用表、材料差异分析表等。这些报表主要用于反映影响产品生产成本各因素及其变化情况。

2. 反映费用支出情况的报表

　　反映费用支出情况的报表主要有财务费用明细表、管理费用明细表、销售费用明细表。这些报表主要用于反映企业在一定时期内费用支出情况及其变化情况。它为企业管理部门了解费用支出的合理程度和变动趋势，正确制定费用预算，考核、评价各项消耗及支出的执行情况，明确各有关部门、人员的经济责任提供了依据。

3. 反映成本计划执行情况的报表

　　反映成本计划执行情况的报表主要有：商品产品成本报表、主要产品单位成本报表、制造费用明细表。这些报表综合地反映了企业的实际成本水平，揭示了企业为生产一定产品所付出的成本是否达到了预定的要求。分析时，可将报告期实际成本水平与计划成本水平、历史成本水平以及同行业成本水平进行比较，揭示成本管理工作的实际成效，并为深入进行成本分析、挖掘成本降低潜力提供依据。

(二) 其他分类

1. 成本报表按编制的时间不同分类

成本报表按编制的时间不同可以划分为日报、周报、旬报、月报、季报、年报。

2. 成本报表按是否定期编制分类

成本报表按是否定期编制，还可分为定期成本报表和不定期成本报表两种。新制度规定，成本报表必须按月定期编制。

三、成本报表的作用

(一) 成本报表能反映企业成本计划的完成情况

成本报表中所反映的各项产品成本指标，对掌握企业一定时期的成本水平，分析和考核产品成本计划完成情况及加强成本管理具有重要作用。企业管理者可以利用成本报表提供的信息，检查企业成本计划的执行情况，考评企业的成本工作绩效。

(二) 成本报表能反映企业报告期内产品成本水平

产品成本是反映企业生产技术经营成果的一项综合性指标。通过编制和分析成本报表，可以揭示影响产品成本各因素的变动情况及原因，及时发现企业在生产、技术、质量、管理等方面取得的成绩和存在问题，从生产技术和经营管理等方面不断总结经验，挖掘增产节支和降低成本的潜力，不断提高企业的经济效益。

(三) 成本报表能为制订成本计划提供依据

计划是企业各项经济活动有序进行的基础。成本计划就是企业目标利润的实现和减小成本波动的保障。每个企业都应根据需要制订成本计划，以保障经营目标的实现。年度成本计划一般是在上年度产品成本实际水平的基础上，结合上年度成本计划的执行情况，考虑到计划年度可能出现的各种有利因素和不利因素而制订的，所以本期成本报表所提供的资料，是制订下期成本计划的重要参考依据。

(四) 成本报表能为企业的成本决策提供信息

通过对成本报表的分析，可以发现成本管理工作中存在的问题，揭示成本差异对产品成本升降的影响程度，帮助管理者把主要精力集中在那些对成本有重要影响的关键性因素上，及时采取措施有针对性地调控，不断降低产品成本。

分析企业的成本报表，可以为企业挖掘潜力、降低成本指明方向。企业管理部门可以根据过去的成本报表资料，对未来若干期的成本水平进行预测，为企业制定正确的经营决策提供依据。

四、成本报表的特点

(一) 成本报表属于企业的内部报表，相关信息不公开

成本报表是服务于企业内部经营管理的报表，它只为企业加强内部成本控制提供相应的成本信息。成本报表提供的信息一般属于商业秘密，不对外公布。

成本报表的特点

（二）成本报表属于企业的内部报表，内容格式可灵活、多样

成本报表是服务于企业内部经营管理的报表。企业可以根据生产特点和管理要求设计成本报表，不必受外界因素的影响。因此成本报表的种类、格式、指标项目、编制时间、报送程序和范围都可根据企业需要自行规定，并可随生产条件和管理要求的变化，随时修改和调整，具有较大的灵活性。

任务二　成本报表的编制

一、成本报表的设置和编制要求

成本报表的编制和设置除了满足作为会计报表必须具备的"数字真实、计算准确、内容完整"外，还应该满足下列要求。

（一）成本报表的提供的信息应具有实用性

编制成本报表的目的就是要为企业管理提供所需的成本信息。因此，成本报表的设置既要符合企业生产经营的特点，又要能满足企业成本管理的要求。成本报表的种类及各项指标的设置，都应该体现实用性原则。

（二）成本报表的内容应具有针对性

成本报表是内部报表，编制的目的是满足企业管理对成本信息的需要，因此，成本报表的种类、格式和内容的设计既要能反映成本全貌，又要能满足企业成本管理中某一专门问题对成本信息的需要，即成本报表的内容、格式等要针对企业的管理需要而设置。

二、成本报表的编制

（一）商品产品成本表的编制

1. 商品产品成本表的概念

商品产品成本表是反映企业在报告期内生产的全部商品产品的总成本以及各种主要商品产品的单位成本和总成本的报表。为了简明、清晰地提供成本信息，一般将企业的产品分成可比产品和不可比产品，分类排列提供信息。

2. 可比产品与不可比产品

商品产品成本表中的可比产品，是指上一年或以前年度正式生产过、具有较完备成本资料的产品；不可比产品，是指上一年或以前年度未正式生产过、没有成本资料的产品。对可比产品而言，因需要同上年度实际成本做比较，所以商品产品成本表中不仅要列示本期的计划成本和实际成本，还要列示按上年实际平均单位成本计算的总成本。对不可比产品而言，因没有上年的实际单位成本可比，所以只列示计划成本和实际成本。

3. 商品产品成本表编制方法

（1）实际产量项目。这是反映本月和从年初起至本月末止各种主要商品产品的实际产

量，应根据成本计算单或产成品明细账的记录计算填列。

(2)单位成本项目，具体包括以下几种。

①上年实际平均：根据上年度本表所列各种可比产品的全年实际平均单位成本填列。

②本年计划：根据年度成本计划的有关数字填列。

③本月实际和本年累计实际平均：根据成本计算单按下式计算填列。其计算公式为：

某产品本月实际单位成本＝某产品本月实际总成本÷某产品本月实际总产量

某产品本年累计实际平均单位成本＝某产品本年累计实际总成本÷某产品本年累计实际总产量。

(3)本月总成本项目和本年累计总成本项目，分别按表4-1中的提示计算填列。

4．商品产品成本表编制案例

表4-1　商品产品成本表

编制单位：飞翼公司　　　　　　　　　　2021年12月　　　　　　　　　　金额单位：元

产品名称			可比产品		不可比产品	全部商品产品制造成本
			甲产品	乙产品	丙产品	
计量单位			件	件	件	
实际产量	本月	1	30	50	20	
	本月累计	2	400	500	100	
单位成本	上年实际平均	3	4 600.00	2 000.00		
	本年计划	4	4 500.00	1 900.00	750.00	
	本月实际	5＝9÷1	4 400.00	1 840.00	800.00	
	本年累计实际	6＝12÷2	4 550.00	1 920.00	740.00	
本月总成本	按上年实际平均单位成本计算	7＝1×3	138 000.00	100 000.00		
	按本年计划单位成本计算	8＝1×4	135 000.00	95 000.00	15 000.00	245 000.00
	本月实际	9	132 000.00	92 000.00	16 000.00	240 000.00
本年累计总成本	按上年实际平均单位成本计算	10＝2×3	1 840 000.00	1 000 000.00		
	按本年计划单位成本计算	11＝2×4	1 800 000.00	950 000.00	75 000.00	2 825 000.00
	本年实际	12	1 820 000.00	960 000.00	74 000.00	2 854 000.00

(二)主要产品单位成本表

1．主要产品单位成本表的含义

主要产品单位成本表是反映企业在报告期内生产的各种主要单位产品的构成情况和各项主要技术经济指标执行情况的报表，是商品产品成本表的补充报表。主要产品单位成本表应按每种主要产品分别编制,表中按成本项目反映"本期计划""本期实际""本年累计实际""上年实际平均"的单位成本,并与商品产品成本表中相应的单位成本的数字分别对应相等。

编制主要产品单位成本报表的目的是考核各种主要产品单位成本计划的执行情况,了解单位成本的构成,分析各个成本项目的变化及其原因,以便寻找差距,挖掘潜力,降低成本。

2. 主要产品单位成本报表的编制方法

(1)基本部分的产品名称、规格、计量单位、产量,根据有关产品成本计算单填列。

(2)各成本项目的历史先进水平的数字,根据企业的成本历史资料填列。

(3)各成本项目上年实际平均单位成本的数字,根据上年度成本资料填列。

(4)各成本项目的本年计划单位成本的数字,根据本年计划资料填列。

(5)各成本项目的本期实际单位成本的数字,根据实际成本资料填列。

(6)各成本项目的本年累计实际平均单位成本的数字,根据本年各项目总成本除以累计产量后的商数填列。

3. 主要产品单位成本报表的编制举例

商品产品成本表如表 4-2 所示。

表 4-2 商品产品成本表

编制单位:飞翼公司　　　　　　　2021 年 12 月　　　　　　　金额单位:元

成本项目	直接材料	直接人工	制造费用	合计
本期计划	2 000.00	400.00	250.00	2 650.00
本期实际	2 100.00	450.00	268.00	2 818.00
上年同期实际	2 150.00	410.00	260.00	2 820.00
本年累计实际	2 080.00	420.00	260.00	2 760.00
上年实际平均	2 140.00	415.00	265.00	2 820.00
历史最好水平(×年)	1 950.00	380.00	255.00	2 585.00
国内同业水平	1 900.00	370.00	250.00	2 520.00
国外同业水平	1 800.00	330.00	230.00	2 360.00

(三)制造费用明细表

1. 制造费用明细表的含义

制造费用明细表是反映企业在报告期内所发生的制造费用的报表。利用该报表可以考核企业制造费用的构成和变动情况。

2. 制造费用明细表的编制方法

(1)上年实际数:根据本表上年同期的本月实际数填列。

(2)本年计划数:根据本年制造费用计划填列。

(3)本月实际数:根据制造费用总账所属各基本生产车间制造费用明细账的本月合计汇总填列。

(4)本年累计实际数：根据上述制造费用明细账本月末累计数汇总计算填列。

3. 制造费用明细表的编制案例

制造费用明细表如表4-3所示。

表4-3 制造费用明细表

编制部门：飞翼公司一车间　　　　　2021年12月　　　　　金额单位：元

费用项目	本月实际	上年同期实际	本年计划	本年累计实际
职工薪酬	5 300.00	5 500.00	70 000.00	71 000.00
折旧费	1 000.00	1 000.00	12 000.00	12 000.00
修理费	300.00	320.00	3 600.00	3 600.00
办公费	900.00	750.00	11 000.00	12 000.00
水电费	850.00	820.00	10 500.00	11 000.00
机物料消耗	150.00	130.00	2 000.00	1 800.00
劳动保护费	1 500.00	1 800.00	18 000.00	18 000.00
停工损失	1 200.00	0	0	1 200.00
其他	200.00	50.00	1 000.00	800.00
合计	11 400.00	10 370.00	128 100.00	131 400.00

知识拓展与阅读

成本管理原则

成本管理原则是指导组织建立和有效实施成本管理体系的指导思想，组织运用这些指导思想，是组织获得成功的有力武器。组织的最高管理者应确认和运用管理原则，领导组织进行业绩改进。

一、关注、控制成本动量和成本发生过程

成本动量是决定和驱动成本的可变量，是消耗资源和成本形成的本源，关注和控制成本动量是成本管理的根本。成本在过程中发生，关注成本发生过程就是关注成本：应不应该发生？应该发生多少？应该何时发生？应该在何处发生？应该由谁来发生？成本在过程中发生，只有控制成本发生的过程，才能达到控制成本和降低成本的目的。

二、系统、全面、全员控制成本

在组织内部成本全面发生是成本的普遍性，这种普遍性覆盖了组织的所有系统。因此，组织必须系统地和全面地控制成本。成本管理是一个系统，必须运用系统的思维和方法对成本进行系统的全面控制，即全员参与和全过程控制。

各级人员都是组织之本，每个人都发生成本，只有他们充分参与成本管理与控制，才能使他们的才干为组织带来低成本收益。

三、以战略为导向，以形成模式为结果

成本管理是组织全局性的长期工作，组织必须有长远的打算和战略的眼光，并以战略为导向努力打造出一个有差异化的、低成本的运作模式。

四、发挥领导作用，确保科学决策

领导者确立组织统一的宗旨和方向。领导者应当创造并保持使全体人员都能充分参与实现组织目标的内部环境。领导者的科学决策是组织获得成功的关键。

五、提供成本保证

组织建立、实施和保持成本管理体系，就是使企业在成本管理与控制方面得到立法保证、组织保证、方法保证、资源保证、活动保证和人员的意识和能力保证，为顾客和组织管理者满意提供信任。

六、预先控制成本风险

成本是有风险的，识别、确定、预防和控制成本风险是组织持续经营的必要条件。预防不期望情况的发生，要比采取纠正和纠正措施更重要。以预防为主，企业在生产经营过程中应该发生多少成本、付出多大代价，必须事先进行策划，统筹安排，防患于未然。

七、发挥和创造优势

成本优势是降低成本的原因和条件，发挥和创造优势是成本管理成功的关键要素。

八、闭环管理

采用PDCA方法模式的工作原理，进行程序化管理，使成本管理活动按程序进行，以保证管理活动的有效性和实现成本管理的良性循环。

九、与供方是互利的关系

组织与供方是一个阵营中的伙伴，是相互依存的。互利的关系可增强双方共同创造价值的能力。

十、持续改进

持续改进总体业绩应当是组织的一个永恒的目标。通过成本管理体系的有效运行，不断地发现问题，持续改进。

摘自精益生产6S成本质量工厂管理咨询微信公众号 2021-09-06 16：57 文章《精益成本管理的六个步骤》

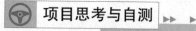

项目思考与自测

一、思考题

1. 简述成本报表的具体分类。
2. 简述成本报表的作用。
3. 简述各个成本报表编制的要点。

项目二　成本报表的分析

项目认知目标
- 了解成本报表分析的程序
- 理解成本报表分析的内容及要点
- 掌握各种成本报表和各种费用报表的分析方法

项目技能目标
- 熟悉成本报表分析的程序和方法
- 具备具体情境下分析各类成本报表和各种费用报表的能力

项目情感目标
- 引导学生结合国家政策、行业标准和公司战略进行成本报表分析,树立法治意识、标准意识和大局意识
- 培养学生结合企业实践具体情境进行成本报表分析的能力,树立业财融合思维意识,培养学生的沟通协调能力,培养学生的团队协作精神

案例导入

应届毕业生小李入职某大型国有企业成本会计部门,财务总监张总让小李查阅资料认识一下成本报表分析的程序,小李查到以下资料。

1. 首先根据资料,掌握企业实际情况。
2. 从全部产品成本计划和各种费用计划(预算)完成情况的总评价开始分析。
3. 确定影响成本指标变动的各个因素,找出起决定作用的因素。
4. 查明各因素变动的真正原因,采取措施降低成本。
5. 以战略发展的观点,对企业工作进行评价。

要求:你能帮小李进一步解释成本报表分析的程序和方法吗?

成本核算资料和成本报表虽然能从总体上能揭示产品成本的升降,但不能揭示造成成本升降的原因和因素,因为影响产品成本升降的因素很多,而且它们对产品成本的影响有时会叠加,有时又会相互抵消,很难直接根据成本核算资料和成本报表数据

判断到底是哪一个因素在起关键性作用以及每个因素的影响程度有多大，因此需要运用一些特定的方法和手段，对产品成本进行解剖式分析。找出影响成本升降的关键性因素，才能帮助管理者有针对性地制定管理措施，加强成本控制，提高经济效益。

任务一　成本报表分析的程序和方法

一、成本分析的内容和一般程序

成本分析就是利用成本资料和其他相关资料，全面了解企业成本的变动情况，系统地研究影响成本升降的因素及形成的原因，借以帮助管理者加强成本控制，挖掘降低成本的潜力，不断提高企业的经济效益。

（一）成本分析的内容

目前的成本分析侧重于事后分析。因此成本分析的内容主要包括以下几项。

成本分析的一般程序

(1) 主要产品单位成本的分析。

(2) 技术经济指标变动对单位成本影响的分析。

(3) 降低成本的主要措施分析。

(4) 成本效益分析。

（二）成本分析的一般程序成本

分析工作和其他分析工作一样，都要遵循从制订计划、收集资料、具体分析到总结报告的基本工作程序。

二、成本分析方法

在制订计划、收集资料后，还需要运用一些特定的方法，才能揭示成本升降的原因，帮助管理者有针对性地制定管理措施，加强成本控制，提高经济效益。成本分析常用的技术方法主要包括比较分析法、比率分析法、因素分析法、差额分析法。

成本报表数量分析方法

（一）比较分析法

比较分析法就是将两个有内在联系的可比经济指标进行对比分析，以揭示实际数与基准数之间的差异，借以了解成本管理中的成绩和问题的一种分析方法。由于分析的目的不同，比较的基数也有所不同。常用的比较的基数主要有计划数、定额数、前期实际数、以往年度同期实际数以及本企业的历史先进水平和国内外同行业的先进水平等。

比较分析的形式主要有以下几种。

1. 实际与计划对比

这种方法主要了解计划完成情况，找出脱离计划的差距及差距产生的原因。

2. 本期实际与上期或历史先进水平的实际数据对比

这种方法主要了解成本变化的动态，找出差距，总结经验，吸取教训，不断改进成本管理工作。

3. 本企业实际与国内外同类先进企业的相同指标实际数据对比

这种方法主要了解本企业与国内外先进企业之间的差距，以便采取措施，挖掘潜力，提高竞争能力。

注意事项：用于对比分析的指标间必须具有可比性，如指标计算的口径一致、计价基础一致等。

单位成本对比分析表格式举例如表4-4所示。

表4-4 单位成本对比分析表格式举例

产品：A产品　　　　　　　　　　　2021年12月　　　　　　　　　　金额单位：元

成本项目		直接材料	直接人工	制造费用	合计
本年计划	变动额				
	变动率				
上期实际	变动额				
	变动率				
上年同期实际	变动额				
	变动率				
历史最好水平	变动额				
	变动率				
国内同业水平	变动额				
	变动率				
国外同业水平	变动额				
	变动率				

通过分析，可以帮助企业了解当年产品计划的完成情况、实际成本水平的升降情况，以及与国内、国际同行的差距等，便于企业进一步查明原因，采取措施，加强管理，编制改进的工作计划。

（二）比率分析法

比率分析法是通过计算各项指标之间的相对数，即比率，借以考察成本活动的相对效益的一种分析方法。比率分析法主要有相关指标比率分析法和结构比率分析法两种。

1. 相关指标比率分析法

相关指标比率分析法是指用两个性质不同却相关的指标的比率进行数量分析的方法。

现实生活中，由于企业规模不同等原因，有时单纯用绝对数对比，不能揭示事情真相，需要引入相对数（即比率）才能看清事件本质，如仅用销售收入或利润等绝对数的多少进行比较，并不能准确说明某个企业经济效益好坏，因为它们的比较基础不一定一致。但如果将成本与销售收入或利润相比（即销售收入成本率或成本利润率），就可以较为准确地反映出企业经济效益的好坏：销售收入成本率高的企业，经济效益差；成本利润率高的企业，经济效益好。销售收入成本率和成本利润率的计算公式为：

$$销售收入成本率 = \frac{销售成本}{销售收入} \times 100\%$$

$$成本利润率 = \frac{利润总额}{销售成本} \times 100\%$$

2．结构比率分析法

结构比率分析法又称比重分析法，或称构成比率分析法，它主要是通过计算某项成本指标的各个组成部分占总体的比重来分析其内容构成的变化。例如，把构成产品生产成本的各个成本项目（直接材料、直接工资、制造费用）与产品生产成本比较，计算占总成本的比重，然后把不同时期同样产品的成本构成相比较，观察产品成本构成的变化与提高生产技术水平和加强经营管理的关系，就能为进一步降低成本指明方向。

（三）因素分析法

因素分析法也称因素替代法，它是对某个综合财务指标或经济指标的变动原因按其内在的影响因素，计算和确定各个因素对这一综合指标发生变动的影响程度的一种分析方法。因素分析能从数量方面研究现象动态变动中受各种因素变动的影响程度。使用因素分析的前提条件是：当有若干因素对分析对象发生影响作用时，假定每次只有一个因素变动，其他各个因素都不变化，然后依次测定每个因素单独变化所产生的影响。它适用于多种因素构成的综合指标的分析，如成本、利润、资金收益率等指标。

1．因素分析法一般程序

（1）根据经济指标形成的过程，找出该项经济指标受哪些因素变动的影响。

（2）根据经济指标与各影响因素的内在关系，建立起分析计算公式。

（3）按照一定顺序依次进行因素替换，以计算各因素变动对经济指标的影响程度。计算某一因素变动对经济指标影响程度时，假定其他因素不变，通过每次替代后计算的结果与上一次替代后计算的结果相比较，以逐次确定各个因素的影响程度。

（4）验证各因素影响程度计算的正确性。各因素影响程度的代数和应等于指标变动总差异。因素分析法有连环替代法和差额分析法两种。

2．连环替代法

连环替代法是将影响某项经济指标的各个因素列成算式，按照一定顺序替代各个因素，以确定各个因素变动对该项经济指标变动的影响程度的一种分析方法。分析计算时以计划指标为基础，用各个因素的实际数依次替代计划数，每次替代后实际数就被保留下来，直到所有的因素都变为实际数。

（1）连环替代法的计算程序。

①指标分解，即将综合性指标分解为相互联系的各个因素，并按一定顺序排列，使其成为能用数学公式表达的因素分解式。

②依次替代，即以计划指标体系为基础，顺序地将每个因素的计划数替换为实际数，一直替换到指标全部为实际数为止。

③比较替代结果，即将每次替代的结果与替代前的指标数据相比较，

连环替代法

这一差额即为该因素变动对综合性指标影响的数值。

④综合影响数值,即将各个因素变动对综合性指标影响的数值相加,其代数和应等于综合性指标实际数与计划数的总差异。

(2)连环替代法的注意事项。

①应注意因素分解的正确性。根据分析的目的和要求,将经济指标分解为相互联系的几个因素时,各因素与指标之间必须存在着内在的联系,否则就会失去其存在的价值。例如,将材料费用分解为工人人数和平均每个工人耗料量两个因素,就不具任何经济意义。

②应注意替代顺序的合理性。构成经济指标体系的各个因素,应按其依存关系进行排列,可遵循如下原则:数量指标在前,质量指标在后;实物量指标在前,价值量指标在后;主观指标在前,客观指标在后。

以材料成本分析为例,其计算公式为:

材料成本 = 产量×单位成本材料消耗量×材料单价

各指标的排列顺序为:产量、单位成本材料消耗量、材料单价。

③应注意替代计算的连环性。构成某项经济指标的各个因素,按其依存关系排列成一定的顺序后,应由前向后依次替代,并且每次只替代一个因素。如果不连环替代,各因素对指标影响程度的数值之和,就不等于该指标实际数与计划数的总差异。

(3)连环替代法解析。

实际指标:$P_3 = A_1 \times B_1 \times C_1$

计划指标:$P_0 = A_0 \times B_0 \times C_0$

第一次替代:$P_1 = A_1 \times B_0 \times C_0$

第二次替代:$P_2 = A_1 \times B_1 \times C_0$

第三次替代:$P_3 = A_1 \times B_1 \times C_1$

A因素变动产生的影响 = $P_1 - P_0$

B因素变动产生的影响 = $P_2 - P_1$

C因素变动产生的影响 = $P_3 - P_2$

三因素综合影响 = $(P_1 - P_0) + (P_2 - P_1) + (P_3 - P_2) = P_3 - P_0$

(4)连环替代法案例。

【例4-1】飞翼公司生产甲产品,本年度耗材的相关资料如表4-5所示。

表4-5 甲产品直接材料耗用表

产品:甲产品　　　　　　　　2021年12月

项目	计划数	实际数
产量/件	400	420
单位产品耗材/千克	22	20
材料单价/元	10.00	10.50
金额合计/元	88 000.00	88 200.00

根据上述资料,用连环替代法分析。

材料成本总差异 = 实际 - 计划 = 88 200 - 88 000 = 200.00(元)

连环替代法下,各影响因素的排列顺序为:

材料费用 = 产量(A)×单位产品材料消耗(B)×材料单价(C)

计划材料费用 $=A_0 \times B_0 \times C_0 = 400 \times 22 \times 10 = 88\ 000.00$（元）
第一次替代：$P_1 = A_1 \times B_0 \times C_0 = 420 \times 22 \times 10 = 92\ 400.00$（元）
第二次替代：$P_2 = A_1 \times B_1 \times C_0 = 420 \times 20 \times 10 = 84\ 000.00$（元）
第三次替代：$P_3 = A_1 \times B_1 \times C_1 = 420 \times 20 \times 10.5 = 88\ 200.00$（元）
产量(A)变动产生的影响 $= P_1 - P_0 = 92\ 400 - 88\ 000 = 4\ 400.00$（元）
单位产品材料消耗(B)变动产生的影响 $= P_2 - P_1 = 84\ 000 - 92\ 400 = -8\ 400.00$（元）
材料单价(C)变动产生的影响 $= P_3 - P_2 = 88\ 200 - 84\ 000 = 4\ 200.00$（元）
三因素综合影响 $= (P_1 - P_0) + (P_2 - P_1) + (P_3 - P_2) = 4\ 400 - 8\ 400 + 4\ 200 = 200.00$（元）

通过上述计算分析可知，甲产品材料费用超支 200 元，其中，产量增加 20 件，使材料成本增加 4 400 元；单位产品材料消耗下降，使材料成本下降 8 400 元；材料单价上升，使材料成本增加 4 200 元。三因素共同作用，表现为产品材料成本上升了 200 元。

3. 差额分析法

(1) 差额分析法的含义。

差额分析法实际上是连环替代法的另一种形式，即直接用实际数与计划数之间的差额来计算各因素变动对指标的影响程度。这一方法较连环替代法更为简便。

(2) 差额分析法解析。

差额分析法解析过程如下：

实际指标：$P_1 = A_1 \times B_1 \times C_1$

计划指标：$P_0 = A_0 \times B_0 \times C_0$

A 因素变动的影响 $= (A_1 - A_0) \times B_0 \times C_0$

B 因素变动的影响 $= A_1 \times (B_1 - B_0) \times C_0$

C 因素变动的影响 $= A_1 \times B_1 \times (C_1 - C_0)$

三因素综合影响 $= [(A_1 - A_0) \times B_0 \times C_0] + [A_1 \times (B_1 - B_0) \times C_0] + [A_1 \times B_1 \times (C_1 - C_0)]$
$= P_1 - P_0$

(3) 差额分析法案例

【例 4-2】沿用【例 4-1】上述资料，用差额分析法分析各因素变动对指标的影响程度。

差额分析法下，各影响因素的排列顺序为：

材料费用 = 产量(A) × 单位产品材料消耗(B) × 材料单价(C)

材料成本总差异 = 实际 - 计划 $= 88\ 200 - 88\ 000 = 200.00$（元）

实际材料成本：$P_1 = A_1 \times B_1 \times C_1 = 420 \times 20 \times 10.5 = 88\ 200.00$（元）

计划材料成本：$P_0 = A_0 \times B_0 \times C_0 = 400 \times 22 \times 10 = 88\ 000.00$（元）

其中：

产量变动对产品成本的影响 $= (A_1 - A_0) \times B_0 \times C_0 = (420 - 400) \times 22 \times 10 = 4\ 400.00$（元）

单位产品耗材变动对产品成本的影响 $= A_1 \times (B_1 - B_0) \times C_0 = 420 \times (20 - 22) \times 10$
$= -8\ 400.00$（元）

材料单价变动对产品成本的影响 $= A_1 \times B_1 \times (C_1 - C_0) = 420 \times 20 \times (10.5 - 10) = 4\ 200.00$（元）

三因素综合影响 $= 4\ 400 - 8\ 400 + 4\ 200 = 200.00$（元）

通过上述计算分析可知，产量增加 20 件，使材料成本增加 4 400 元；单位产品材料消耗下降，使材料成本下降 8 400 元；材料单价上升，使材料成本增加 4 200 元，三因素共同影响，使表现为产品材料成本甲产品材料费用上升了 200 元。

注意：差额分析法只是连环替代法计算方式的简化，严格讲它不能称为一种独立的方法，因为它所依据的原理仍然是连环替代法的原理。因此，在差额分析法运用过程中，各因素分解、排列、连环替代等问题，仍应遵循在连环替代法中所确定的原则。

任务二 商品产品成本计划完成情况分析

商品成本计划完成情况分析是指对商品产品成本计划以及可比产品成本计划完成情况进行总的分析和评价。企业的全部商品产品包括可比产品和不可比产品。可比产品是指企业过去曾经生产过、有完整的成本资料可供对比分析的产品；不可比产品则是指企业过去从未生产过，或虽生产过，但规格性能已发生了显著变化、缺乏可比成本资料的产品。

全部商品成本计划完成情况的分析，应当是全部商品产品的计划总成本和实际总成本的对比，通过对比，确定其实际成本相对于计划成本的降低额和降低率。由于商品产品成本表中的计划总成本是按实际产量计算的，因此，进行对比的商品产品计划总成本是经过调整后的实际产量计划总成本，这样就剔除了产量变动和产品结构变动对总成本的影响。

一、按产品种类分析商品产品成本计划完成情况

按产品种类分析商品产品成本计划完成情况，是指将全部商品产品成本按产品品种汇总，将实际成本与计划成本对比，以确定每种产品的成本降低情况。其计算公式如下：

$$全部商品产品成本降低额 = 实际总成本 - \sum(实际产量 \times 计划单位成本)$$

$$全部商品产品成本降低率 = \frac{全部商品产品成本降低额}{\sum(实际产量 \times 计划单位成本)} \times 100\%$$

【例 4-3】根据 2021 年 12 月份的商品产品成本表资料，按产品种类分析飞翼公司的商品产品成本计划完成情况，编制飞翼公司全部商品产品成本计划完成情况分析表，如表 4-6 所示。

表 4-6 飞翼公司全部商品产品成本计划完成情况分析表

2021 年 12 月　　　　　　　　　　　　　　　　　　　　金额单位：元

产品名称		计划总成本	实际总成本	降低额	降低率
可比产品	甲产品	1 800 000.00	1 820 000.00	-20 000.00	-1.11%
	乙产品	950 000.00	960 000.00	-10 000.00	-1.04%
可比产品：丙产品		75 000.00	74 000.00	1 000.00	1.33%
合计		2 825 000.00	2 854 000.00	-29 000.00	-1.03%

从表 4-6 可以看出，飞翼公司全部商品产品成本比计划降低了-29 000 元，降低率为-1.03%，未完成计划。再从各产品来看，可比产品中甲产品成本降低率为-1.11%，乙产品成本降低率为-1.04%，均未完成计划；不可比产品丙产品降低率为 1.33%，较好

地完成了成本计划。

二、按成本项目分析商品产品成本计划完成情况

按成本项目分析商品产品成本计划完成情况，是指将全部商品产品的总成本按成本项目汇总，将实际总成本与计划总成本对比，以确定每个成本项目的降低额和降低率。飞翼公司商品产品各成本项目成本计划完成情况表如表4-7所示。

表4-7 飞翼公司商品产品各成本项目成本计划完成情况表

2021年12月 单位：万元

成本项目	商品产品成本		降低指标	
	计划	实际	降低额	降低率
直接材料	5 300.00	5 000.00	-300.00	-5.66%
直接人工	3 000.00	3 200.00	200.00	6.67%
制造费用	2 200.00	2 400.00	200.00	9.09%
生产成本	10 500.00	10 600.00	200.00	1.90%

从表4-7可以看出，直接材料比计划降低了300万元，下降了5.66%；直接人工实际比计划增加了200万元，上升了6.67%；制造费用增加了200万元，上升了9.09%。三个成本项目共同作用，使产品总成本实际比计划增加了200万元，上升了1.9%。从分析结果可以看出，制造费用和直接人工上升得较多，应进一步分析原因，加强控制。

任务三 主要产品单位成本分析

产品单位成本的高低直接反映了企业生产技术水平的高低和管理能力的强弱。通过深入研究产品单位成本及其各个成本项目的计划完成情况，可以帮助企业寻求进一步降低成本的具体途径和方法。分析主要产品的单位成本，通常选择最主要的或成本水平升降幅度较大的产品作为分析对象。

主要产品单位成本分析

主要产品单位成本的分析包括主要产品单位成本计划完成情况分析和主要产品单位成本项目分析两部分。

一、主要产品单位成本计划完成情况分析

主要产品是指在企业的生产经营中产品产量比重大或成本升降额度较大的产品，它是企业成本控制的重点，也是企业分析单位产品成本计划完成情况的重点。分析产品单位成本计划完成情况，宜采用比较分析法，将单位产品的实际成本与计划，借以揭示影响单位成本升降的原因。

【例4-4】根据飞翼公司生产A产品2021年12月的相关资料，将本年的实际单位成本与本年的计划单位成本指标进行对比分析，编制单位成本对比分析表，如表4-8所示。

表 4-8 飞翼公司 A 产品单位成本对比分析表

2021 年 12 月   金额单位：元

项目	直接材料	直接人工	制造费用	合计
本年计划	2 100.00	400.00	250.00	2 750.00
本年实际	2 080.00	420.00	260.00	2 760.00
升降额	-20.00	20.00	10.00	10.00
升降率	-0.95%	5%	4%	0.36%

直接材料升降额 = 2 080 - 2 100 = -20.00（元）
直接材料升降率 = -20 ÷ 2 100 = -0.95%
直接人工升降额 = 420 - 400 = 20.00（元）
直接人工升降率 = 20 ÷ 400 = 5%
制造费用升降额 = 260 - 250 = 10.00（元）
制造费用升降率 = 10 ÷ 250 = 4%
单位成本升降额 = 2 760 - 2 750 = 10.00（元）
单位成本升降率 = 10 ÷ 2750 = 0.36%

通过计算分析可以看出，企业实际成本水平有所上升，未完成成本计划，其中：直接材料实际单位成本比计划下降了 20 元，降幅为 0.95%，降幅有限；直接人工和制造费用实际单位成本比计划分别上升了 20 元和 10 元，升降幅分别为 5% 和 4%，升幅明显；三项综合作用，虽然使产品的单位成本仅上升了 0.36%，但直接人工和制造费用的涨幅较大，因此应进一步查明原因，采取措施加以控制。

二、主要产品单位成本项目分析

产品的单位成本是一个综合数，其中包括材料费、人工费和制造费用。因此，仅从产品单位成本的升降上，很难直接判断造成成本升降的原因，只有对构成产品单位成本的各个成本项目进行分析，才能揭示造成产品成本升降的真正原因。

（一）直接材料成本项目的分析

降低产品的材料成本是降低产品成本的重要途径，特别是直接材料费用占产品成本比重较大的产品，直接材料项目更应作为产品单位成本分析的重点。引起产品单位成本中直接材料费用变动的因素，主要有单位产品材料消耗量和材料单价两个。因此可用两因素分析法进行分析。

单位产品材料价格变动对单位产品成本的影响（价差）=（材料实际单价-材料计划单价）× 单位产品材料实际耗用量

单位产品材料耗用量变动对单位产品成本的影响（量差）=（单位产品材料实际耗用量-单位产品材料计划耗用量）× 材料计划单价

【例 4-5】假设飞翼公司生产 A 产品，2021 年 12 月 A 产品的单位材料成本情况如表 4-9 所示。

表 4–9 飞翼公司 A 产品单位材料成本资料

2021 年 12 月   金额单位：元

材料名称		甲材料	乙材料	合计
计划	单耗/千克	50	30	
	材料单价	30.00	10.00	
	材料成本	1 500.00	300.00	1 800.00
实际	单耗/千克	55	28	
	材料单价	30.00	12.00	
	材料成本	1 650.00	336.00	1 986.00

根据上述资料，编制单位材料成本变动分析表，如表 4–10 所示。

表 4–10 飞翼公司单位材料成本变动分析表

产品：A 产品   2021 年 12 月   金额单位：元

影响因素	甲材料			乙材料			合计
	计划	实际	影响额	计划	实际	影响额	
单耗/千克	50	55	5	30	28	2	7
单价	30.00	30.00		10.00	12.00		
材料成本	1 500.00	1 650.00	150.00	300.00	336.00	36.00	186.00

A 产品单位材料成本的变动分析情况如下：

材料成本变动额 = 1 986 − 1 800 = 186.00（元）

材料成本变动因素分析：

$$单位产品材料成本 = \sum（单位产品材料消耗量 \times 材料单价）$$

单位产品材料消耗量变动对单位材料成本的影响额 = (55−50)×30+(28−30)×10
                                        = 150−20 = 130.00（元）

材料单价变动对单位材料成本的影响额 = 55×(30−30)+28×(12−10) = 0+56
                                = 56.00（元）

两因素对单位成本的共同影响 = 130+56 = 186.00（元）

上述分析说明，甲材料单耗上升使单位材料成本比计划增加了 150 元，乙材料单耗降低使单位材料成本比计划降低了 20 元，甲、乙单耗变动使单位材料成本整体上升了 130 元；甲材料单价未变，乙材料单价上涨了 2 元，使单位材料成本比计划增加了 56 元。甲、乙材料耗用量和单价变动的共同影响，使 A 产品材料成本比计划整体上涨了 186 元。

注意：

(1) 影响单耗变动的主要因素有材料质量变化、材料加工方式的改变、废品率下降等。

(2) 导致单价变动的主要原因是材料采购价格变动、运费调整、途中损耗等因素变动。实际工作中，应在上述分析的基础上结合单位的具体情况进一步深入分析，以便找到引起产品成本变动的真实原因，有针对性地采取措施加以控制和改进。

（二）直接人工成本项目的分析

单位产品中，直接人工费用的高低受生产工时和小时工资率两因素影响，因此可用二因素分析法分析生产工时和小时工资率对直接人工费用的影响。其计算公式为：

单位产品工时变动对成本的影响=(单位产品实际工时-单位产品计划工时)×计划小时工资率

小时工资率变动对成本的影响=(实际小时工资率-计划小时工资率)×单位产品实际工时

注意：上式是以"计划"作为标准进行分析的，实际工作中也可以上年实际数等作为标准进行分析。若以上年实际数作为标准，则将上式中的"计划"数改为"上年实际"数即可。

【例4-6】假设飞翼公司生产A产品，2021年12月A产品生产人工方面的相关资料如表4-11所示。

表4-11 飞翼公司A产品产量、工时、人工费资料

2021年12月

项目	产量/件	单位产品工时/小时	小时人工费用率	单位产品人工费用/元	人工费用总额/元
计划	800	30	20	600.00	480 000.00
实际	1 000	28	22	616.00	616 000.00

根据上述资料，编制单位人工费用变动分析表，如表4-12所示。

表4-12 飞翼公司A产品单位人工费用变动分析表

2021年12月　　　　　　　　　　　　　　　　　　金额单位：元

项目	计划	实际	差异	影响额
单位产品工时/小时	30	28	-2	-400.00
小时人工费用率	20	22	2	56.00
单位产品人工费用	600.00	616.00		-344.00

单位工时变动对单位产品人工费用的影响额=-2×20=-400.00(元)

小时人工费率变动对单位产品人工费用的影响额=(22-20)×28=56.00(元)

两因素的共同作用影响额=-400.00+56.00=-344.00(元)

分析结果表明，甲产品12月份实际人工单位成本比计划节约了344元，这是由于受单位工时和小时人工费率的共同影响，其中单位产品工时降低了2元，使单位人工成本降低了400元；小时人工费率增加了2元，使单位人工成本增加了56元；两因素共同作用，使产品的单位成本整体上降低了344元。

(三)制造费用成本项目分析

制造费用是企业生产车间为组织和管理生产所发生的间接费用。对产品单位成本制造费用的分析，与计时工资制度下对直接人工费用的分析类似，首先要分析单位产品所耗工时变动和每小时制造费用变动两因素对制造费用变动的影响，然后查明这两个因素变动的具体原因。但由于构成制造费用的成本项目很多很杂，而且其中有的属于固定成本(单位固定成本与产量成反向变动关系)，仅用单位产品所耗工时变动和每小时制造费用变动两因素分析，难以揭示问题的真相。对制造费用成本项目分析，主要是通过分析制造费用总额、对比实际数和计划数来进行。

【例4-7】假设飞翼公司2021年12月制造费用方面的相关资料及费用分析如表4-13所示。

表 4-13　飞翼公司制造费用成本项目分析表

2021 年 12 月　　　　　　　　　　　　　　　　　金额单位：万元

项目	本年实际	本年计划	降低额	降低率
工资及福利	580	600	-20	-3.45%
折旧	20	20	0	0
修理费	10	8	2	20%
办公费	40	35	5	12.5%
差旅费	20	15	5	25%
劳动保护费	15	15	0	0
水电费	230	260	-30	-13.04%
机物料消耗	65	70	-5	-7.69%
保险费	7.5	8	-0.5	-6.67%
其他	20	22	-2	-10%
合计	1 007.5	1 053	-45.5	-4.52%

从表 4-12 可以看出，飞翼公司制造费用本年较上年下降了 45.5 万元，降幅达 4.52%，表现良好。但从具体成本项目来看，差旅费、修理费和办公费上涨幅度较大，应引起公司的重视，公司应结合实际情况对此进一步分析，看其是否合理。

知识拓展与阅读

成本分析报告的撰写

——摘自财务第一教室 2021-11-10 10：45 文章

一、成本分析报告构成要素

1. 提出分析主题：先明确自己针对什么进行分析。

2. 整理相关数据：找到和分析主题相关的财务数据，整理总结有分析价值的数据。

3. 分析相关数据：在整理的数据基础上，采取一系列专业的成本分析方法进行分析。

4. 得出结论意见：根据成本分析方法得出的数据总结结论，明确问题的根源。

5. 提出改进措施：针对发现的问题提出改进的建议以及进一步的措施，这是成本分析的价值所在。

二、收集成本数据的原则

1. 时效性：收拾数据时应整理最贴近分析时间的数据，产生数据延迟的话就会导致决策错误。

2. 准确性：数据应该是有靠谱来源的，至少业务部门和财务部门提交的数据要保证准确才有分析的价值。

3. 完整性：收集的数据要尽可能完整，覆盖全面，不仅要保证数据总量大，也要保证数据质量好，这样才能发现存在的问题。

三、常见的成本分析方法

1. 比较法。

（1）和计划比较：看看和自己的目标有多大差距。

（2）和去年同期比较：看看和过去的自己比是否有了进步。

（3）和行业标杆比较：看看和优秀的企业比差距在哪，并且哪方面有问题就向哪个方面的标杆学习，因为可能每个成功的企业优势都不同。

2. 比率法。

（1）相关比率分析法：根据两个相互联系但性质不同的指标计算得出，比如成本利润率。

（2）构成比率分析法：考察成本总量的构成情况及各成本项目占成本总量的比重，同时也可以看出本量利的比例关系，从而为寻求降低成本的途径指明方向。

3. 因素分析法。

因素分析法将综合指标分解为各单个因素，可以比较直观地看出各个因素变动对该项经济指标的影响方向和影响程度。

四、成本报告分析的内容

1. 直接材料成本分析。

（1）材料用量差异分析：产品设计变更，人员操作生疏，原材料质量不佳。

（2）材料价格差异分析：原材料市场价格波动，自身没有安排好计划导致临时采购。

2. 直接人工成本分析。

（1）人工工作时间差异：新员工生疏导致时间浪费，材料质量差导致返工，员工不满导致工作效率低。

（2）人工工资率差异：工资突发变动或者季节性变动、加班工资等。

3. 制造费用分析。

（1）制造费用价格差异分析：能耗的价格、间接人工工资。

（2）制造费用数量差异分析：机器临时修理、停工待料。

4. 期间费用分析。

（1）销售费用分析：可控销售费用是否在合理范围内，责任归属是否明确。

（2）管理费用分析：共同费用的控制、预算制定是否符合实际。

（3）财务费用分析：资金安排是否合理，营业活动中产生的现金折扣是否正常。

五、结论撰写注意事项

1. 首先，应多多关注国家的经济政策，紧随时事，也要多多关注公司的发展目标和方向，避免只从财务角度出发分析，出现一些与现行的公司实际和国家大环境相背离的结论。

2. 其次，应该多了解接触公司的业务，对数据的分析应该是一个生动的过程，体现着业务的实际情况。应结合数据和实际业务并利用自己的专业知识，来分析业务的合理处与存在问题之处。脱离了实际业务的分析报告如同画蛇添足。

3. 再次，提出的建议与措施应该具有比较高的可行性，满足成本与效益原则，在整体上使公司效益最大化，不能只为了提出形式上的建议不考虑需要付出的代价。

摘自财务第一教室2021-11-10 10：45文章：《牛！成本分析报告嗖嗖嗖完成了，这个老会计有两把刷子！》

项目思考与自测

一、单选题

1. 把综合性指标分解为各个因素，研究诸因素变动对综合性指标变动的影响程度的分析方法是（　　）。
   A. 连环替代法　　B. 趋势分析法　　C. 比较分析法　　D. 比率分析法
2. 影响可比产品成本降低率的因素有（　　）。
   A. 销量　　B. 产量　　C. 品种和规格　　D. 单位成本
3. 主要产品单位成本的计划完成情况，通常采用（　　）分析。
   A. 对比分析法　　B. 趋势分析法　　C. 比率分析法　　D. 连环替代法
4. 可比产品是指（　　）。
   A. 企业过去曾经生产过的产品
   B. 有完整的定额成本资料可以进行比较的产品
   C. 在行业中正式生产过，有完整的成本资料可以进行比较的产品
   D. 企业过去曾经正式生产过，有完整的成本资料可以进行比较的产品
5. 连环替代法可以揭示（　　）。
   A. 产生差异的因素
   B. 实际数与计划数之间的差异
   C. 产生差异的因素和各因素的影响程度
   D. 产生差异的因素和各因素的变动原因

二、多选题

1. 成本报表的编制要求有（　　）。
   A. 数字准确　　B. 编报及时　　C. 内容完整　　D. 格式固定统一
   E. 计划性强
2. 成本报表的设置要求有（　　）。
   A. 专题性　　B. 实用性　　C. 针对性　　D. 排他性
   E. 计划性
3. 分析成本报表常用的方法有（　　）。
   A. 对比分析法　　B. 比率分析法　　C. 连环替代法　　D. 差额分析法
   E. 计划成本法
4. 工业企业成本报表一般包括（　　）。
   A. 制造费用明细表　　B. 商品产品成本报表
   C. 主要产品单位成本报表　　D. 财务、管理及销售费用明细表
   E. 材料费用分配表
5. 连环替代的顺序是（　　）。
   A. 先替代数量指标，后替代质量指标
   B. 先替换基本因素，后替换从属因素
   C. 先替换实物量指标，后替换价值量指标

D. 先替代主观指标，后替代客观指标
E. 先计划成本，后实际成本。

三、判断题

1. 企业成本报表必须按月定期编制。（ ）
2. 企业可以根据自身的生产特点和管理要求，编制各种有利于进行成本控制和成本考核的报表。（ ）
3. 主要产品单位成本表应该按主要产品分别编制。（ ）
4. 因素分析法又可具体划分为连环替代法和差额分析法。（ ）
5. 可比产品成本降低率等于可比产品成本降低额除以全部可比产品成本的全部总成本。（ ）

四、计算分析题

1. 某企业生产的甲产品材料费用计划完成情况如题表 4-1 所示。

题表 4-1　甲产品材料费用计划表

项目	产品产量/件	单位产品消耗量/件	材料单价/件	材料费用总额/件
计划	500	40	10	200 000.00
实际	490	42	9	185 220.00
差异	−10	+2	−1	−14 780.00

要求：采用差额计算法计算、分析各因素变动对材料费用总差异的影响程度。

2. 某企业实行计时工资制度。乙产品每件所耗工时数和每小时工资费用的计划数和实际数如题表 4-2 所示。

题表 4-2　乙产品费用计划表

项目	单位产品所耗工时/小时	每小时工资费用/元	直接人工费用/元
本年计划	15	2	30.00
本年实际	11.84	2.5	29.60

要求：计算直接人工费用变动的总差异，并采用差额计算法分析各因素变动对总差异的影响程度。

3. 某企业直接人工费用为：计划 160 元，实际 210 元。经查，单位产品的工时消耗为计划 40 小时，实际 35 小时；每小时工资费用为计划 4 元，实际 6 元。

要求：采用连环替换法，分析计算工时消耗数量和每小时工资费用变动对直接人工费用的影响程度。

4. 本月甲产品所耗原材料费用为计划 1 500 元，实际 1 512 元；单位产品原材料消耗量为计划 30 千克，实际 36 千克；原材料单价为计划 50 元，实际 42 元。

要求：分别采用差额分析法和连环替换法，计算分析原材料消耗量和材料单价变动对原材料费用的影响。

参 考 文 献

[1] 于富生，黎来芳，张敏. 成本会计学[M]. 8版. 北京：中国人民大学出版社，2020.
[2] 于富生，黎来芳，张敏. 成本会计学(第8版)学习指导书[M]. 北京：中国人民大学出版社，2020.
[3] 万寿义，任月君. 成本会计[M]. 5版. 大连：东北财经大学出版社，2020.
[4] 万寿义，任月君，李日昱. 成本会计习题与案例[M]. 5版. 大连：东北财经大学出版社，2020.
[5] 王仲兵. 成本会计学[M]. 北京：清华大学出版社，2021.
[6] 范继云. 成本会计核算与实务一本通(全新升级版)[M]. 北京：中国铁道出版社，2021.
[7] 企业产品成本会计编审委员会. 企业产品成本会计核算详解与实务[M]. 北京：人民邮电出版社，2020.
[8] 麦绮敏. 成本会计管理实操[M]. 北京：中国铁道出版社，2021.
[9] 财政部会计资格评价中心. 初级会计实务[M]. 北京：经济科学出版社，2021.
[10] 东奥会计在线. 东奥初级会计轻松过关1：初级会计实务[M]. 北京：北京科学技术出版社，2021.
[11] 中华会计网校. 2021年初级会计职称经典题解-初级会计实务[M]. 上海：上海交通大学出版社，2021.
[12] 中国注册会计师协会. 2021注册会计师CPA教材：财务成本管理[M]. 北京：中国财政经济出版社，2021.